ein Ullstein Buch

ein Ullstein Buch
Nr. 22202
im Verlag Ullstein GmbH,
Frankfurt/M – Berlin

Ungekürzte Ausgabe

Umschlagentwurf:
Elżbieta Woźniewska-Krüger
Alle Rechte vorbehalten
Taschenbuchausgabe mit freundlicher
Genehmigung der
Nymphenburger Verlagshandlung GmbH,
München
© 1986 für die deutsche Sprache
by Nymphenburger Verlagshandlung und
© by Robert Laffont für alle
anderen Sprachen
Printed in Germany 1989
Druck und Verarbeitung:
Presse-Druck Augsburg
ISBN 3 548 22202 1

Dezember 1989

Vom selben Autor
in der Reihe
der Ullstein Bücher:

Max und Helen (20374)
Die Sonnenblume (20409)

CIP-Titelaufnahme der
Deutschen Bibliothek

Wiesenthal, Simon:
Krystyna : die Tragödie des polnischen
Widerstands / Simon Wiesenthal. –
Ungekürzte Ausg. – Frankfurt/M ; Berlin :
Ullstein, 1989
    (Ullstein-Buch ; Nr. 22202)
    ISBN 3-548-22202-1
NE: GT

Simon Wiesenthal

Krystyna

Die Tragödie des
polnischen Widerstands

ein Ullstein Buch

Danzig-

Westpreußen

O s

Bromberg
(Bydgoszcz)

Netze (Notec)

Weichsel (Wista)

Warthe
Warta)

Posen
(Poznań)

XXI

W a r t h e l a n d

Litzmannstadt
(Łódź)

Breslau

lesien

VIII

Tschenstochau
(Częstochowa)

G E N

Ober-

Gleiwitz

Kattowitz
(Katowice)

schlesien

Wei
(W

Sudeten-
land

Krakau
(Krakó

Oder

Teschen

Olmütz

Mährisch-
Ostrau

preußen

⊙ Białystok

Narew

Warschau
(Warszawa)

Bug

Pripjat

⊙ Radom

⊙ Lublin

Kielze
(Kielce)

RALGOUVERNEMEN

San

Lemberg
(Lwow) ⊙

KRYSTYNA

Die Tragödie des polnischen Widerstandes

im historischen Lichte des Geschehens:

Den polnischen Mädchen und Frauen, die als Angehörige der Untergrundbewegung in Erfüllung ihrer
Pflicht in den Folterkammern der Diktatur ihr Leben lassen mußten.

» ... bei unserem letzten Treffen habe ich Ihnen etwas sehr Wichtiges zu erzählen vergessen. Es handelt sich um eine gewisse Krystyna Jaworska. Sie war ein Kurier der polnischen Widerstandsbewegung, eine junge Polin – wie ich ...«

Anja blickte mich mit ihren traurigen Augen an, als könne sie in diesem Augenblick in die Vergangenheit sehen.

»Ich glaube«, fuhr sie fort, »Krystyna war nur 48 Stunden mit mir zusammen. Aber sie hatte keine Scheu vor mir; sie vertraute mir, als wäre ich keine Fremde. Und sie erzählte mir ihre ganze Lebensgeschichte ... Fast zwei Jahrzehnte trage ich ihre Worte in mir und jedes davon habe ich genau behalten.«

Die Stimme Anjas stockte, ihre Augen waren feucht. Ich sah sie an, mein Blick wanderte weiter, über ihren Kopf hinweg aus dem Fenster, über das herrliche Panorama der Landschaft am Genfer See. Die Ruhe, die diese Landschaft ausstrahlte, der wolkenlose Himmel bildeten einen Kontrast zu unserem Gespräch an diesem Nachmittag.

»Da war außerdem noch die Sache mit der Marke ...«

»Meinen Sie eine Briefmarke?«

»Ja, eine Marke mit dem Kopf von Frank, diesem Verbrecher ... Es war eine Marke der Resistance, ein

7

Wespenstich, nur um die Deutschen zu verwirren und zu ärgern. Frank war doch für uns alle die Verkörperung des Bösen.«

Anja erzählte und erzählte; man hätte glauben können, es handele sich um eine ganz frische Erinnerung. Manchmal kehrte sie zu bereits Gesagtem zurück, um weitere Details hinzuzufügen und die Erzählung dadurch plastischer und verständlicher zu machen. Plötzlich schien es mir, als ob Anja, die mir gegenübersaß, und Krystyna, von der ich zum ersten Mal hörte, ein und dieselbe Person seien – Krystyna sprach aus dem Munde Anjas.

Als wir uns nach mehreren Stunden verabschiedeten, ermahnte mich Anja nochmals:

»Vergessen Sie bitte Krystyna nicht. Bitte, bringen Sie ihren Fall zur Sprache.«

Dies war lange vor dem Prozeß gegen Oskar Waltke, der am 20. November 1962 begann. Anja sollte auf ihrem Flug von Genf nach New York in Hannover Station machen, um Waltke gegenübergestellt zu werden. Sie hatte vor, nur über das ihr persönlich zugefügte Leid zu sprechen; deshalb trug sie mir auf, mich um den Fall Krystyna Jaworska zu kümmern. Dabei gab es eine große Schwierigkeit, die Anja bekannt war: Krystyna Jaworska war ein Deckname; den richtigen Namen kannte Anja nicht. Aber Anjas Angaben enthielten eine Menge nützlicher Hinweise, Beschreibungen von Personen und der Tätigkeit des polnischen Widerstandes. Dennoch stand ich vor einer Aufgabe, deren Bewältigung mich einige Jahre an Nachforschungen kosten sollte.

Um den Fall im richtigen Licht betrachten zu können – und er schien es mir wert zu sein –, mußte ich die politische und gesellschaftliche Situation jener Zeit in Polen in allen Einzelheiten studieren.

Es gelang mir, im Archiv der polnischen Widerstandsbewegung in London Krystynas Karteikarte zu finden, die aber nur dürftige Angaben enthielt: Krystyna Jaworska war eines von vielen Mädchen, die im stillen ihre nationale Pflicht erfüllten. Ihren wahren Namen habe ich nicht in Erfahrung bringen können, da sich die Londoner Kartei aus Sicherheitsgründen auf die knappest möglichen Personenangaben der Untergrundkämpfer beschränkte.

Mehrere Dutzend Angehörige des polnischen Widerstandes, mit denen ich gesprochen habe, haben mir jedoch zahlreiche wertvolle Hinweise gegeben. Deutsche und Engländer habe ich aufgesucht, die über die damalige Zeit Bescheid wissen, und mit ihnen ausgiebige Gespräche geführt. Viele Archive wurden von mir durchstöbert und glücklicherweise habe ich noch zahlreiche Akteure dieses Geschichtsabschnittes getroffen, die mir mit ihren persönlichen Aufzeichnungen weiterhalfen.

Anjas Erzählung war ein hastiger, doch nicht trokkener Bericht. Viele ihrer Worte hatte Krystyna seinerzeit wohl selbst verwendet. Was ich von Anja hörte, hatte beinahe die Form eines Romans. Ich aber möchte gleichzeitig den historischen Hintergrund besser verständlich machen, indem ich geschichtliche Ereignisse in meinen Bericht einflechte, *die teilweise entweder schon halb vergessen sind oder aber nie bekannt wurden. Manches davon hat trotz der lange zurückliegenden Zeit seine Aktualität nicht verloren.*

S chwere Schritte hallen auf dem Pflaster, genagel-
te Polizeistiefel schlagen den Takt, und der ge-
lockerte Verputz der Hausfronten gibt ihn als Echo
zurück. Der Beginn der Ausgangssperre – 8 Uhr
abends – wird heute rigoros eingehalten. Auf die Minute genau verlassen die Doppelpatrouillen die Poli-
zeikommissariate in allen Teilen der Stadt. Sie stap-
fen durch menschenleere Straßen. Argwöhnisch
blicken sie in die Fenster der Häuser, denn sie wissen, daß sich dort Haß und Zorn eines stolzen Volkes verbergen. Man hätte die Häuser für unbewohnt
halten können: Kaum, daß sich ein Gesicht an einem
Fenster zeigt oder ein Vorhang sich verräterisch bewegt. Ab und zu bleiben die Polizisten stehen, drehen sich rasch nach allen Seiten um.
Am Ende der Straße kann man einen Schatten erkennen. Die Polizisten blicken in diese Richtung und sehen ein Mädchen, das mit eiligen Schritten näher-
kommt. Bald bemerken sie, trotz der einsetzenden
Dämmerung, einen zweiten Schatten, der dem Mädchen folgt.
Krystyna klopft das Herz. Sie ist aufgehalten worden und hat ihre Straßenbahn versäumt. So kommt
es, daß sie nach der Polizeistunde noch auf der Straße ist; sie hatte gehofft, noch rasch ihre Wohnung zu
erreichen, ohne von einer Patrouille angehalten zu

werden. Denn meistens nehmen es die Deutschen nicht so genau, und die Kontrollgänge beginnen erst etwa 20 Minuten nach der festgesetzten Ausgangssperre. Doch heute sind die Deutschen pünktlich.

Nicht so sehr eine mögliche Kontrolle ist es, die Krystyna beunruhigt, sondern vielmehr der Umstand, daß sie sich verfolgt fühlt. Sie hat sich nur ein einziges Mal umgedreht – es ist ein Zivilist. Der Abstand zwischen ihr und dem Mann ist noch groß, aber sie ahnt, daß die Aufmerksamkeit des Unbekannten ihr gilt. Wer ist er? Ein Agent der Gestapo? Des Sicherheitsdienstes? Der polnischen Kriminalpolizei?

Schon oft waren ihr Männer nachgegangen, doch nie hatten sie eine andere Absicht, als ein hübsches Mädchen kennenzulernen – meistens waren es Polen, manchmal auch Deutsche. Aber jetzt, um diese Zeit? Der Mann muß auf jeden Fall Deutscher sein, welchen Zweck auch immer er verfolgt. Denn welcher Pole würde es wagen, nach Inkrafttreten der Polizeistunde einem Mädchen nachzusteigen!

Krystyna hat allen Grund, ein Interesse der Behörden an ihrer Person zu fürchten. Vielleicht steht sie schon längere Zeit unter Beobachtung, und der Mann ist ihr gefolgt, seit sie sich von ihren Freunden getrennt hat. Schon denkt sie daran, nicht nach Hause zu gehen, sondern in eine nahegelegene Straße einzubiegen und bei einer dort wohnenden Freundin anzuklopfen. Der Hausmeister kennt sie und würde sie einlassen, trotz des Verbots, nach der Polizeistunde Fremden das Tor zu öffnen.

Da bemerkt Krystyna plötzlich zwei Polizisten, die ihr entgegenkommen. Sie sind nur noch etwa 30 Meter von ihr entfernt. Für einen Augenblick vergißt sie ihren Verfolger und blickt besorgt in ihre Handtasche. Erleichtert stellt sie fest, daß sie sich ausweisen kann. Verdächtiges hat sie nichts bei sich: einige verschlüsselte Aufzeichnungen – für Nichteingeweihte ein harmloser Brief: »Grüße von Tante Danuta« oder »Kannst du mir ein halbes Kilo Mehl besorgen?« Aber wie soll sie erklären, daß sie so spät noch auf der Straße ist?

Schon stehen die Polizisten vor ihr. Einer blickt demonstrativ auf seine Armbanduhr und sagt: »23 Minuten zu spät.« Er schiebt den Ärmel wieder über das Armgelenk. »Wo waren Sie denn?« »Die Dame ist in meiner Begleitung«, sagt in diesem Moment der Zivilist in deutscher Sprache, der inzwischen zu ihnen herangetreten ist.

Der Polizist ist ungehalten. »Wieso mischen Sie sich da ein? Diese Frau war nicht in Ihrer Begleitung. Ich konnte sehr gut sehen, daß zwischen Ihnen und ihr ein gewisser Abstand war. Wer sind Sie überhaupt?« Der Fremde ergreift Krystynas Arm. »Wir hatten Streit, nicht wahr?«

In Krystynas Gesicht spiegeln sich Überraschung und Unsicherheit. Sie weiß nicht, wie sie sich verhalten soll. Wenn der Fremde nun ein Provokateur ist? Andererseits – viel kann sie nicht verlieren …

»Ja«, sagt sie und ist selbst erstaunt, wie fest ihre Stimme klingt. Man lernt lügen in solchen Zeiten …

Nun blickt der Polizist den Fremden forschend an.

Wortlos zieht dieser einen Ausweis aus der Innentasche seiner Jacke und reicht ihn dem Polizisten. Der wirft einen kurzen Blick darauf, salutiert und sagt zu Krystyna: »Sie können gehen.« Er verlangt nicht einmal mehr ihren Ausweis.

Die beiden Polizisten setzen ihren Rundgang fort. Sowie sie außer Hörweite sind, sagt Krystyna in etwas mühsamem Deutsch: »Ich danke Ihnen.«

»Keine Ursache. Darf ich Sie nach Haus begleiten?« Nun spricht der Fremde plötzlich polnisch. Sein Polnisch hat einen schlesischen Akzent – unverkennbar ein Deutscher. In Oberschlesien sprechen viele von ihnen polnisch. Aber wer ist er – und vor allem, was will er?

»Es könnten noch andere Patrouillen Ihren Weg kreuzen – und da sind Sie sicherer mit mir.«

Krystyna gibt immer noch keine Antwort. Ein Deutscher, ein Schlesier, der polnisch spricht. Sie hat von so manchem Schlesier polnischer Abstammung gehört, der hier in Warschau sein Unwesen treibt ... vielleicht ein Agent der Gestapo. Solche Leute bringen die Deutschen mit Vorliebe ins Generalgouvernement.

Aus dem Verhalten des Polizisten hat sie erkennen können, daß sein Ausweis der einer wichtigen Dienststelle sein mußte. Vielleicht ist das Ganze einer der Tricks, die die Gestapo anwendet, um Mitglieder der Widerstandsbewegung zur Strecke zu bringen. Sie hat gehört, wie solche Gestapo-Agenten Polen manchmal kleine Dienste erweisen und sich ihnen gegenüber von der freundlichsten Seite zeigen, nur um sie dann um so sicherer ans Messer liefern zu können.

Krystyna schweigt.

»Mein Name ist Paul. Meine Mutter war Polin, von ihr habe ich polnisch gelernt. Seit einigen Monaten bin ich hier in Warschau.«

Der Fremde macht keine Anstalten, Krystynas Arm loszulassen, den er schon die ganze Zeit über hält. Krystyna blickt vor sich hin – so spricht er weiter:

»Ich kann mir schon vorstellen, was Sie von mir denken. Aber ich gehöre nicht zu denen; Sie brauchen keine Angst zu haben. Ich habe Sie schon einmal gesehen, als ich dienstfrei hatte.« Er stockt.

»Heute sah ich Sie zufällig wieder. Und da Sie mir schon beim ersten Mal gefallen haben, bin ich Ihnen gefolgt. Als ich merkte, wie spät es schon war, wußte ich, daß Sie Schwierigkeiten bekommen könnten. Daher blieb ich Ihnen auf den Fersen und dachte mir schon im vorhinein die Geschichte mit dem Streit aus.«

Krystyna schweigt noch immer.

»Wenn Sie sich vor mir fürchten oder lieber allein weiter wollen, lasse ich Sie allein. Ich gebe Ihnen mein Ehrenwort, daß ich Ihnen nicht folgen werde.«

Polnisch zu sprechen, macht ihm sichtlich Schwierigkeiten. Krystyna merkt, daß er aus der Übung ist. Ein Zivilist kommt ihnen entgegen. Paul drückt Krystynas Arm und sagt ein paar belanglose deutsche Worte. Der Fremde soll sie keinesfalls polnisch sprechen hören. Unwillkürlich muß Krystyna lächeln. Sie bleibt stehen und schaut ihm in die Augen. Paul hält ihrem Blick stand.

»Ich habe ja gar keine Wahl. Sie können mich begleiten. Aber es ist nicht notwendig, daß Sie meinen Arm halten.«

Er läßt sie sofort los und sagt traurig:

»Sie glauben mir ja doch nicht. Und nach allem, was hier geschieht – und ich weiß sicher nur sehr wenig davon –, wundert mich das auch nicht. Ich kann mir nicht vorstellen, daß sich ein anständiges polnisches Mädchen mit einem Deutschen einlassen würde.«

Krystyna schüttelt den Kopf.

»Viele polnische Mädchen gehen mit Deutschen, sogar mit Uniformierten. Sie haben wahrscheinlich gedacht, alle täten das.« Bei ihren Worten werden seine Augen noch trauriger und ein leiser Vorwurf klingt mit, als er antwortet:

»Ich habe Sie nie für eine von denen gehalten, die sich den Deutschen an den Hals werfen, um von ihnen Zigaretten, Strümpfe oder Schokolade zu bekommen. Das sind ja ganz einfach ...« Er beendet den Satz nicht.

Plötzlich verändert sich sein Gesichtsausdruck.

»Sollte ich Sie durch mein Verhalten auf den Gedanken gebracht haben, daß ich Sie falsch einschätze, so bitte ich um Verzeihung.«

Er ist sichtlich erschöpft nach seinem langen Monolog in der seit Jahren nicht mehr gebrauchten Sprache. »Pieronie!« macht er seiner Anstrengung Luft.

»Pieronie – Zum Donnerwetter!« Viele von Krystynas Mitverschworenen verwenden dieses Wort. Es entwaffnet Krystyna – ist es doch so typisch polnisch. Dennoch – sie weiß immer noch nicht, was sie von dem Fremden halten soll.

Der Weg zieht sich endlos für Krystyna, obwohl es eigentlich nur noch einige hundert Meter bis zu ihrem Haus sind. Was wird wohl geschehen, wenn sie vor ihrer Haustüre angelangt sind? Sie mustert ihren Begleiter aufmerksam. Sie erkennt deutlich, daß seine Bewegungen nicht ganz zu seiner Zivilkleidung passen; vermutlich trägt er sie nur selten. Sein Blick ist offen und ehrlich – doch vielleicht gehört das zu seiner Ausbildung, um Vertrauen zu erwekken? Sie darf nicht nachlassen in ihrer Wachsamkeit. Am besten ist es, wenn sie ihn sprechen läßt. Auf diese Weise kann ihr nicht ungewollt ein kompromittierendes Wort entschlüpfen. Und wenn er tatsächlich mit den Polen sympathisiert, so muß ihm die Gelegenheit, mit einem polnischen Mädchen zu sprechen, willkommen sein.

»Sie sagten, Ihre Mutter sei Polin gewesen. Erzählen Sie mir doch etwas von ihr.«

»Vor drei Jahren habe ich sie verloren, aber ich durfte sie schon vorher jahrelang nicht sehen – mein Vater wollte es so, ich sollte ein echter Deutscher werden. Ich habe sie trotzdem heimlich besucht ...«

Seine Stimme klingt mutlos, als er nach kurzer Pause fortfährt: »Wozu erzähle ich Ihnen das überhaupt? Sie glauben mir ja doch kein Wort. Für Sie bin ich ein Deutscher, und Sie sind eine Polin. Über den Abgrund zwischen uns gibt es keine Brücke – kann es keine geben, bei allem, was hier tagtäglich geschieht.

17

Ich glaube, hier in Warschau ist das noch viel stärker zu spüren als in jeder anderen polnischen Stadt.«
Krystyna ist verwirrt. Würde sie in einer anderen, einer normalen Zeit leben, so würde sie ihm sicher glauben. Paul spricht offen, sein Gesicht ist ihr immer zugewendet. Man kann die Wahrheit förmlich aus seinen Worten heraushören – aber nach all den Erfahrungen ... Man muß zweifeln!
Und so schweigt Krystyna weiter.
»Sie glauben mir nicht.«
Er wiederholt es, und es klingt hoffnungslos.
Eine zweite Patrouille nähert sich. Pauls Ausweis zeigt dieselbe Wirkung wie vorher: Die Polizisten salutieren und gehen weiter, ohne Krystynas Papiere zu verlangen.
Paul lächelt.
»Sehen Sie, auch wenn Sie mir nicht glauben, was ich Ihnen über mich erzähle, so war es doch richtig, daß ich Sie begleitet habe. Jetzt ist es nämlich nicht mehr 8 Uhr 23, sondern fast schon 9 Uhr.«
»Ich bin gleich zu Hause, nur noch ein paar Schritte.«
Als sie beim Haustor ankommen, will Krystyna läuten. Er hält sie zurück.
»Können wir uns nicht wiedersehen? In einer Woche – bestimmen Sie einen Treffpunkt. Sie brauchen sich keine Sorgen zu machen.«
Krystyna weiß nicht, was sie sagen soll. Soll sie sich mit diesem Deutschen verabreden, nur weil er sie durch zwei Kontrollen gebracht hat? Sie antwortet nicht.

»Wenn Sie mir nur ein glanz klein wenig geglaubt haben, dann sagen Sie bitte nicht nein.«

Krystyna blickt ihn an. Schon will sie ihm etwas Nettes sagen; doch dann stellt sie sich ihn in Uniform vor. Welche er wohl trägt: die graugrüne des Sicherheitsdienstes – oder vielleicht die schwarze der SS? Paul bemerkt ihre Zurückhaltung. Er kramt in seinen Taschen, holt etwas hervor.

»Ich gebe Ihnen da etwas, was Sie mir bitte nächste Woche zurückbringen sollen. Seit dem Tod meiner Mutter trage ich es immer bei mir. Ich habe mich noch nie davon getrennt, denn es bedeutet mir sehr, sehr viel. Wenn ich es Ihnen nun gebe, so ist das ein Beweis meines Vertrauens.«

Er sieht sie flehend an.

»Ich weiß, Sie werden es mir nächste Woche wiederbringen. Es ist ein Talisman, den meine Mutter mir gegeben hat und der mir seit ihrem Tod heilig ist.«

Er drückt Krystyna den Gegenstand in die Hand.

»Nächsten Mittwoch um 6 Uhr an dieser Ecke hier. Ich hoffe, daß Sie da sein werden.«

Nach diesen Worten entfernt er sich, ohne sich zu verabschieden. Krystyna öffnet ihre Hand. Da schimmert ein kleines silbernes Medaillon mit dem Bildnis der schwarzen Madonna von Tschenstochau.

Sie läutet.

Der Eingang ist gut getarnt. In einem Anbau an eine halb verfallene Brauerei in Mokotow, einem Stadtteil Warschaus, ist eine Tischlerei untergebracht. Sie ist vollständig eingerichtet mit Hobelbänken, Regalen, Werkzeug und Bretterstapeln. In der Tischlerei werden Stühle, Tische und sonstige Möbel gezimmert, im besonderen aber Särge. Von Zeit zu Zeit fahren Pferdefuhrwerke oder Lastautos vor, manchmal auch ein Wagen der Leichenbestattung, um die fertigen Stücke abzuholen.

Wenn ein Leichenwagen vorfährt, gibt es in der Tischlerei immer besondere Bereitschaft. So mancher Sarg, der verladen wird, ist nicht leer: Wichtiges Material der polnischen Widerstandsbewegung wird auf diese Weise transportiert!

Aber nicht nur verschiedene Beerdigungsinstitute sind Kunden der Tischlerei, sondern auch kriegswichtige Betriebe der deutschen Wehrmacht in Warschau. Von Zeit zu Zeit erscheint ein Feldwebel mit einem Lastkraftwagen, um die bestellten Möbelstücke abzuholen. In der Werkstatt weiß man, wann ein solcher »offizieller« Besuch zu erwarten ist und richtet sich darauf ein. Den »Tischlern« – es arbeiten meist sechs Leute in der kleinen Werkstatt – sind derartige Besuche hochwillkommen; denn es soll sich ja herumsprechen, daß dies ein Betrieb ist, der auch für die deutsche Wehrmacht arbeitet.

»Gott und Vaterland«, sagt Krystyna, als sie die Werkstatt betritt und sieht, daß kein Fremder anwesend ist.

»Immer und ewig«, antwortet Janek, der die Werkstatt leitet.

Krystyna blickt ihn fragend an.

»Adam hat Leute da zur Vereidigung. Aber dich kann ich wohl hinuntergehen lassen.«

Er tritt zu einer Schalttafel und gibt ein Signal nach unten.

Dann schickt er einen seiner Leute auf die Straße, um zu erkunden, ob die Luft rein ist. Nachdem er sich auch davon überzeugt hat, schiebt Janek eine Werkbank beiseite und hebt zwei Fußbodenbretter hoch. Eine steile Treppe wird sichtbar.

Krystyna ist dies alles vertraut, unzählige Male ist sie diese Treppe schon hinauf- und hinuntergestiegen, sie hätte es mit verbundenen Augen tun können. Die Beleuchtung im Keller ist schwach, doch sie erkennt Adam, der vor einem Tisch steht.

»Krystyna! Du warst doch für heute nicht angesagt.«

»Nein. Aber ich habe etwas Wichtiges zu berichten.«

»Gut. Du mußt dich aber etwas gedulden.« Adam weist mit der Hand auf die Versammelten.

Krystyna sieht sich um. Sie blickt in lauter neue Gesichter. Insgesamt sind es fünf Männer; einer von ihnen in Priesterkleidung.

Krystyna setzt sich und wartet. Adam spürt ihre Erregung; unentwegt trommelt sie mit den Fingern auf ein Tischchen, das neben ihr steht.

Auf dem Tisch vor Adam stehen zwei Kerzen; er zündet sie an. Dann nimmt er aus einer Schublade ein Kruzifix, stellt es zwischen die Kerzen, nimmt einige Blätter und verteilt sie an die Anwesenden. Die fünf lesen aufmerksam.

»Seid ihr bereit, den Eid zu leisten?« fragt er.

»Ja!«

»Dann steht bitte auf.«

Auch Krystyna erhebt sich.

Der Mann in der Mitte legt seine Rechte auf das Kreuz; die anderen zu seiner Seite umfassen seine Hand.

»Jetzt sprecht mir nach!«

Adam liest: »Vor Gott dem Allmächtigen und vor der Jungfrau Maria, der Königin der polnischen Krone, lege ich meine Hand auf dieses Heilige Kreuz, das Symbol von Martyrium und Erlösung, und schwöre, daß ich die Ehre Polens mit ganzer Kraft verteidigen werde, um Polen vor der Sklaverei zu retten, daß ich mit der Waffe in der Hand und unter Einsatz meines Lebens kämpfen werde, daß ich meinen Vorgesetzten gegenüber absoluten Gehorsam üben werde und daß ich das Geheimnis wahren werde – um welchen Preis auch immer.«

Adam geht um den Tisch auf die Männer zu und sagt zu jedem: »Ich nehme dich auf unter die Soldaten der Freiheit. Sieg wird deine Belohnung sein. Verrat wird mit dem Tode bestraft.«

Er gibt jedem einzelnen die Hand. Alle sind ergriffen. Krystyna jedoch dauert die Zeremonie heute viel zu lange.

»Jeder von euch meldet sich bei der Gruppe, die ihn zur Aufnahme vorgeschlagen hat. Ihr werdet diesen Raum einzeln und in Abständen von einigen Minuten verlassen; fünf Fremde, die auf einmal aus einer Werkstätte kommen, würden Verdacht erregen. Der Pater fällt durch sein Gewand nicht auf, da wir ja hier auch Särge herstellen.«

Im Abstand von einigen Minuten gibt Adam ein Signal nach oben. Auf seinem Tisch steht eine kleine Lampe. Solange sie leuchtet, ist in der Werkstatt alles in Ordnung. Erlischt sie aber, so bedeutet das, daß ein Fremder die Tischlerei betreten hat, einer, der vom Vorhandensein und von der Bedeutung des Kellers nichts weiß und auch nichts darüber erfahren soll. Dann herrscht im Keller Stille, und nichts rührt sich, bis das Licht wieder aufflammt.

Dieser Keller, eines der vielen Verstecke der Untergrundbewegung in Warschau, besitzt überdies einen sehr gut getarnten zweiten Ausgang. Dieser Fluchtweg ist jedoch nur für den Notfall gedacht und führt direkt ins Freie.

Als letzter der eben erst Vereidigten verläßt der Pater den Raum.

Sobald sie allein sind, beginnt Krystyna hastig zu sprechen: »Adam! Ich habe die ganze Nacht nicht geschlafen. Gestern ...«

»Erzähle mir alles – und zwar in Ruhe und ganz genau.«

Krystyna zwingt sich zur Ruhe und erzählt. Adam hört genau zu. Er unterbricht sie mit keinem Wort.

»Was soll ich jetzt machen? Der Mann weiß, wo ich wohne. Ich glaube zwar kaum, daß er ein Provokateur ist – aber er ist Deutscher und das allein ...«

»... zwingt uns zur Vorsicht. Aus deinem Bericht habe ich den Eindruck gewonnen, daß du ihm glaubst. Natürlich wäre es nicht weiter schwierig, deinen Namen zu ändern und dir eine neue Wohnung zu verschaffen … Zeig' mir einmal das Medaillon!«

»Hier ist es. Du siehst, es ist unsere Madonna von Tschenstochau. Aber vielleicht gehört es gar nicht ihm, vielleicht hat er es irgend jemandem abgenommen und bewahrt es nur auf, weil es aus Silber ist.«

Krystyna nimmt das Medaillon wieder aus Adams Hand. Sie spürt, daß er beim Betrachten des Bildes seinen Kopf länger als nötig an ihren lehnt, so daß ihre Locken sein Gesicht berühren. Sie kennen einander schon ziemlich lange.

Krystyna ist es gewesen, die Adam im Frühjahr 1940 aus dem sowjetisch besetzten Lemberg über die ungarische Grenze gebracht hat, von wo aus er nach Budapest gegangen ist.

Ein Jahr später ist Adam zurückgekommen, diesmal nach Warschau, um hier seinen Dienst als Leitoffizier zu versehen. Hier ist ihm Krystyna, die Kurier der Widerstandsbewegung war, eines Tages wiederbegegnet. Sie erkannten einander sofort und erinnerten sich ihres gemeinsamen Abenteuers an der ungarischen Grenze.

»Jetzt würde man eine Katze brauchen, um den Hund abzulenken – falls er wirklich einer ist«, reißt Adam sie aus ihren Gedanken.

Normalerweise würde Krystyna über diese Bemerkung lachen, aber heute bleibt sie ernst.

Krystyna war die Tochter eines polnischen Majors, der bei Kriegsausbruch von Lemberg nach Rowne versetzt worden war. Dort war er mit allen anderen

Angehörigen der polnischen Armee von den einrükkenden Sowjets gefangengenommen worden. Die Familie hatte lange Jahre in Lemberg gelebt, wo Krystyna ein Jahr vor Kriegsausbruch die Mittelschule abgeschlossen hatte. Sie war ein hübsches Mädchen – mittelgroß, schlank, mit dunkelbraunem Haar, graugrünen Augen und einer geraden Nase. Ihr Sinn für Humor und ihr freundliches Wesen machten sie bei jedermann beliebt.

Mit dem Ausbruch des Krieges und der Besetzung Lembergs durch die Sowjets war für Krystyna eine Welt eingestürzt. Die Gefangennahme des Vaters durch die Russen hatte die Familie in schwere Not gebracht. An ein Studium war nicht mehr zu denken. Abgesehen von der Sorge um das Schicksal des Vaters gehörten sie und ihre Mutter als Angehörige eines polnischen Offiziers zu den von vornherein Verdächtigen. Sie waren ebenso den Schikanen des neuen Regimes ausgesetzt wie viele andere Beamte, Kaufleute und Grundbesitzer.

Als Krystyna gerade bei ihrer Tante in Zloczow zu Besuch war, wurden schlagartig während einer Nacht die Familien der polnischen Offiziere von den Russen abgeholt und in die Sowjetunion deportiert. Krystyna fand bei ihrer Rückkehr die Wohnung versiegelt vor.

Wohl war sie der Deportation entgangen, aber nun war sie gezwungen, ihre Identität zu ändern. So kam sie bald mit der sich bildenden polnischen Untergrundbewegung in Lemberg in Berührung, die zum Großteil aus Offizieren bestand, die nicht bereit gewesen waren, die Waffen zu strecken. Man besorgte Krystyna neue Papiere, eine Wohnung und einen fiktiven Arbeitsplatz, der ihr den lebensnotwendigen Ausweis sicherte.

Krystyna wurde als Kurier verwendet und immer wieder in die Provinz geschickt, um die Verbindung zu den dortigen Widerstandsstellen aufrechtzuerhalten. Auch beim Durchschleusen von versteckt lebenden Offizieren, die vom NKWD* gesucht wurden, wurde Krystyna eingesetzt.

Ihre Tante hatte bald Kontakt zu ihrer Mutter aufnehmen können. Sie lebte nun in Karaganda, im asiatischen Teil der Sowjetunion; und auch der Vater meldete sich brieflich bei seiner Schwester. Er war im Lager Kozielsk. Die Korrespondenz, die nunmehr mit dem Vater über die Tante abgewickelt wurde, brach jedoch im April 1940 ab. Krystyna wußte bald, daß der Boden in Lemberg für sie zu heiß wurde; sie wollte in den deutsch besetzten Teil Polens, nach Warschau, denn dorthin waren auch schon andere vom NKWD Verfolgte gegangen. So meldete sie sich bei Oberst Zebrowski, ihrem Vorgesetzten:

»Herr Oberst, ich möchte weg von hier. Ich habe das Gefühl, daß mich der NKWD bald schnappen wird – zu viele Leute kennen mich.«

---

* NKWD – Abkürzung für »Narodnij Kommissariat Wnutrennych Diel« (»Volkskommissariat für Innere Angelegenheiten«); wurde 1934 geschaffen unter Einbeziehung der GPU, der politischen Polizei. 1941 wurde aus dem NKWD die politische Geheimpolizei NKGB herausgelöst.

»Gut. Aber ich habe noch einen Spezialauftrag für Sie. Ein Mann von unserer Gruppe muß zur Basis nach Budapest. Und nach diesem Auftrag gehen Sie dann nach Warschau; ich habe auch Post dorthin.«

Dieses Gespräch führte Krystyna Anfang Mai 1940. Schon seit November 1939 hatte sie etliche Offiziere in der Gegend von Worochta über die ungarische Grenze geschleust. Sie kannte die Bauern der Umgebung gut, da sie dort oft als junges Mädchen mit ihrer Mutter die Ferien verbracht hatte. Bei Ausflügen hatte sie selbst mehrmals die Grenze zu Ungarn überschritten.

Als sie das letzte Mal zwei Männer zu Nikola, einem ihr gut bekannten Bauern, geführt hatte, der die beiden über die ungarische Grenze bringen sollte, war es Herbst gewesen. Damals hatte ihr der Bauer erzählt, daß der Grenzschutz des NKWD verstärkt worden und es jetzt sehr schwierig sei, Menschen hinüber zu schmuggeln. Und obwohl er mit seinen Führerdiensten gut verdient hatte, mußte Krystyna ihm damals versprechen, nicht mehr mit neuen Aufträgen zu kommen, da auch für ihn viel zu viel auf dem Spiel stand.

Trotz ihres Versprechens, Nikola in Ruhe zu lassen, fuhr Krystyna nach Worochta. Oberst Zebrowskis Auftrag war zu wichtig, als daß sie Nikolas Wunsch hätte respektieren können.

»Es wird nicht mehr gehen. Die Russen haben jetzt nicht nur mehr bewaffnete Posten, sondern auch scharfe Hunde. Ich weiß zwar einen guten Weg nach drüben, aber wenn uns die Hunde wittern, dann …

Die Russen würden mich und den Mann, den ich hinüberbringen soll, sofort an die Wand stellen.«

»Nikola, du bist ein gescheiter Mann und hast noch immer einen Weg gefunden. Schau, du weißt, es ist nicht die Frage, was es kostet. Und ich bezahle nicht mit wertlosen Rubeln, sondern mit Gold. Du kennst mich schon lange und weißt, daß ich mein Versprechen halte.«

Nikola merkte, daß die Angelegenheit für Krystyna sehr wichtig war.

»Na ja, jetzt ist es schon besser als im März, obwohl ab und zu noch Schnee liegt, dazwischen wird's aber schon grün. Und ich kenne Wege, die selten begangen werden. Wenn nur die Russen die Hunde nicht hätten. Ein Hund kommt ja überall hin. Angeblich sind es besondere Hunde, für den Grenzschutz in Rußland abgerichtet.«

Krystyna beschwor ihn: »Nikola, ich kann nicht zurückfahren, bevor du mir nicht versprochen hast, daß du den Mann über die Grenze bringst.«

»Wie soll ich das machen? Natürlich kann ich ein bißchen herumgehen und herauszufinden versuchen, wie die Grenzer ihre Patrouillen durchführen. Ich bin ja ein Bauer – und die sagen doch, daß sie nichts gegen die Bauern haben. Auf ihren Plakaten steht, daß wir jetzt ein Bauern- und Arbeiterstaat sind. Aber wie soll ich das machen, ohne daß sie Verdacht schöpfen? Ich bin ja für ein Menschenleben verantwortlich, nicht nur für meines, auch für das des anderen …«

Nikola bekreuzigte sich bei diesen Worten.

»Das gnädige Fräulein muß mir glauben, daß ich helfen will.«

»Nikola, bitte, laß dir etwas einfallen. Irgendeinen Weg muß es doch geben, wie man die Hunde ablenken kann.«

Sie saßen beide still und schwiegen. Krystyna wartete. Nikola dachte angestrengt nach. Er zog an seiner Pfeife und blickte durch das Fenster. Plötzlich sah er, wie sein Hund über den Hof raste. Sein Gesicht erhellte sich, und er zwirbelte seinen Schnurrbart.

»Gnädiges Fräulein, ich glaube, ich hab's. Das müßte eigentlich gehen, denn darauf haben die Russen ihre Hunde bestimmt nicht abgerichtet.«

»Was meinst du, Nikola?«

»Ich glaube nicht, daß man einen Hund so abrichten kann, daß er einer Katze nicht nachläuft. Bring deinen Mann hierher; ich besorge mir in der Zwischenzeit einige Katzen. Und mit den Katzen … Ich will den Hund sehen, der lieber den Menschen statt Katzen nachläuft! Das müßte doch gehen … Aber diesmal ist es wirklich das letzte Mal!«

Krystyna brachte Adam zu Nikola, bei dem er zwei Tage lang versteckt blieb, während sich der Bauer im Grenzgebiet umsah.

Als er Adam schließlich über versteckte Waldpfade zur Grenze führte, nahm er in einem Sack vier Katzen mit. Krystyna wartete in Delatyn, einem Ort in der Nähe, bei einer befreundeten Familie. Nach zwei Tagen ging sie zu Nikola, um zu erfahren, ob Adam gut über die ungarische Grenze gekommen sei, denn sie mußte Oberst Zebrowski Meldung machen.

29

»Gnädiges Fräulein! Ich habe viel ausgestanden! Nicht weit vom Eisenbahnviadukt ist eine versteckte Übergangsstelle, dort sind wir hingegangen.«

Er legte eine Pause ein. Krystyna wartete gespannt.

»Schon bald haben wir Hundegebell gehört. Ich habe eine Katze nach der anderen aus dem Sack gelassen, die Katzen sind in alle Richtungen gelaufen und haben natürlich die zwei Hunde abgelenkt. Sie sind bellend unter den Bäumen herumgelaufen, auf die die Katzen geflüchtet waren. Die Russen waren noch weit; doch dann sind auch die Hundeführer gekommen. Ich hab' gerufen: Jetzt los, es sind nur noch hundert Meter bis zur Grenze! Er war schon drüben, da habe ich die Rufe der Russen und die Schüsse gehört. Sie haben in die Bäume geschossen und waren sehr enttäuscht, als nur tote Katzen heruntergefallen sind.«

Man schrieb das Jahr 1934, als der vom Tode gezeichnete »starke Mann« Polens, Marschall Józef Pilsudski, den Ministern seiner Regierung, zumeist Generälen und Obersten, Motiv und Inhalt des mit dem nationalsozialistischen Deutschland ausgehandelten Konsultativ- und Freundschaftsvertrages erläuterte: Der Pakt, der für die Dauer von zehn Jahren einen bewaffneten Zusammenstoß zwischen beiden Ländern ausschlösse, solle Polen eine Ruhepause verschaffen, um anschließend bereit zur Verteidigung zu sein.

Eineinhalb Jahre nach der Vertragsunterzeichnung vom 26.1.1934 war Pilsudski bereits tot. Sein Nachfolger, Rydz-Smigly, und die polnische Regierung vergaßen die Mahnungen ihres Mentors und nützten die Zeit nicht. Doch auch Pilsudski hatte sich geirrt, denn die Ruhepause dauerte keine zehn, sondern nur fünf Jahre. Noch Jahrzehnte später wird man herumrätseln, ob Hitler ein Meister der Täuschung war, ein politischer Bluffer, oder ob ihm seine Gesprächspartner einfach nicht gewachsen waren. Mit Freundschaftsverträgen und Nichtangriffspakten baute der Führer des Dritten Reiches eine Nebelwand auf, hinter der er für den Krieg rüstete. Die erfahrenen Staatsmänner Europas merkten zu spät, daß die pathetischen Friedensbeteuerungen und die angebotenen und besiegelten Verträge Bestandteil der Kriegsstrategie Hitlers waren.

Erst nach Ende des Zweiten Weltkriegs wird man feststellen, daß der furchtbare Waffengang hätte vermieden werden können, wenn die Nachbarstaaten Deutschlands – und vielleicht nicht nur diese allein – rechtzeitig, auch unter Anwendung von Gewalt, die nationalsozialistische Gefahr ausgeschaltet hätten. Möglichkeiten einer einfachen und in begrenztem Rahmen erfolgreich abrollenden militärischen Aktion gegen Deutschland hatten bestanden.

Die Welt schickte sich jedoch an, mit dem nationalsozialistischen Deutschland zu leben. Und es dauerte nicht lange, da wurden die Vertreter der Nazi-Diktatur auch auf dem diplomatischen Parkett salonfähig.

Mit dem Einmarsch in Österreich ließ Hitler endgültig seine Maske fallen; dann wollte er die Sudetendeutschen »heimholen«, drohte unverhohlen mit Krieg – und die Westmächte waren glücklich und selbstzufrieden, den Führer des Dritten Reiches mit dem Münchner Abkommen besänftigt zu haben, in dem Teile der damals militärisch gut gerüsteten Tschechoslowakei Deutschland zugesprochen wurden. Und Polen teilte mit Hitler die tschechische Beute, ein Brocken Schlesiens wurde dem polnischen Staat einverleibt.

Hitler hatte jedoch weiterreichende Pläne – eine Diktatur braucht Erfolge wie ein Süchtiger seine Droge. Dem alten Drang der Deutschen nach dem Osten folgend, stellte Hitler, der vertraglich die polnischen Grenzen garantiert hatte, Gebietsforderungen an den östlichen Nachbarstaat, die Polen nicht erfüllen konnte und wollte. Durch den unaufhaltsamen deutschen Eroberungsdrang aufgeschreckt, garantierten Frankreich und England die Grenzen Polens. Ein Alleingang Hitlers gegen den polnischen Staat war daher nicht mehr möglich. So kam ein Pakt zustande, der vorher unvorstellbar gewesen war: der deutsch-sowjetische Vertrag vom 23. August 1939.

Über dieses Übereinkommen zwischen Hitler und Stalin waren besonders die Kommunisten außerhalb der Sowjetunion schockiert. Sie hatten an eine Art Heiligen Krieg gegen den deutschen Nationalsozialismus geglaubt und waren für diesen Kampf mit ihrer persönlichen Überzeugung eingetreten. In deutschen Kerkern und Konzentrationslagern waren in jenen Jahren zahlreiche Kommunisten inhaftiert. Obendrein wurde gerade 1939 in Deutschland eine große Ausstellung über den »Weltfeind Nummer 1«, den Bolschewismus, gezeigt. Für diese Ausstellung war Goebbels verantwortlich, der alle Register seiner Propagandakunst zog.

Es gab aber auch alte Nationalsozialisten, die die Welt nicht mehr verstanden und den deutsch-sowjetischen Vertrag als Verrat am Parteiprogramm der NSDAP betrachteten.

Die Initiative zum Pakt zwischen Berlin und Moskau kam von sowjetischer Seite. Im März 1939 erklärte Stalin, daß ihm an einer Verbesserung der Beziehungen zu Berlin gelegen sei. Gleichzeitig wollten die Engländer die Sowjets für einen Pakt über die

Erhaltung des Status quo in Europa gewinnen. So verhandelten im August sowjetische Diplomaten sowohl mit Engländern als auch mit Deutschen; während die Verhandlungen mit England offen geführt wurden, blieben die Gespräche mit den Deutschen streng geheim.

Am 23.8.1939 wurde schließlich der Vertrag zwischen Berlin und Moskau unterzeichnet. Die künftige Beute Polen, gegen das Hitler bereits seit langer Zeit einen Angriff vorbereitete, mußte er mit seinem neuen Bündnispartner teilen.

Am 1. September 1939 fielen die Deutschen in Polen ein. Hitler zeigte der erschreckten und zugleich faszinierten Welt, was ein Blitzkrieg ist. Doch die Verbündeten der Deutschen bei diesem Dreiwochenkrieg waren auch die Zustände in Polen: ein Land, das militärisch schlecht gerüstet und dessen Verteidigung seit jeher vor allem gegen mögliche Angriffe aus dem Osten ausgerichtet war. Erst kurz vor dem deutschen Einmarsch, als sich die Gewitterwolken bedrohlich über Polen zusammenzogen, besann sich die polnische Führung auf die Mahnung Pilsudskis, daß auch der westliche Nachbar militärischer Gegner sein könnte. Doch da war es bereits zu spät.

Polen wurde zur Überraschung selbst der Deutschen eine leichte Beute für den Aggressor. Nach dem Versagen der höchsten polnischen Führung, der autoritären Regierung, die zum Teil selbst mit profaschistischen Gedanken kokettierte, nach der Schwächung des Landes nicht zuletzt durch eine unduldsame Politik gegen nationale Minderheiten, die immerhin ein Drittel der polnischen Bevölkerung ausmachten, brach der polnische Staat zusammen. Auf der Strecke blieb das Volk Polens, ausgeliefert der Willkür des deutschen Siegers.

Auch Moskau holte sich seinen Anteil an der polnischen Beute. In den ersten Septembertagen wartete es offensichtlich noch ab, bis die deutsche Militärwalze Polen überrollt haben würde. Dann, 17 Tage nach Kriegsausbruch, marschierten auch sowjetische Truppen in Polen ein. Gleichzeitig kündigten die Sowjets ihren bis Ende 1945 gültigen Nichtangriffspakt mit Polen. Der Vorwand, die auf polnischem Gebiet lebenden ukrainischen und weißrussischen Minderheiten schützen zu müssen, enthob die Kreml-Führung der Pflicht, Polen den Krieg erklären zu müssen. Dieser Schachzug brachte Moskau den Vorteil, völkerrechtlich nicht als Aggressor zu gelten.

Eine der Finten Hitlers jedoch mißglückte. Es war nämlich in den deutsch-sowjetischen Geheimverträgen auch von einem polnischen Reststaat die Rede gewesen. Deutschland strebte die Grenzen von 1914 an, wenn auch mit gewissen Korrekturen. So sollte an die Sowjetunion ein Teil Galiziens und Wolhynien fallen; das Wilna-Gebiet hätte zu Litauen kommen sollen; der Rest sollte als ein geschrumpfter polnischer Staat weiterbestehen. Diese Absprache war jedoch hinfällig geworden, als Stalin das Interesse an einem polnischen Reststaat verlor und die militärische Demarkationslinie zwischen der Sowjetunion und dem Reich als endgültige Staatsgrenze betrachtete. Rest-Polen, das Hitler vor einem Krieg mit den Westmächten retten sollte, erwachte nie zum Leben. Als Geste der Freundschaft zwischen dem Deutschen Reich und der Sowjetunion lieferte Moskau in den Jahren 1939 und 1940 mehrere deutsche und österreichische Kommunisten, darunter auch Juden, an der deutsch-sowjetischen Demarkationslinie in Brest den Nazis aus. Juden, die aus den von Deutschen besetzten Gebieten Polens in die Sowjetunion geflüchtet waren, wurden nach ihrer Verhaftung durch die Russen den Deutschen übergeben. Die Zusammenarbeit zwischen Moskau und Berlin wirkte sich auch für den polnischen Widerstand verhängnisvoll aus. Zu jener Zeit wußten die Polen weder im deutsch noch im sowjetisch besetzten Teil des Landes, daß es außer dem Ribbentrop-Molotow-Pakt noch einen geheimen Zusatzvertrag vom 28. September 1939 gab. Die Sowjetunion und das Großdeutsche Reich hatten sich darin verpflichtet, jede polnische Agitation auf ihren Gebieten zu unterbinden, sich gegenseitig über die zweckmäßigen Maßnahmen zu unterrichten und einander zu unterstützen.

Der polnischen Untergrundbewegung blieb es damals jedoch ein Rätsel, warum eine Kommission des sowjetischen NKWD im März 1940 Krakau besuchte und warum es in Zakopane zu einer Zusammenkunft zwischen jener NKWD-Kommission und der Geheimpolizei der Nazis, der Gestapo, kam. Nach dem Krieg erfuhr man auch, daß eine Kommission der Gestapo zweimal die Sowjetunion besucht hatte,

- - - - - - - - - - - -

       Die unterzeichneten Bevollmächtigten haben
bei Abschluss des deutsch-sowjetischen Grenz- und Freundschaftsvertrages ihr Einverständnis über folgendes festgestellt:

       Beide Teile werden auf ihren Gebieten keine
polnische Agitation dulden, die auf die Gebiete des anderen
Teiles hinüberwirkt. Sie werden alle Ansätze zu einer solchen
Agitation auf ihren Gebieten unterbinden und sich gegenseitig über die hierfür zweckmässigen Massnahmen unterrichten.

Moskau, den 28.September 1939.

Für die Deutsche Reichsregierung: In Vollmacht der Regierung
                                 der UdSSR.:

nämlich die Städte Lemberg und Kiew im Mai 1940.
Aber in jener Zeit blieb der Grund der gegenseitigen
Besuche den Polen natürlich verborgen.
Einblick in diese Zusammenarbeit zwischen Gestapo und NKWD gibt Generalgouverneur Frank, der
ranghöchste Vertreter in dem von den Nazis ge-
schaffenen »Generalgouvernement Polen«, in einem
seiner Tagebücher, wo er von der Visite des
NKWD-Generals Nabraschinkow erzählt. Die den

sowjetischen General begleitenden NKWD-Offiziere fuhren damals in das Erholungsheim der Gestapo in Zakopane, wo man die Verhandlungen führte. Ein Offizier des NKWD blieb als Verbindungsmann bis zum Juni 1941 beim Generalgouverneur in Krakau. Frank notierte damals: »Wir haben sehr viel mit den Russen zu tun, sie sind doch unsere Nachbarn, unsere Stammgäste. Man denke einmal darüber nach: beide Flaggen nebeneinander; General Nabraschinkow, der stellvertretende Innenminister der Sowjetunion, das Bild eines Raubmörders mit abgeflachter Stirn, einem Gorilla ähnlich, mit großen gelben Zähnen, schlug sich brüllend auf die Schenkel und sagte: ›Aber, oh, die Flaggen sehr gut, beide sehr viel rot ... ‹.«

In den Augen vieler kommunistischer Genossen war Moskaus Politik nur schwer in Einklang zu bringen mit den Vorstellungen, die sie von der Sowjetunion als dem »Hort der Menschlichkeit« hatten. Einen Ausweg aus diesem Dilemma brachte die offizielle kommunistische Sprachregelung, der zufolge Polen ja nicht Opfer von Hitlers Agressionstrieb war, sondern seines eigenen faschistischen Regimes. Engländer und Franzosen, die für Polen Partei ergriffen und konsequenterweise dem Deutschen Reich den Krieg erklärten, wurden zu Kriegstreibern abgestempelt. Erst der Angriff Hitlers auf die Sowjetunion machte den »räuberischen imperialistischen Krieg« in Europa, für den die Kommunisten in aller Welt keinerlei Interesse zeigen durften, zu einem »Volkskrieg«, zum »großen vaterländischen Krieg«.

Die Sowjetunion hätte es heute gerne, wenn die Welt vergäße, daß sie den Krieg Hitlers gegen die Alliierten in seiner Anfangsphase nicht nur durch den Abschluß des Freundschaftsvertrages, sondern auch durch Hilfslieferungen wichtiger Güter und Rohstoffe unterstützt hat. Der Umfang des deutsch-sowjetischen Handelsvertrages wurde damals enorm ausgeweitet: die Sowjetunion lieferte Tausende Tonnen Erdöl und Erze, Buntmetalle, Kautschuk und Getreide an Deutschland. Züge mit kriegswichtigen Gütern rollten Tag und Nacht Richtung Westen. Für Transporte zur See hatten die Sowjets den Deutschen freiwillig den Hafen Murmansk zur Verfügung gestellt, um so die englische Seeblockade Deutschlands umgehen zu können.

In diesem Stadium der deutsch-sowjetischen Beziehungen stießen englische Warnungen vor Kriegsvorbereitungen des deutschen Reiches gegen den bisherigen Bündnispartner in Moskau auf taube Ohren. So etwa waren durch die polnische Untergrundbewegung Informationen über deutsche Truppenkonzentrationen an der Grenze zur Sowjetunion in die britische Hauptstadt gelangt. Hinweise dieser Art wurden aber sowohl vom sowjetischen Botschafter in London, Majski, als auch von dessen Chef, Außenminister Molotow, ignoriert.

Als der deutsche Botschafter in Moskau, von Schulenberg, Molotow in den frühen Morgenstunden des 22. Juni 1941 die deutsche Kriegserklärung an die Sowjetunion überreichte, reagierte der Außenminister Moskaus völlig überrascht. Händeringend fragte er, ob das nicht alles ein Irrtum sei. »Haben wir das verdient?« kam es zuletzt von seinen Lippen.

Die Antwort auf Molotows Frage kann nur die Geschichtsschreibung geben. Die Verblüffung des sowjetischen Außenministers basierte nämlich nicht zuletzt auf der Tatsache, daß es neben dem deutsch-sowjetischen Freundschaftsvertrag ein geheimes Abkommen zwischen beiden Staaten gab, in dem die Aufteilung Europas festgelegt war. Dieses Zusatzprotokoll zum Vertrag vom 23. August 1939 wurde erst nach dem Zweiten Weltkrieg, 1946, bekannt. Im Lichte dieses Zusatzprotokolls waren die Sowjets Mittäter im Anklagepunkt des Nürnberger Militärtribunals »Verbrechen gegen den Frieden«. Der ehemalige deutsche Außenminister Ribbentrop bestätigte zwar dem Verteidiger von Rudolf Heß, Alfred Seidl, während des Prozesses in Nürnberg die Echtheit des Zusatzprotokolles. Das Dokument wurde amtlich jedoch nicht zugelassen, weil sich Seidl weigerte, die Herkunft des Papiers preiszugeben.

Der Überfall auf die Sowjetunion bezeichnete eine Wende in der Politik Moskaus. Nun war der Zeitpunkt gekommen, daß sich die Sowjets mit den Alliierten gegen Deutschland verbündeten, daß die Kommunisten in aller Welt aufgerufen wurden, für »Freiheit und nationale Unabhängigkeit« gegen Nazi-Deutschland zu kämpfen. Und auch mit den kämpfenden Exil-Polen schlossen die Sowjets ein Bündnis, das aber nicht auf die ungeteilte Zustimmung der polnischen Emigration stieß.

Im Grunde waren die Sowjets und die Westmächte

im Zweiten Weltkrieg Alliierte gegen ihren Willen – und auch gegen die politischen Pläne Stalins. Der sowjetische Diktator hatte gehofft, daß die kapitalistischen Mächte – die Westmächte und das Deutsche Reich mit seinen Verbündeten – sich sehr lange bekriegen und am Ende verbluten würden. Auf einen deutschen Angriff war er daher in keiner Weise vorbereitet. Auch war die sowjetische Führung nach den Säuberungen der dreißiger Jahre ihrer tüchtigsten militärischen Köpfe beraubt. Nach dem Einfall Deutschlands in die Sowjetunion dauerte es sehr lange, bis sich die Rote Armee von den schweren militärischen Schlägen der Deutschen erholt hatte und selbst die Initiative ergreifen konnte.

Eine große Hilfe für die sowjetische Kriegsführung stellten die von den Deutschen an russischen Kriegsgefangenen und an der Zivilbevölkerung in den besetzten Teilen der Sowjetunion begangenen Greueltaten dar; übertraf doch der Haß gegen die deutschen Besetzer noch um vieles den Haß gegen das Regime Stalins.

Unter den Alliierten zeigte sich bald ein Gegensatz in ihren Zielsetzungen. Das vorrangige Ziel der Westmächte war vorerst nur, das Deutsche Reich niederzukämpfen. Das zukünftige Gesicht Europas und die politischen Grenzen auf der Landkarte nach dem Krieg waren für sie von sekundärer Bedeutung. Anders die Sowjets: Sie wußten genau, welche Stücke sie sich vom europäischen Kuchen holen wollten. Von dem Augenblick an, da die drohende deutsche Gefahr für die Sowjetunion durch den großen Sieg bei Stalingrad gebannt war, begann Moskau, sich auf den »Sprung nach vorn« vorzubereiten. Das politische Ziel wurde nun, nach dem deutschen Angriff auf die Sowjetunion vom 22. Juni 1941, viel weiter gesteckt, als es die Vereinbarungen mit dem Großdeutschen Reich nach der Teilung Polens erlaubt hätten. So kann man letztlich diesen Zeitpunkt, zu dem das Streben nach realem Machtzuwachs zum Leitmotiv der sowjetischen Außenpolitik wurde und damit auch bestimmend für die Haltung Moskaus gegenüber Polen, als die eigentliche Geburtsstunde des kalten Krieges bezeichnen. Die politische Kurzsichtigkeit der westlichen Alliierten, besonders der USA und Großbritanniens, trug schon damals den Keim der schweren Probleme der europäischen Nachkriegspolitik in sich. Für diese Versäumnisse mußten nach 1945 mehrere »befreite« Staaten, darunter auch Polen, die Rechnung bezahlen.

Die zweite Front, die Stalin von den westlichen Alliierten immer wieder forderte, deckte sich nicht mit den britischen Vorstellungen. Großbritannien wollte nämlich einen Angriff gegen Deutschland auf dem Balkan mit der Stoßrichtung Tschechoslowakei und Polen starten. Nach sowjetischen Wünschen sollte jedoch die zweite Front in Frankreich errichtet werden. Polen und die Tschechoslowakei gedachte Stalin sich selbst vorzubehalten.

Von dem Zeitpunkt an, da die Westmächte diese strategisch-politische Konzeption der sowjetischen Führung angenommen hatten, hörte Polen auf, für die westlichen Alliierten ein wichtiges Land in ihrem

militärischen Konzept zu sein. Darin lag auch eine der Ursachen dafür, daß England die polnische Widerstandsarmee während all der Kriegsjahre nur notdürftig mit Waffen und Material für den Untergrundkampf versorgte. Obwohl die Sowjetarmee nach der siegreichen Schlacht um Stalingrad noch mehrere hundert Kilometer von der alten polnischen Grenze entfernt stand, ließ Stalin die Engländer wissen, er wünsche nicht, daß polnische Partisanen östlich der »Curzon-Linie« mit Waffen aus Großbritannien versorgt würden. Diese »Curzon-Linie«, die der britische Außenminister George Curzon im Namen der Interalliierten Konferenz von Spa am 11.7.1920 zur Beilegung des sowjetrussisch-polnischen Konfliktes vorgeschlagen hatte, war von Polen entschieden abgelehnt worden. Als die Sowjets Polen mit Hitler 1939 teilten, wurde der alte Plan der »Curzon-Linie«, der die polnische Ostgrenze auf der Linie Grodno-Brest vorsah, zur Grundlage für die neue deutsch-sowjetische Demarkationslinie.
Nun hatte Großbritannien zwar im selben Jahr 1939 Polen die lange Zeit verweigerte Garantie für seinen Bestand zuteil werden lassen, und zum Schutz der Integrität der polnischen Grenzen waren London und Paris schließlich in den Krieg gegen das nationalsozialistische Deutschland eingetreten. Seitdem die Sowjetunion jedoch zum Bündnispartner der Alliierten geworden war, zeichnete sich ab, daß sich die Hoffnung der Polen auf einen unabhängigen Staat innerhalb seiner alten Grenzen nach dem Fall des Dritten Reiches nicht erfüllen würde. Die Mit-

gliedschaft der mächtigen Sowjetunion in der westlichen Allianz war für Großbritannien, aber auch für die Vereinigten Staaten so wichtig, daß sie alle Bedingungen Moskaus für die Zeit nach dem Krieg akzeptierten. Dazu gehörte auch, daß die polnischen Gebiete, die nach dem Pakt mit dem Deutschen Reich an die Sowjetunion gefallen wären, weiterhin unter sowjetischer Besetzung bleiben sollten. Obendrein wurde Stalin von westlicher Seite für die Zukunft eine »sowjetfreundliche« polnische Regierung versprochen.

Bei diesem Spiel mit großen weltpolitischen Perspektiven mischten die Polen selbst als Hauptbetroffene nicht mit. Ohne ihr Zutun, ja ohne ihre vorherige Kenntnis war die Sowjetunion aus einem Partner Hitler-Deutschlands zum Verbündeten der Westmächte geworden. Plötzlich saßen die Polen im selben alliierten Boot mit dem Feind von gestern, der die Bevölkerung des von ihm besetzten Landes zum nicht geringen Teil deportiert hatte und Soldaten dieses Volkes in Gefangenschaft hielt. Denn in der Zeit von September 1939 bis Juni 1941 sorgten nicht nur die Deutschen, sondern auch die Politik Stalins in den sowjetisch besetzten Gebieten dafür, daß sich die polnische Bevölkerung vom Schock der Niederlage nicht erholte. Ähnlich wie die Deutschen gingen auch die Sowjets vor: Die Intelligenz Polens wurde entwurzelt oder deportiert. Tausende polnische Patrioten, Offiziere mit ihren Familien, Wirtschaftstreibende und Beamte wurden in Viehwaggons nach Rußland verfrachtet – ganz zu schweigen von den fast 200 000 polnischen Offizieren und Soldaten, die bei der Besetzung Polens in russische Gefangenschaft geraten waren.

Für die polnische Exilregierung war es daher keine leichte Sache, sich im alliierten Lager mit der Sowjetunion zu arrangieren. Nur dem Drängen Großbritanniens war es zuzuschreiben, daß 1941 zwischen den Polen und den Sowjets ein Modus vivendi gefunden werden konnte, der allerdings nur als Provisorium angesehen werden konnte. Mit den Unterschriften des sowjetischen Botschafters in London, Iwan Majski, und des polnischen Ministerpräsidenten und Oberkommandierenden, Sikorski, wurde ein Vertrag unterzeichnet, der die Annullierung des alten Ribbentrop-Molotow-Paktes zum Inhalt hatte. Außerdem erließ Moskau eine Amnestie für alle polnischen Gefangenen, die in der Sowjetunion festgehalten wurden, und ermöglichte eine Neuformierung der polnischen Armee, die aus ehemaligen polnischen Staatsbürgern bestehen sollte, die in der Sowjetunion lebten.

Mit der Aufnahme diplomatischer Beziehungen zwischen der polnischen Exilregierung in London und Moskau wandelte sich natürlich auch die Haltung der polnischen Kommunisten dem Kriegsgeschehen gegenüber. Wie alle anderen in der Komintern auf die sowjetischen Interessen vergatterten kommunistischen Parteien Europas hatten auch die Kommunisten Polens, den Direktiven aus Moskau folgend, den deutschen Aggressoren keinen Widerstand geleistet. Der Krieg, der in Europa tobte und die Besetzung Polens und der Tschechoslowakei, Frankreichs, der Benelux-Staaten, Dänemarks und Norwegens durch deutsche Armeen gebracht hatte, hieß ja laut sowjetischer Sprachregelung »der zweite imperialistische Krieg«.

Die Kommunisten der versklavten Länder Europas, die sich stets so gerne als führende Kämpfer für die Arbeiterklasse und gegen den Faschismus ausgegeben hatten, taten so, als ginge sie der Krieg überhaupt nichts an. Manche leisteten sich sogar Geschmacklosigkeiten wie die holländischen Kommunisten, die in ihrer Zeitung schrieben, man solle zu den deutschen Soldaten freundlich sein und sie gut behandeln. Die dänischen und norwegischen Kommunisten erklärten öffentlich, daß sie es vorzögen, ihre Länder von den Deutschen statt von den Engländern besetzt zu sehen. Nach dem Krieg wurde bekannt, daß auch die französischen Kommunisten auf die Niederlage Frankreichs im Kampf gegen das Dritte Reich spekuliert hatten. Und sogar die Exekutive der Kommunistischen Partei Palästinas, deren Angehörige Juden waren, verurteilte im Juli 1940 die Bildung jüdischer Kampfgruppen gegen die Nazis.

Bis zum Ausbruch des deutsch-sowjetischen Krieges hatten sich auch die Kommunisten in Polen jeder gegen Deutschland gerichteten Tätigkeit enthalten; dazu bekamen sie auch keinerlei Weisung aus Moskau. In jenen Tagen ignorierte Stalin die polnischen Kommunisten noch als Mitglieder einer Partei, die im Jahre 1938 von der Komintern wegen »Trotzkismus« aufgelöst worden war. Das Schweigen und die Untätigkeit der polnischen Kommunisten sollten außerdem den Beweis erbringen, daß die Sowjets zu ihrem Wort, das sie dem Dritten Reich gegeben hatten, standen.

Der Ausbruch des deutsch-sowjetischen Krieges brachte die entscheidende Wende, doch konnten die Kommunisten in Polen erst viel später mit ihrer aktiven Untergrundtätigkeit beginnen. Selbst zur Zeit der größen Intensität des Untergrundkampfes in Polen war der zahlenmäßige Anteil der Kommunisten an diesem Kampf nicht höher als zehn Prozent. Das hinderte jedoch die Kommunisten nicht, nach dem Krieg den Antifaschismus und die Untergrundtätigkeit gegenüber dem Dritten Reich in Polen – wie in manchen anderen europäischen Ländern auch – als Werk des Kommunismus darzustellen. Zu ergänzen ist, daß die Untergrundkämpfer des nationalen nichtkommunistischen Widerstandes nach dem Krieg von den Kommunisten in Polen weit ärger als die nationalsozialistischen Kriegsverbrecher verfolgt wurden.

Bald nach dem Abschluß des neuen polnisch-sowjetischen Vertrages setzten die Sowjets polnische Kommunisten mit Fallschirmen über polnischem Gebiet ab; Aufgabe dieser Leute war es, mit Propagandaaktionen zu beginnen. Vor allem der Wiederaufbau einer kommunistischen Partei in Polen wurde betrieben. Die wichtigste Tätigkeit der neuen Untergrundkämpfer war jedoch, dem nationalen polnischen Untergrund bzw. seiner politischen und strategischen Linie entgegenzuarbeiten. Immer wieder ergingen von Polen aus an die Exilregierung in London Klagen wegen der Untergrundarbeit der sowjetischen Fallschirmspringer. Auch die polnische Botschaft in Moskau protestierte laufend, da – auch formal gesehen – diese Flüge nach Polen ohne Einverständnis, meistens sogar ohne Benachrichtigung der polnischen Regierung erfolgten.

Der nationale polnische Untergrund hatte peinlichst genau ausgearbeitete Pläne für einen Aufstand; und der Zeitpunkt der Erhebung sollte mit der Exilregierung in London abgestimmt werden.

Aber die Sowjets kümmerten sich nicht darum. Ihre Fallschirmspringer hatten Auftrag, die Bevölkerung Polens ohne Rücksicht auf die bestehenden Pläne der polnischen Exilregierung sofort zu einem Aufstand zu bewegen. Ein solcher Aufstand konnte jedoch nur mit einem Massaker an der polnischen Bevölkerung enden.

Von den alliierten Konzessionen auf Kosten Polens zugunsten der Sowjets hat die polnische Exilregierung viel zu spät erfahren. Besonders die Vereinigten Staaten unter Präsident Roosevelt wollten die Sowjetunion für alle Zeiten und immer zur Zusammenarbeit gewinnen. Und gerade in dieser Frage wurde der politische Einfluß der Millionen Amerikaner polnischer Abstammung in den USA von der Exilregierung nicht genützt.

Großbritannien versuchte zwar eine Zeitlang, die sowjetischen Wünsche zu bremsen und von Europa noch zu retten, was zu retten war. Doch konnte

London nicht viel gegen die gemeinsame politische Front der Vereinigten Staaten und der Sowjetunion ausrichten. Der amerikanische Präsident Roosevelt hoffte, die Sowjetunion für den Krieg gegen Japan zu gewinnen, und dafür war ihm natürlich jedes Opfer recht, das andere zu tragen hatten. Andererseits hatten in jenen Tagen die alliierten Westmächte trotz der gewaltigen antisowjetischen Propaganda des Dritten Reiches und trotz der genauso heftigen antinazistischen Propaganda der Sowjetunion noch immer vor einem deutsch-sowjetischen Separatfrieden Angst. Der Ausspruch Stalins »Die Sowjetunion und Deutschland zusammen sind unbesiegbar« stellte für die Alliierten eine ständige Drohung dar und führte dazu, daß man Stalin nicht verärgern wollte. Denn die Alliierten trauten Stalin durchaus einen Separatfrieden mit Hitler zu.

Der alliierte Generalstab hatte von allen sowjetischen Vorschlägen, die die zukünftige Westgrenze der Sowjetunion betrafen, die polnische Exilregierung nicht verständigt. Er begnügte sich mit der vagen Zusage, daß Polen auf Kosten Deutschlands entschädigt werden würde. Noch schlimmer auf lange Sicht war aber wohl, daß die Alliierten Polen in den sowjetischen Machtbereich preßten, zu dem das Land und seine Bevölkerung niemals gehört hatten. Die polnische Exilregierung in London hatte keine Wahl. Die Sowjetunion war stärker, und keinerlei logische oder emotionelle Argumente konnten hier etwas ändern. Hätten die Polen gleichsam als Antwort ihre Teilnahme am Krieg gegen Deutschland den Alliierten aufgekündigt oder wäre die polnische Untergrundbewegung aufgelöst worden, dann hätte dieser Schritt gerade das bedeutet, was sich die Sowjetunion wünschte oder erhoffte.

Zum Jahresende 1943 wurde das Schicksal Polens auf der Konferenz in Teheran endgültig besiegelt. Die polnische Exilregierung war weder über die Konferenz informiert noch nach der Konferenz von den gefaßten Beschlüssen genau und umfassend in Kenntnis gesetzt worden. Am Ende wurde sie von den Ereignissen überrumpelt. Sie hielt dann die wahre Situation vor den kämpfenden Männern der Untergrundbewegung und den Soldaten an allen Fronten geheim, um diese nicht zu entmutigen. So wurde der Patriotismus und die Einsatz- und Opferbereitschaft Tausender junger polnischer Menschen für nichtpolnische, fremde Ziele und Zwecke vertan.

An das Erlebnis mit Adam an der sowjetisch-ungarischen Grenze muß Krystyna also jetzt denken. Die Begegnung mit Paul bedrückt sie.

»Was meinst du, Adam, handelt es sich um eine Falle?«

»Wer kann das wissen? In letzter Zeit haben sie uns mehrmals auf den Leim geführt – allerdings nicht in Warschau, sondern in der Provinz. Vielleicht ist es doch keine Falle, du hast doch erzählt, daß er sehr freundlich war …«

Unvermittelt lächelt Adam. Krystyna sieht ihn fragend an.

»Mir fällt gerade ein, daß einer unserer Satiriker fragte: Wie verhält man sich gegenüber einem Polizeihund, der mit dem Schwanz wedelt?«

»Und du hast ein Rezept?«

»Nein, das habe ich nicht.«

»Ich könnte untertauchen«, schlägt Krystyna vor. »Ich melde mich zum Beispiel nach Radom ab – und du schickst mich unter einem falschen Namen nach Krakau.«

Adam antwortet nicht, er denkt angestrengt nach. Plötzlich geht das Licht auf dem Tisch aus. Adam nimmt Krystynas Hand und hält sie fest. Sie müssen sich jetzt ruhig verhalten, ein Fremder ist in der Werkstatt.

Kurz darauf leuchtet die Lampe wieder auf.

»Gott sei Dank«, meint Adam. »Vor kurzem war zwei Stunden lang Stromstörung, und ich dachte an das Ärgste. Ich wollte schon durch den Notausgang ... Unseren Leuten oben war nichts aufgefallen, es war ja heller Tag; sie hatten vergessen, mich zu verständigen ... Nun drehen sie jede halbe Stunde das Licht an, um sicher zu gehen, daß es überhaupt Strom gibt. Wenn alle Probleme so einfach zu lösen wären ...«

»Schön. Aber was machen wir jetzt wirklich mit Paul?«

Adam nickt langsam und bedächtig. »Es könnte die Chance sein, auf die wir schon so lange warten. Mir ist nur der Gedanke unangenehm, daß du das Versuchskaninchen sein sollst.«

»Du sprichst in Rätseln, Adam.«

»Also, überlegen wir einmal, rein theoretisch. Was ich dir jetzt sage, ist nicht einmal ein Vorschlag, den ich sowieso erst mit Bronek besprechen müßte ... Du sagst, dieser Paul hat einen Ausweis von einer wichtigen deutschen Dienststelle. Das muß nicht unbedingt bedeuten, daß er auch in einer wichtigen Position ist, aber es könnte der Fall sein. Nehmen wir an, er sagt tatsächlich die Wahrheit, er ist Halbpole. Soviel ich verstanden habe – natürlich immer vorausgesetzt, daß er nicht lügt –, ist er nicht mit dem einverstanden, was bei uns geschieht. Wenn das stimmt, so wäre das vielleicht eine einmalige Gelegenheit, Kontakt zum Feind zu bekommen. Allerdings ...«

Er beendet den Satz nicht, sondern stützt seinen Kopf in beide Hände und versinkt in tiefes Nachdenken.

»Allerdings?« wiederholt Krystyna.

»Die Art, wie dieser Paul sich benimmt, könnte auch ganz einfach der Anfang für einen kleinen Flirt sein. Wer weiß? Dazu bist du mir ... bist du uns zu schade.«

Adam beginnt im Zimmer auf und ab zu gehen. Schließlich bleibt er vor Krystyna stehen.

»Ihr Frauen habt doch mehr Intuition. Deine erste Reaktion war Flucht – und jetzt?«

»Das stimmt. Aber ich beginne zu begreifen, daß es vielleicht wirklich eine Möglichkeit für uns ist, die wir doch so dringend brauchen.«

»Zuerst gilt es einmal sicherzustellen, daß es sich nicht um eine Falle handelt – soweit das eben möglich ist. Erst wenn wir diese Sicherheit haben, kannst du dich mit ihm treffen, und zwar möglichst kurz. Bereite dir eine entsprechende Ausrede vor. Was meinst du, wollen wir es riskieren?«

Krystyna lächelt: »Ich glaube eigentlich nicht, daß es eine Falle ist.«

»Bronek muß noch zustimmen. Ich gebe dir Bescheid«, sagt Adam mehr zu sich selbst als zu Krystyna.

In seiner SS-Unterkunft geht Paul ruhelos auf und ab. Es klopft.

»Herein.«

Ein junger SS-Unterscharführer tritt ein.

»Ah, du bist heute in Räuberzivil! Kommst du mit?«
»Nein, ich fühle mich nicht besonders. Ich bleibe lieber hier.«
»Also, bis dann!«

Paul zieht seine Jacke aus, öffnet den Schrank und beginnt, den Inhalt der Taschen in die Uniformbluse zu stecken. Plötzlich hält er inne.

Es ist das erste Mal, daß ich das Medaillon nicht habe, denkt er. Vielleicht werde ich es auch nie wieder bekommen. Wenn sie wirklich ein anständiges Mädchen ist, wird sie sich mit einem Deutschen nicht abgeben – und für sie bin ich ein Deutscher, auch wenn ich polnisch mit ihr gesprochen habe.

Paul ist jetzt 23 Jahre alt. Als er geboren wurde, ging in Oberschlesien gerade die Volksabstimmung zwischen Polen und Deutschen zu Ende. Seine Eltern hatten kurz zuvor geheiratet; drei Monate nach der Hochzeit kam er zur Welt. Sie lebten in Gleiwitz, sein Vater war Schlossergeselle, seine Mutter Verkäuferin.

Die Abtretung eines Teiles von Schlesien und anderer Provinzen an Polen nach dem verlorenen Krieg, die allgemeine Unzufriedenheit nach dem Vertrag von Versailles, ließen verschiedene Freikorps entstehen, in denen sich beschäftigungslose Berufsoffiziere zusammenfanden, die kein anderes Handwerk als das des Krieges erlernt hatten. Die Suche nach den Ursachen des verlorenen Krieges und die Frage nach der Schuld, die man allen anderen zuschieben wollte, nur nicht sich selbst, begünstigten die Entstehung solcher kleiner Verbände von Unzufriedenen und Enttäuschten, die nun ihr Heil in Überfällen auf die Einrichtungen des neuen Staates suchten.

Pauls Vater, der als Gefreiter aus dem Krieg zurückgekommen war, kam bald in Berührung mit diesem Personenkreis. Er bewunderte alle, die große Worte von sich gaben; in seinen Augen waren sie die einzigen echten Patrioten. Als er im Zuge der Wirtschaftskrise arbeitslos wurde, kam er mit diesen Leuten immer öfter zusammen. Dann politisierte man; dabei war es die Hauptfrage, wie man den verfahrenen Karren, in dem Volk und Land saßen, aus dem Dreck ziehen könnte. Es gab die Roten, die ihre Ideen anpriesen – aber die zogen bei Werner nicht, denn unter den Roten gab es auch Juden, und die mochte er nicht. Auf der anderen Seite gab es unter den sogenannten Nationalen eine Reihe einander bekämpfender Gruppen und Grüppchen. An den Wahlen nahm Werner nicht teil, da er mit keiner der kandidierenden Parteien sympathisierte.

Als 1928 ein neuer Stern am politischen Himmel aufleuchtete, war er sofort dabei. Der Stern hieß Adolf Hitler, ein Österreicher, der in Deutschland Geschichte machen sollte.

Dieser Hitler wußte, daß die Deutschen einen großen Hang zur Romantik hatten. Und diese ungestillte Sehnsucht baute er in seine Weltanschauung ein. Es sollte sich zeigen, daß er auf diese Weise ein ganzes Volk fesseln konnte. Neu-Christentum, Herrenmenschentum, Übermenschentum und das Germanentum waren die Komponenten seiner romantischen Weltanschauung.

Werner war einer von jenen, denen Hitler und seine großen Worte gefielen; er fühlte sich angesprochen. Hitlers Pathetik und Ekstase, in die er sich versetzte, zogen Werner immer wieder in ihren Bann. Er war einer aus der Herde – und merkte nicht, daß diese Herde langsam ihren eigenen Willen verlor. Er ließ sich wie die anderen von den Phrasen und Schlagworten, die auf Versammlungen zu hören waren, berauschen.

Manchmal nahm er seinen Sohn Paul mit zu den Veranstaltungen der Hitler-Partei. Und wenn alle begeistert applaudierten, dann hob er seinen Jungen hoch, um auf diese Weise seine Begeisterung zu zeigen. Er konnte es kaum erwarten, daß diese Partei, der er sich nun mit Leib und Seele verschrieben hatte, an die Macht kam.

Endlich kam der Tag – doch Werners Freude war getrübt: Er wollte ein echter Deutscher, ein hundertprozentiger Deutscher sein, seine Frau aber war Polin. Sie war es auch, die immer, wenn er begeistert von den Versammlungen nach Hause kam, ihn auf den Boden der Realität zurückbrachte.

»Ein deutscher Mann braucht eine deutsche Frau. Und du wirst nie eine deutsche Frau sein«, sagte er dann heftig zu ihr. Sophie schwieg. Und Paul war traurig, denn er hing sehr an seiner Mutter.

»Und Paul muß ein deutscher Junge werden!«

Sophie ließ sich auf keine politischen Gespräche mit Werner ein; nur ab und zu wagte sie ein schüchternes

Wort, dann, wenn es um Paul ging. Doch ohne Erfolg.

Werner hatte sich vorgenommen, aus seinem Sohn einen aufrechten Deutschen zu machen! Also brachte er Paul zur Hitler-Jugend. Und von Zeit zu Zeit nahm er ihn auch in die Kneipen mit, damit der Bub hören konnte, wie und was deutsche Männer redeten.

Wenn Paul nach Hause kam, erzählte er seiner Mutter, was er erlebt hatte. Und oft sah er sie dann weinen.

Im Hinterzimmer einer solchen Kneipe lernte Werner die Tochter eines älteren Parteigenossen kennen. Ein Prachtweib, wie es im Bilderbuch der Partei nicht schöner hätte gefunden werden können. Es war sechs Wochen, nachdem die Nationalsozialisten an die Macht gekommen waren. Werner sah seine Chance gekommen. Er ging zum Ortsgruppenleiter und holte sich bei ihm Rat. Bald kam es zur Scheidungsverhandlung, aber Sophie kämpfte noch um ihren Sohn. Vergeblich.

Paul wurde dem Vater zugesprochen. Die Argumente seines Vaters vor Gericht waren so überzeugend, daß sich ein Richter jener Tage nicht davor verschließen konnte.

Paul war Sophies einziges Kind. Als er noch klein war, hatte sie ihm polnische Worte beigebracht. Und wenn der Vater nicht zu Hause war, sprachen sie miteinander polnisch. Das war ihrer beider Geheimnis. Und dieses Geheimnis hütete Paul. Nur einmal verwendete er in Anwesenheit seines Vaters einige polnische Worte. Werner bekam damals einen Tobsuchtanfall. Denn vom Polnischen wollte er nichts wissen.

Nach der Scheidung versuchte der Vater, den »Makel« der halbpolnischen Geburt bei seinem Sohn zu tilgen. Niemand sollte je bemerken, daß in den Adern dieses Buben auch polnisches Blut floß.

Paul hatte die Hauptschule beendet; die Frage, was aus ihm werden sollte, wurde aktuell. Der Vater heiratete; Paul verstand sich aber nicht mit seiner Stiefmutter. Das eine Jahr, das er nun mit seinem Vater und dessen neuer Frau zu Hause verlebte, war sehr hart für ihn. Seine besonders national erzogene Stiefmutter nannte ihn im Zorn den »Polacken«. Daher gab es auch oft Unstimmigkeiten mit dem Vater, der es nicht dulden wollte, daß seine Frau seinen Sohn beschimpfte.

Da wollte es der Zufall, daß einer von Vaters Parteigenossen, der Herr Schulze, der von Beruf Gastwirt war, in Sachsen ein jüdisches Hotel arisierte. Überall erzählte man sich davon, wie billig er es bekommen hätte.

Werner beriet Pauls Zukunft mit dem Parteigenossen Schulze. »Ich nehme deinen Jungen!« sagte er. »Er ist ein hübscher Bursche, ich kenne ihn doch, gut gewachsen. Ich nehme ihn in mein Hotel, und du weißt, bei mir wird er es besser haben als in der Hotelfachschule. Und kosten wird es dich auch nichts! Das Gastgewerbe ist immer gut. Da kommen Ausländer, er wird Sprachen lernen, er wird es zu etwas bringen – und der Ärger mit deiner Frau hört auch auf. Bei mir ist der Junge gut aufgehoben, darauf kannst du dich verlassen!«

Am Ende waren eigentlich alle zufrieden. Paul darüber, daß er von zu Hause wegkam; die Stiefmutter, daß sie den »Polacken« loswurde, und der Vater, daß es ab jetzt zu Hause Ruhe geben würde.

Paul bedrückte nur, daß er von seiner Mutter, mit der er sich ohne Wissen des Vaters weiter getroffen hatte, fern sein würde. Aber er würde von Zeit zu Zeit Urlaub haben – und er nahm sich vor, die freien Tage heimlich bei seiner Mutter und nicht zu Hause zu verbringen.

Es war ein schwerer Abschied von der Mutter.

Die Zeit im Hotel sollte für Paul eine Schule des Lebens werden. Obwohl er von Gleiwitz aus zur dortigen Hitler-Jugend abkommandiert wurde, fand er keine neuen Kameraden; zu den Jungen in Sachsen fand er keinen rechten Kontakt. Die alten Schulfreunde hatte er endgültig verloren. Überdies okkupierte ihn das Hotel sehr, und sein Chef, der Herr Schulze, hatte gute Beziehungen zum HJ-Führer – daher nahm man es auch mit den Besuchen Pauls im HJ-Heim nicht so genau.

Früher war das Hotel ein beliebtes Ausflugsziel der reichen Juden gewesen, die in Chemnitz Strumpffabriken gehabt hatten und die sich im Hotel gerne mit ihren Freunden und Verwandten aus dem nahen tschechischen Sudetengebiet getroffen hatten. Der jüdische Besitzer des Hotels hatte dann sein Haus billig abgeben müssen, hatte Reichsfluchtsteuer bezahlt und war nach Palästina ausgewandert.

Das erste, was Herr Schulze einführte, nachdem er das Hotel übernommen hatte, war die Tafel »Juden unerwünscht«. Juden waren damals nicht nur bei Herrn Schulze unerwünscht, sie waren es in ganz Deutschland – und bald sollten sie auch in anderen Teilen Europas unerwünscht sein.

Den Platz der Juden nahmen bald andere ein: Es waren die Neureichen, die es verstanden hatten, sich in die noch warmen Nester zu setzen und das seit Generationen aufgebaute und ersparte Vermögen der Juden einzuheimsen.

Herr Schulze gebärdete sich als fanatischer Nationalsozialist. Er verstand es auch bald, sich von der Gauleitung Empfehlungen für sein Hotel zu organisieren. Jahraus, jahrein war dann das Hotel voll besetzt, und Herr Schulze trug sich bald mit dem Gedanken, anzubauen, um mehr Zimmer zu haben – denn alle wollten zu Schulze.

Paul war zunächst als Page beschäftigt und begann dann seine Ausbildung als Kellner. Von Zeit zu Zeit schrieb Schulze dem Vater von Paul, daß er mit seinem Sohn sehr zufrieden sei. Einmal verbrachten Pauls Vater und seine Stiefmutter als Gäste des Hauses zwei Tage im Hotel und waren beruhigt, daß Paul bei Schulze so gut untergebracht war.

Seiner Mutter schrieb Paul regelmäßig. Er schickte ihr auch immer etwas von seinem ersparten Geld, wußte er doch, daß die Zahlungen seines Vaters für ihren Lebensunterhalt nicht ausreichten. Auch war sie kränklich und konnte nicht mehr arbeiten.

Das verdiente Geld tröstete Paul über manche Widerwärtigkeit seines Berufes hinweg. Paul lernte zu schweigen.

»Der Gast hat immer recht«, hatte Schulze gesagt. Das war ein Gebot. Und Paul wußte, daß er kein Zuhause mehr hatte, wohin er zurückgehen konnte.

Im Hotel konnte Paul beobachten, wie die nationalsozialistische Diktatur an Macht gewann und ihr Einfluß auf das deutsche Volk zunahm. Zwar hatte er noch zu wenig Lebenserfahrung, um sich ein Bild über das Geschehen machen zu können. Doch lernte er die Nutznießer des Regimes kennen; als Kellner wurde er ungewollt Zeuge ihrer Gespräche. Manchmal fragte er sich, ob denn alle Deutschen so seien wie die, die er im Hotel bediente: prahlende Nutznießer der politischen und wirtschaftlichen Verhältnisse. Die Gier nach einem Stück Kuchen, den Hitler zu verteilen hatte, nahm epidemische Formen an. Es war tatsächlich eine Epidemie, dieser Drang zur Partei. Und es waren nicht nur Psychopathen und Hysteriker, die von dieser Epidemie erfaßt wurden. Es waren Menschen aus allen Schichten des Volkes; und daran kann man erkennen, welche Ausmaße diese Epidemie angenommen und wie sehr sie die Seelen der Deutschen und Österreicher befallen hatte.

Den Nationalsozialisten gelang es, aus dem reaktionären Kleinbürgertum viele Menschen zu gewinnen, sie für die künftigen Aufgaben innerhalb der Partei vorzubereiten und mit ihrer Hilfe den gesamten Partei- und Staatsapparat aufzubauen.

Nach dem Kriege versuchten Deutsche wie auch Österreicher, die Welt davon zu überzeugen, daß es nur eine Handvoll Menschen gewesen sei, die sich in den Dienst der Diktatur gestellt habe; nur einige Dutzend, die Handlanger- und Henkerdienste ausgeführt hätten. Man bemühte sich, der Welt einzureden, daß eigentlich – mit Ausnahme von einigen Spitzenfunktionären, die ohnehin bekannt und verhaftet worden waren – der Rest des Volkes intakt geblieben sei. Man versuchte, der Welt Tausende von Denunzianten, Zutreibern und Nutznießern des Dritten Reiches zu verheimlichen.

Das Dritte Reich hatte zwei Pfeiler: die Schwerindustrie und das Militär. Über diesen beiden Pfeilern lag als Balken die Partei.

Die Schwerindustrie, die Hitler finanzierte, sah in seiner Person einen Beschützer vor der Arbeiterklasse. Und er war es auch. Die Hochfinanz und die Industriellen blieben, soweit sie Arier waren, ungeschoren.

Aber auch die Militärs sahen ihre Chance gekommen, denn sie hofften, Zeiten entgegenzugehen, in welchen sie eine wichtige Rolle in Deutschland spielen würden. Man sollte die Spitzen der deutschen Wehrmacht näher betrachten: Es waren zumeist Angehörige einer verarmten Aristokratie, die nichts anderes als das Kriegshandwerk gelernt hatten und nur in militärischen Normen denken konnten. Und die Tatsache, daß es ihnen in der Vergangenheit gelungen war, militärische Siege für Deutschland zu erringen, hob sie über die Masse des deutschen Volkes hinaus. So hielten die Militärs eine Schlüsselstellung in der gesellschaftlichen Struktur Deutschlands.

Und ohne die Mitarbeit der Militärs wäre Hitler die Entfesselung eines neuen Weltkrieges mit all seinen Konsequenzen niemals gelungen.

Paul sah jeweils nur einige wenige von ihnen; er hörte sie sprechen, er hörte sie, wie sie den Mund voll nahmen, er hörte sie Welteroberungspläne schmieden – und er verstand jetzt die Worte: »Heute gehört uns Deutschland und morgen die ganze Welt.« Die Menschen, die Paul bediente, nahmen das wörtlich und freuten sich schon auf den Tag, an dem ihr Führer das Signal zur Eroberung der Welt geben würde.

Wann immer es möglich war, besuchte Paul seine Mutter und erzählte ihr, was er erlebte. Sophie, die nach der Scheidung die Trennung von ihrem Sohn als eine Art Strafe Gottes empfunden hatte, flüchtete sich nun in tiefe Religiosität. Vor dem Bild der Muttergottes standen immer frische Blumen.

Paul selbst hatte, vor allem durch die Hitler-Jugend, keinerlei Beziehung zur Religion. Einzig seiner Mutter fühlte er sich eng verbunden. Mit ihr sprach er jetzt, wenn er sie besuchte, nur noch polnisch. Es machte ihm Freude, und er wollte ihr auch zeigen, daß er zu ihr hielt. Aus Liebe zu ihr begann er, sich für alles Polnische zu interessieren.

Als Hitler im März 1938 in Österreich einmarschierte, wurden im Hotel des Parteigenossen Schulze Gelage gefeiert. Als die Nationalsozialisten dann die Sudetendeutschen heimgeholt hatten, feierte man wieder – waren doch die Sudetendeutschen die unmittelbaren Nachbarn und für das Hotel gern gesehene neue Gäste. Oft stiegen sie im Hotel ab und gebärdeten sich noch ärger und lauter als die alten Stammgäste. Und bald begann man, ganz offen vom Krieg gegen Polen zu reden …

Paul hatte seine Lehre als Kellner abgeschlossen und wollte nun nach Gleiwitz zurückkehren. Herr Schulze gab ihm die besten Zeugnisse, so fand Paul sofort eine gute Anstellung im Hotel »Haus Oberschlesien« in Gleiwitz, dem auch ein Restaurant angeschlossen war. Von Zeit zu Zeit traf er jetzt seinen Vater, der stolz auf seinen Sohn war. Doch jede freie Minute verbrachte Paul bei seiner Mutter. Eines Tages erkrankte sie. Paul besuchte sie täglich im Spital. Der Arzt, mit dem er sprach, gab ihm wenig Hoffnung. Und auch die Mutter wußte, daß es mit ihr bald zu Ende gehen würde. Als er sie zum letzten Mal sah, zog sie ihn ganz dicht zu sich heran:

»Paul, da hast du ein Medaillon. Es ist unsere Muttergottes. Ich habe es als Kind von meiner Mutter bekommen … Bitte, trag' es immer bei dir. Versprich es mir. Es wird dich beschützen.«

Paul versprach es.

Zwei Tage später war die Mutter tot.

Durch einen Spalt im Haustor beobachtet Krystyna Paul, wie er ungeduldig auf und ab geht und immer wieder auf seine Uhr blickt. Die ganze Umgebung ist von Adams Leuten abgesichert; bereits eine Stunde vorher haben sie sich unauffällig in den angrenzenden Straßen postiert, um festzustellen, ob Paul allein kommt oder ob vielleicht schon vor der ausgemachten Zeit die Deutschen Vorbereitungen für eine

Verhaftung getroffen haben. Krystynas Beschreibung paßt genau; sie haben Paul, der sogar etwas vor dem vereinbarten Zeitpunkt aufgetaucht ist, sofort erkannt.

Krystyna empfindet so etwas wie Lampenfieber. Wie ein Schauspieler, der durch ein Guckloch im Vorhang vor der Vorstellung sein Publikum beobachtet, so steht sie noch eine Weile hinter dem Tor und behält den ungeduldig auf und ab gehenden Paul im Auge.

»Da sind Sie ja endlich! Ich fürchtete schon, Sie würden nicht kommen.«

Auf Pauls Gesicht spiegelt sich Erleichterung.

Statt zu antworten, öffnet Krystyna ihr Täschchen, nimmt das sorgfältig in Seidenpapier gewickelte Medaillon heraus und übergibt es ihm.

»Sie sehen, ich habe es wohl behütet und gut darauf aufgepaßt, damit ich es nicht verliere. Wenn ich Sie richtig verstanden habe, so hat es für Sie eine große Bedeutung.«

»Ich freue mich, Sie wiederzusehen ... Wenn ich ehrlich sein soll, ich habe mir Vorwürfe gemacht, daß ich Ihnen in einem Gefühl ... daß ich Ihnen das Medaillon gegeben habe, um Sie wiederzusehen. Wenn Sie wüßten, was es für mich bedeutet, so würden Sie sagen, daß ich recht leichtsinnig war. Nicht, weil ich kein Vertrauen zu Ihnen hätte, aber Sie hätten ja heute einen triftigen Grund haben können, nicht zu kommen.«

Krystyna erblaßt.

»Hätte ich denn nicht kommen sollen?«

»Aber nein! Ich habe mich ungeschickt ausgedrückt. Ich meine nur, weil Sie mich ja doch für einen Deutschen halten ...«

Krystyna schweigt. Sie hat sich vorgenommen, möglichst nur ihn sprechen zu lassen – irgendwann muß er ja zu erkennen geben, was er von ihr will.

»Ich bin Ihnen noch eine Erklärung schuldig. Das letzte Mal habe ich Ihnen nur wenig von meiner Mutter erzählt, nur andeutungsweise. Offen gestanden, als ich mich gerade ein paar Schritte von Ihnen entfernt hatte, war ich drauf und dran, umzukehren und das Medaillon von Ihnen zurückzufordern. Die ganze Woche über haben mich Gedanken gequält, ob Sie wohl heute kommen würden und ich dieses Andenken an meine Mutter wiederbekäme.«

Sie gehen die Straße entlang. Dabei passieren sie uniformierte Deutsche, unter ihnen auch SS-Leute. Paul muß sich zurückhalten, um nicht zu grüßen, er ist doch heute in Zivil. Er führt Krystyna in weniger belebte Straßen.

»Ich will versuchen, Ihnen alles so kurz wie möglich zu erklären. Ich habe zwar einen deutschen Vater, aber eine polnische Mutter; Sie dürfen mich nicht mit jedem Deutschen, den Sie kennen, gleichstellen – ich denke und fühle anders. Das wollte ich Ihnen nur sagen.«

»Tun Sie das wirklich? Wissen Sie überhaupt, was hier alles geschieht?«

»Und ob ich das weiß. Manchmal sogar schon Tage früher – aber ich kann ja dagegen nichts tun.«

Bei diesen Worten horcht Krystyna auf. Konnte es

wirklich so sein, wie Adam gemeint hat, daß ihnen der Zufall hier die große Chance in die Hand spielt?

Paul beginnt von seinem Leben zu erzählen. Von seinem Vater, seiner Mutter, den Unstimmigkeiten zwischen den beiden, von seiner Entfremdung vom Vater, der Verstoßung seiner Mutter, von der Stiefmutter und seiner Lehrzeit im Hotel. Mehrmals bleibt er stehen, um angestrengt nach der richtigen polnischen Vokabel zu suchen.

»Ich kann mich noch an den Tag erinnern, an dem meine Mutter starb. Es war einige Tage vor Kriegsbeginn. Damals kamen zwei hohe Funktionäre aus Berlin in das Hotel, wo ich arbeitete. Ich bediente sie und später rekonstruierte ich aus ihren Gesprächen, daß sie schon zwei Tage vor dem Überfall auf den Sender Gleiwitz etwas davon gewußt haben mußten. Bei meiner jetzigen Arbeit höre ich ja auch so manches ...«

Bei diesen Worten blickt Paul sich rasch um: »Das hätte ich natürlich nicht sagen sollen! Eine solche Äußerung kann mich Kopf und Kragen kosten.«

Er schweigt eine Weile, nimmt eine Zigarette aus der Tasche und zündet sie an.

»Als dann der Krieg ausbrach, kam mein Vater oft zu mir ins Hotel. Eines Tages teilte er mir mit, daß er mich als Freiwilligen bei der SS angemeldet habe. Er erzählte mir, der Herr Schulze wäre jetzt Hauptsturmführer und der hätte die Anmeldung besorgt. Schulze würde bald in Warschau ein Hotel übernehmen. Mein Vater hatte mit ihm telefoniert und ihm gesagt, daß ich gern bei ihm arbeiten würde.«

Paul bleibt stehen.

»Das langweilt Sie doch sicher, was ich Ihnen da erzähle. Für Sie ist das alles uninteressant – mein Vater, Schulze, die Art, wie man über mich verfügte ... Aber für mich ist es leider ein Teil meines Lebens. Wenn mein Vater nicht gewesen wäre, wäre ich jetzt wahrscheinlich bei der Wehrmacht. Ich wäre ein Jahr später eingezogen worden und wäre heute als Soldat in Frankreich oder Rußland. Vielleicht wäre ich auch schon tot ...«

Krystyna unterbricht ihn: »Aber es ist doch schön zu leben!«

Unvermittelt wird Paul sehr nachdenklich.

»Ein Jude im Ghetto soll gesagt haben: ›Es wird noch eine Zeit kommen, da werden die Lebenden die Toten beneiden.‹ Ich hörte es von einem Kameraden, der im Ghetto war. Ich finde es sehr traurig ... ja sogar schrecklich ...«

Krystyna geht nicht weiter darauf ein, sie fragt: »Warum haben Sie so traurige Gedanken? Ich als Polin hätte mehr Grund dazu, wir Polen sind ja nicht viel besser dran als die Juden.«

Paul schweigt eine Weile.

»Als der Krieg ausbrach und die große Woge der Begeisterung über das ganze Land rollte, war ich einmal im Kino. In der Wochenschau zeigten sie, wie Polen erschossen wurden. Mir war, als hätte jede Kugel meine Mutter getroffen. Wahrscheinlich bin ich aus einem schlechten Stoff für unsere Zeit gemacht ...«

»Sind Sie seit Kriegsbeginn hier in Warschau?«

»Nein, natürlich nicht. Zuerst wurde ich in ein Ausbildungslager nach Bayern geschickt, wo ich den ganzen Drill mitmachte. Und dann wurde ich zum Dienst nach Krakau abkommandiert. Vor einigen Monaten nun kam ein Anruf zu meiner Dienststelle, daß ich mich bei Herrn Hauptsturmführer Schulze in Warschau melden sollte. Und so kam ich hierher.«

»Und jetzt sind Sie bei Schulze?«

»Nein. Aber Schulze richtete das SS-Casino bei der Gestapo in der Aleja Szucha ein. Er brauchte dazu ein paar Leute, und so holte er mich. Dort bin ich jetzt Oberkellner. Ich bin SS-Rottenführer – und alles, was Rang und Namen hat, läßt sich von mir bedienen. Schulze ist inzwischen avanciert, er träumt wahrscheinlich davon, bald in Moskau ein Casino einrichten zu können.«

»Ach so, jetzt verstehe ich, warum die Schupos vor Ihnen salutierten.«

»Ja, mein Ausweis ist von der Gestapo und dem SD. Ich wohne auch in einer SS-Unterkunft. Den ganzen Tag über bin ich aber im Casino. Und eigentlich spüre ich recht wenig vom Krieg. Nur wenn ich die Gäste darüber reden höre – man könnte ganz krank werden.«

»Da sind Sie doch eigentlich ein Glückspilz. Die Leute hungern, an den Fronten sterben Soldaten – und Sie leben gut.«

»Sie haben recht. Untersturmführer Braun, mein Vorgesetzter, der Chef des Casinos, sagte unlängst im Spaß zu mir: ›Rottenführer, wollen Sie sich nicht freiwillig an die Front melden?‹ Doch da sprang gleich einer der Stammgäste, ein Standartenführer, auf und rief, wir würden doch den Krieg auch ohne meinen Frontdienst gewinnen, das sei doch klar, sie würden jedoch nicht so schnell einen anderen so guten und aufmerksamen Kellner finden. Und sie müßten doch gut bedient werden, denn sie hätten ja eine schwere Arbeit und trügen große Verantwortung.«

Nach einer Weile setzt Paul fort: »Seitdem behandelt mich der Untersturmführer besonders gut. Der Standartenführer ist ja ein wichtiger Mann hier in Warschau.«

Sie nähern sich einem Park und nehmen auf einer Bank Platz. Kinder spielen friedlich in der Nähe; Mütter mit Kinderwägen spazieren über die Parkwege.

Krystyna ist sich noch immer nicht darüber im klaren, warum Paul sich mit ihr verabredet hat. Aber sie ist jetzt sicher, daß er ihr keine Falle stellen will. Wahrscheinlich ist er nicht einmal auf ein Abenteuer aus ...

So, als würde er ihre Gedanken erraten, fährt Paul nach einer Weile fort: »Ich habe jahrelang nicht geredet – mit wem hätte ich denn reden sollen, außer mit meiner Mutter, und die ist tot ... Mein Vater, der ist ein politischer Narr. Einmal hat er mich hier besucht. Er erzählte mir etwas von Gleiwitz, was mich überhaupt nicht mehr interessierte. Was ich aber schrecklich fand, das war seine Ausdrucksweise. Und die Pläne, die diese Leute schmieden; und was sie sich nach dem Endsieg alles erhoffen! Die sind ja alle größenwahnsinnig geworden!«

Paul sieht viele dieser »Größenwahnsinnigen« im Casino; und das sind also die Männer, zu denen das deutsche Volk aufsieht; hohe Würdenträger der Partei, der SS, der Verwaltung. Manchmal kommt sogar ein Reichsminister zu Besuch. Die einzelnen Gäste des Casinos unterscheiden sich eigentlich kaum voneinander, außer in ihrem Rang. Wenn sie sich aber in der Öffentlichkeit zeigen, werden sie vom Volk beklatscht. Auf Versammlungen rufen sie mit ihren Worten Beifallsstürme hervor.

Paul fragt sich oft, was geschehen würde, wenn das Volk Gelegenheit hätte, so wie er zu hören, worüber und in welchen Tönen diese »Auserwählten« sprechen, was sie denken. Würden die Massen dann noch genauso jubeln?

Für Paul, der in Deutschland gelebt hat – schließlich war er ja zur Hälfte Deutscher –, sind die Steigerung der Brutalität, die Überheblichkeit der Herrenrasse und der ins Unermeßliche gesteigerte Rassenwahn etwas Unerwartetes. Obwohl er natürlich von früheren Versammlungen, zu denen ihn sein Vater mitgenommen hat, und von den Schulungskursen der HJ und der SS einiges zu hören gewohnt war, überrascht ihn doch das Ausmaß dessen, was er hier in Warschau sehen und hören muß. Immer wieder erlebt er, wie Deutsche Polen erniedrigen, als wollten sie ihnen ständig aufs neue klarmachen, daß außer den Deutschen eigentlich niemand die Bezeichnung Mensch verdient.

Krystyna unterbricht seine Gedanken.

»Sie haben viel erzählt von dem, was sie bedrückt.«

Paul lächelt. Er nimmt ihre Hand, sie läßt es zu. Dann blickt sie auf die Uhr.

»Es ist spät geworden.«

Sie hat Adam versprochen, das Treffen so kurz wie nur möglich zu halten.

»Ich muß jetzt gehen.«

»Sehe ich Sie nächsten Mittwoch wieder, auch ohne Medaillon?«

»Ja«, sagt Krystyna, »ich glaube, da wird es möglich sein.«

Schrille Pfiffe. Menschen laufen wie gehetztes Wild. Der Platz ist umstellt.

Die Menschen versuchen, in die Häuser zu flüchten; doch jeder Eingang ist von einem Polizisten bewacht.

Eine Straßenbahn wird von der Schutzpolizei aufgehalten. Alle Fahrgäste müssen aussteigen. Von allen Seiten kommen bewaffnete Polizisten mit Stahlhelmen und treiben die Menge in einer Ecke des Platzes zusammen.

Auch Krystyna muß die Straßenbahn verlassen. Die Polizisten lassen niemanden entkommen.

Ein Polizeiauto fährt vor. Ein Zivilist und zwei Angehörige der Sicherheitspolizei steigen aus.

Die Polizisten formen ein Spalier, durch das jeder aus dem Menschenhaufen gehen und dabei seinen Ausweis herzeigen muß.

Auf der einen Seite des Platzes stehen vier große gedeckte Lastwagen – alle jene, deren Ausweise den Beamten verdächtig erscheinen oder deren Papiere nicht von einer kriegswichtigen Fabrik oder einer deutschen Dienststelle bestätigt sind, werden zurückgehalten und auf die wartenden Lastwagen verfrachtet. Ein junger Mann sagt zu Krystyna: »Ich habe gehört, daß sie es gestern in Radom genauso gemacht haben. Es fehlen ihnen in Deutschland Tausende Arbeiter. So fängt man eben Leute zusammen, bringt sie zum Arbeitsamt, von dort zum Bahnhof – und dann ab ins Reich!«

Krystynas Herz klopft heftig. Ihr Ausweis müßte doch helfen; ihre Arbeitsstelle, eine Baufirma, hat auch kriegswichtige Aufträge. Und sollte man sie fragen, was sie um diese Tageszeit, mitten am Nachmittag, auf der Straße zu suchen hat, so hat sie eben einen wichtigen Weg im Auftrag eines Ingenieurs der Firma zu erledigen. Und sie kann die Telefonnummer ihres »Arbeitsplatzes« nennen; der »Ingenieur« würde ihre Angaben bestätigen.

Die Arbeitsämter im Generalgouvernement erhalten laufend Anforderungen für Arbeitskräfte aus dem Reich. Viele Produktionsstätten in Deutschland sind durch Bombardierungen bereits in Schutt und Asche gelegt und müssen neu aufgebaut werden; dazu braucht man eine Unmenge von Händen, vor allem für die Aufräumungsarbeiten. Außerdem hofft man, durch den Einsatz von Arbeitskräften in der Landwirtschaft Deutsche freizubekommen, die dann im Zuge der gesteigerten Kriegsanstrengungen zur Wehrmacht eingezogen werden sollen. Ein bewährtes Mittel, diese Arbeitskräfte zu beschaffen, ist stets die Razzia. Eine größere Menschenmenge, am besten auf solchen Marktplätzen, wo man in Polen Waren erhält, die woanders nicht zu bekommen sind, wird von der Polizei überrascht und zusammengetrieben. Die Widerstandsbewegung warnt die Bevölkerung immer wieder davor, sich auf derartigen Plätzen aufzuhalten. Nun will es der Zufall, daß Krystyna sich in einer Straßenbahn befindet, die einen solchen Markt passiert – gegen solche Zufälle gibt es keine Vorsorge.

Krystyna blickt sich um. Sie sieht Menschen aus allen Schichten des Volkes: Arbeiter in ihren Monteuranzügen, die von der Frühschicht kommen, mit Eßgeschirr unter dem Arm; junge Leute aus der Provinz, die in der Stadt etwas besorgen wollen, was man bei ihnen am Ort nicht bekommen kann; einige gutaussehende Leute, die offensichtlich vom Schleichhandel leben; dann auch Personen, die anscheinend in den umliegenden Häusern wohnen und die die Polizei nun daran hindert, nach Hause zu gehen.

Krystyna hört Geschrei; ein Polizist ohrfeigt einen Mann, der beteuert, er habe seinen Ausweis vergessen, und verlangt, man soll mit ihm nach Hause gehen, wo er ihn vorzeigen könne. Er sträubt sich, zu jener Menschengruppe zu gehen, die für den Abtransport bestimmt ist.

»Ich habe zu Hause eine Frau, zwei Kinder und eine kranke Mutter! Sie können mich nicht mitnehmen!« schreit er verzweifelt.

»Und ob sie können!« sagt mit bitterer Stimme ein Mann neben Krystyna.

Einer nach dem anderen wird von den Polizisten zur Ausweiskontrolle angehalten. Die Kontrolle ist genau, und die Prozedur dauert lange.

Einige drängen nach hinten, in der Hoffnung, erst später an die Reihe zu kommen und dann nicht mehr so genau kontrolliert zu werden. Aber sie haben nichts dadurch gewonnen. Denn nach etwa einer halben Stunde verkündet der Polizist: »So, Feierabend. Der Rest kommt aufs Arbeitsamt, und dort wird weiter überprüft.«

Die Polizisten lassen die Menschen sich in Dreierreihen aufstellen und führen sie zu den bereitstehenden Lastwagen. Die Bordwände werden heruntergeklappt, und einer nach dem anderen muß auf die Ladefläche klettern; wer sich weigert, wird mit dem Gewehrkolben angetrieben.

Nach einer Fahrt von etwa 20 Minuten biegen die Lastautos in den Hof des Arbeitsamtes ein. Die Kontrollen beginnen. Diejenigen, die Ausweise wichtiger Stellen vorzeigen können, läßt man gehen. Die anderen werden aufgeteilt: Auf die eine Seite des Hofes kommen jene, die überhaupt keine oder vom Standpunkt der »Kriegswichtigkeit« her uninteressante Ausweise haben; auf der anderen Seite werden die anderen zusammengetrieben, deren Ausweise irgendwie verdächtig erscheinen.

Ein Abteilungsleiter kommt, sieht sich die Leute genau an. Vor Krystyna bleibt er stehen: »Deinen Ausweis möchte ich sehen!«

Krystyna gibt ihm den Ausweis. Er steckt ihn in die Tasche und sagt: »Du kommst zu mir ins Büro.«

Ein paar Minuten später führt ein Beamter Krystyna zum Abteilungsleiter. Als sie den Raum betritt, sitzt dieser auf der Kante seines Schreibtischs; seine auffallend krummen Beine stecken in hohen schwarzen Stiefeln. Er betrachtet Krystyna, ohne ein Wort zu sagen.

Krystyna müßte keine Frau sein, um seine Absichten nicht deuten zu können.

Der Deutsche überlegt, wie er das Gespräch mit Krystyna beginnen soll. Es gibt einen geheimen Erlaß, der verbietet, sich mit polnischen Frauen einzulassen, weil sie ja Mitglieder der Widerstandsbewegung sein könnten.

»Na, was machen wir jetzt? Wollen Sie Ihren Ausweis zurück? Oder wollen Sie sich vielleicht freiwillig nach Deutschland melden?«

Krystyna gibt keine Antwort.

»Nun, was ist? Sind Sie mit der Baufirma, bei der Sie arbeiten, verheiratet – oder haben Sie dort Ihren Bräutigam? Oder gibt's vielleicht einen anderen Grund, um hierbleiben zu wollen?«

Er fragt noch einige Male, doch Krystyna schweigt weiter.

»Kommen Sie meinetwegen heute abend, dann gebe ich Ihnen Ihren Ausweis zurück. Einstweilen stelle ich Ihnen einen Passierschein aus, damit man Sie durchläßt.«

Krystyna beißt sich auf die Lippen. Eine unbändige

Wut steigt in ihr hoch. Sie blickt dem Mann gerade ins Gesicht.

»Ich komme weder heute abend noch sonstwann. Ich arbeite in einer kriegswichtigen Firma und wenn ich morgen nicht zur Arbeit komme, wird man mich suchen.«

»Nun, bei mir bist du gut aufgehoben.«

»Ein Kollege von mir hat gesehen, wie ich mit dem Lastwagen wegfahren mußte; und wenn ich morgen nicht bei der Arbeit bin, wird er den Chef informieren.«

»So, ein Kollege ... Und was macht der während der Arbeitszeit auf der Straße?«

»Das gleiche wie ich: etwas besorgen. Sie können ja anrufen, der Chef wird es Ihnen bestätigen.«

»So, so. Du drohst mir also mit deinem Chef; der imponiert mir aber gar nicht. Welcher Arbeit ein Polacke zugeteilt wird, das bestimmen wir; so etwas wie eine freie Wahl gibt es da für euch nicht.«

Die letzten Worte hat er langsam und mit besonderem Nachdruck gesprochen.

Ein Telefonanruf rettet Krystyna. Sie kann dem Gespräch nicht entnehmen, was der Anrufer will. Sie hört nur: »Jawohl, jawohl, Herr Sturmbannführer ... Ich komme gleich ...«

Der Abteilungsleiter legt auf und springt vom Tisch. Er zieht Krystynas Ausweis aus der Tasche und wirft ihn ihr ins Gesicht.

»Du kannst gehen. Aber zeig dich nicht noch einmal bei mir. Dein Gesicht und deinen Namen merke ich mir!«

Krystyna läuft die Stiegen hinunter. Sie zeigt dem

Wachtposten ihren Ausweis und darf das Gebäude verlassen; Tränen laufen ihr über das Gesicht – Tränen des Zornes wegen der Erniedrigung, die ihr widerfahren ist und die ihren Landsleuten täglich, ja stündlich zuteil wird.

Niemand beachtet das weinende Mädchen. In dieser Zeit sind Tränen etwas Alltägliches.

DAS GENERALGOUVERNEMENT UND SEINE NAZI-FUNKTIONÄRE

Der Hitler-Stalin-Pakt vom 23.8.1939 hatte die Grundlage für die vierte Teilung Polens geschaffen; nach dem erfolgreichen Blitzkrieg der Deutschen, unterstützt durch zwei sowjetische Heeresgruppen, wurde sie schon Wochen später Wirklichkeit. Während die Sowjetunion die ihr zugefallenen Gebiete als »Westukraine« und »Westweißruthenien« ihrem Herrschaftsbereich angliederte, wurde das von den Nationalsozialisten besetzte polnische Land zweigeteilt. Der westliche Teil, dessen Grenzen weit über jene von 1914 hinausgingen und der wichtige Industriezentren umfaßte, wurde als »Eingegliederte Ostgebiete« dem Deutschen Reich unmittelbar angeschlossen. Der östliche Teil wurde zum »Deutschen Generalgouvernement Polen« erklärt.

Das Generalgouvernement war von den Nazis dazu ausersehen, jene nicht »eindeutschungsfähigen« Polen des angegliederten Bereichs aufzunehmen, die als unwürdig befunden wurden, in Deutschland zu leben. Hitler drückte sich kürzer aus, als er anordnete, das neue Reichsgebiet sei von »Juden, Polacken und Gesindel« zu säubern.

In kürzester Zeit sollten über acht Millionen Polen und Juden in das Generalgouvernement abgeschoben werden. Unter der Bezeichnung »Flurbereinigung« wurde eine SS-Aktion gestartet, die Depor-

tationen von Polen ins Generalgouvernement organisierte und Exekutionen durchführte. Was sich in den Monaten zwischen Herbst 1939 und Sommer 1940 in Polen ereignete, ist sehr schwer in Worten zu schildern, denn sie würden die Langeweile des Grauens hervorrufen.

Nach dem Willen der Nationalsozialisten sollte die polnische Intelligenzschicht im Generalgouvernement niemals die Möglichkeit bekommen, sich als geistige, politische oder wirtschaftliche Führung aller Polen zu profilieren. Denn der polnische Mensch war von den Nazis dazu ausersehen, als Arbeitstier sein Dasein zu fristen.

Übergriffe und Greueltaten durch SS, Gestapo und Polizei, aber auch durch Volksdeutsche gegenüber Polen waren an der Tagesordnung. Es kam sogar so weit, daß die Wehrmacht, die zunächst für die Aufrechterhaltung der Ordnung verantwortlich war, täglich Beschwerden in Berlin vorlegte, da die militärische Verwaltung keine Verantwortung für rechtswidrige Handlungen und Terror übernehmen wollte. Das Ergebnis der Beschwerden war: Die Militärverwaltung wurde aufgelöst, ihre Aufgaben übernahmen Polizei und SS.

Es begann die Zeit der deutschen Karrieremacher, der Streber, Glücksritter und Abenteurer. Menschen, die es zu nichts gebracht hatten, kamen in die besetzten polnischen Gebiete; untaugliche Beamte, aus dem Reich abgeschoben, vergrößerten das Chaos in der Verwaltung. Sie alle gierten nach Macht und Vermögen. Vermögen, das sie sich mit

Gewalt, oft mit der Waffe in der Hand, aneigneten. Von krankhaftem Ehrgeiz und machtbesessen war auch jener Mann, den Hitler dazu ausersehen hatte, das »Deutsche Generalgouvernement Polen«, wo rund elf Millionen Menschen lebten, gleichsam als Anhängsel des Großdeutschen Reiches zu regieren: Hans Michael Frank, 39 Jahre alt, als ihn Hitler am 12. Oktober 1939 zum Generalgouverneur für Rest-Polen bestellte.

Frank war Jurist. Er hatte an den Universitäten in München und Kiel Rechtswissenschaften und Nationalökonomie studiert und 1924 in Kiel promoviert; 1927 wurde er Rechtsanwalt in München. Mit der Nationalsozialistischen Partei war er schon 1919 in Berührung gekommen. Er war damals der »Deutschen Arbeiterpartei« Anton Drexlers beigetreten, die die Vorgängerin der NSDAP war. Am 9. November 1923 hatte er als SA-Angehöriger am Marsch zur Feldherrnhalle teilgenommen, der in einen Aufstand ausarten sollte; und während Hitler und die anderen Putschisten verhaftet wurden, hatte Frank ins Ausland flüchten können. Bald aber war er zurückgekommen und im Jahr 1927 nochmals offiziell der NSDAP beigetreten; er bekam die Parteinummer 40.079.

Als Jurist hatte sich Frank der Partei zur Verfügung gestellt und sich in dieser Funktion auch bewährt. In der Zeit zwischen 1927 und 1933 führte er für Hitler persönlich über 150 Ehrenbeleidigungsprozesse. Im Jahre 1928 gründete Frank den NS-Juristenbund, ein Jahr darauf ernannte ihn Hitler zum Chef des

Rechtsbüros der Partei mit Sitz in München. Im Jahre 1930 wurde er Abgeordneter der NSDAP im deutschen Reichstag.

Als im selben Jahr die Putschoffiziere vor dem Reichsgericht in Leipzig unter Anklage gestellt worden waren, hatte sich Frank selbstverständlich als ihr Verteidiger zur Verfügung gestellt. Bei diesem Prozeß, in dem er auch Hitler als Zeugen vor Gericht brachte, bezeichnete Frank in einem Plädoyer die NSDAP als demokratische Partei.

Als ein Neffe Hitlers unter Bezugnahme auf die unklare Ahnentafel der Familie versuchte, seinen Onkel zu erpressen, sprang Frank ebenfalls ein. Gegenstand der Erpressung war die Behauptung, Hitlers Großvater sei ein uneheliches Kind des Juden Frankenberger aus Graz; so wäre der Führer Vierteljude. In seinen Erinnerungen äußert Frank sich nicht, auf welche Weise diese Affäre bereinigt wurde. Jedoch stützten sich eine Reihe von Autoren auf Franks Erinnerungen und machten Hitler zum Vierteljuden. Die Nachforschungen des Autors in steirischen Archiven haben aber ergeben, daß es in der Steiermark niemals eine jüdische Familie mit Namen Frankenberger gegeben hat, und die Tatsache, daß Juden zu jener Zeit kein Aufenthaltsrecht in dieser österreichischen Provinz hatten, beweist, daß es sich bei der erpresserischen Behauptung nur um eine Erfindung gehandelt haben kann.

Nach der Machtergreifung im Jahre 1933 machte Frank als junger Mann schnell Karriere. Er wurde Justizminister in Bayern und von Hitler mit der Auf-

gabe betraut, ein »deutsches« Rechtswesen aufzubauen, indem er das bestehende von »jüdischem
Einfluß und Geist« zu befreien hatte; für diese Aufgabe wurde er zum Reichsjustizkommissar ernannt,
gleichzeitig wurde er auch ehrenhalber SA-Ober-
gruppenführer.

Auch im Ausland wurde Frank von Hitler im Interesse der Partei eingesetzt. Im Jahre 1933 kam Frank
nach Wien, um für die Ziele Hitlers und die Politik
der Nationalsozialisten zu werben. Er ignorierte dabei die österreichische Regierung, die von seinem of-
fiziösen Besuch nicht verständigt wurde. Nicht zuletzt diese Tatsache, dazu das Auftreten Franks bei
seinen Vorträgen in Wien und Graz veranlaßten die
Dollfuß-Regierung, ihn zur Persona non grata zu erklären und auszuweisen. Deutschland antwortete
auf diesen Schritt mit wirtschaftlichen Repressalien,
unter anderem mit der sogenannten 1000-Mark-
Sperre.

Im Jahre 1934 wurde Frank nach Auflösung der
bayerischen Regierung Mitglied der Reichsregierung als Minister ohne Portefeuille. Überdies bestellte Hitler den damals 34jährigen Anwalt, der keine ausreichende juristische Erfahrung besaß, zum
Präsidenten der »Akademie für deutsches Recht«.

Als Jurist hatte Frank Hitlers »Rechtsempfinden«
begriffen und zu seinem eigenen gemacht; vorbe-
haltlos half er mit, diejenigen, die sich nicht dem Nationalsozialismus anpassen wollten oder konnten,
auszuschalten und die anderen gleichzuschalten.
Auf diese Weise hörte die Gerechtigkeit auf, das

Volk wurde entmachtet – die Partei bestimmte, was der Wunsch des Volkes war.

Der Geltungsdrang Franks brachte ihn mit der Zeit mit fast allen anderen Dienststellen des Dritten Reiches in Konflikt. Es kam zu vielen Reibereien, vor allem mit Angehörigen der SS. Zu den offenen Feinden Franks aus der Spitze der Nazi-Hierarchie zählten Himmler, Goebbels, Bormann, Ley, Heydrich. Denn die Macht, die Hitler Frank übertragen hatte, wollte dieser nur mit wenigen teilen, und immer wieder verlangte er eine Erweiterung seiner Machtbefugnisse. Während seines ganzen Lebens versuchte er, in seiner Karriere höher zu steigen, als es ihm aufgrund seiner Fähigkeiten möglich gewesen wäre. Die Position in Polen ergänzte seine ehrgeizige Anhäufung von Funktionen, die er im Dritten Reich bereits innehatte.

Die Notizen Hitlers über die Bestellung von Frank zum Generalgouverneur in Rest-Polen enthalten folgende Stichworte: »Generalgouverneur als einzige Befehlsgewalt«, »totale Desorganisation«, »Teufelswerk«. General Halder, einer der Anwesenden bei der Bestellung Franks zum Generalgouverneur, notierte bei dieser Gelegenheit in seinem bekannten Tagebuch: »Das Reich soll den Generalgouverneur befähigen, dieses Teufelswerk zu vollenden.«

Das »Teufelswerk« beschrieb Hitler selbst in einem Gespräch mit dem ehemaligen nationalsozialistischen Senatspräsidenten von Danzig, Hermann Rauschning: »Wir müssen eine Technik der Entvölkerung schaffen. Wenn Sie mich fragen, was ich unter Entvölkerung verstehe, so werde ich Ihnen sagen, daß ich die Vernichtung ganzer rassischer Einheiten im Auge habe, und dies werde ich tun, ich sehe darin, grob ausgedrückt, meine Aufgabe. Die Natur ist grausam, daher dürfen auch wir grausam sein. Wenn ich die Blüte des deutschen Volkes ohne jedes Bedauern über das Vergießen kostbaren deutschen Blutes in die Hölle des Krieges schicken kann, so habe ich natürlich das Recht, Millionen von Menschen niederer Rasse zu vernichten, die sich wie Ungeziefer vermehren.«

Frank waren selbstverständlich bei seiner Bestellung zum Generalgouverneur die Aussprüche und Absichten Hitlers über eine biologische Vernichtung des polnischen Volkes und vor allem dessen Intelligenzschicht bekannt. Und Frank wollte ein Musterschüler Hitlers sein. Bei seinem Amtsantritt faßte er daher in klaren und eindeutigen Worten zusammen: »Was wir jetzt an Führerschicht in Polen festgestellt haben, ist zu liquidieren. Was wieder nachwächst, ist von uns sicherzustellen und in einem entsprechenden Zeitraum wieder wegzuschaffen.«

Vergleicht man diese Worte mit Aussprüchen, die Frank Jahre zuvor getan hatte, so wird die Verlogenheit dieses typisch nationalsozialistischen Würdenträgers deutlich: Im Februar 1936 hatte er bei einem Vortrag in Warschau seine persönliche Achtung und Anerkennung für die »Freiheitsbestrebungen des polnischen Volkes« ausgesprochen. Dabei sparte er nicht mit Schlagworten, die für polnische Ohren schmeichelhaft klangen; er erinnerte an den »polnischen Kampf gegen die jahrhundertelange Knecht-schaft«, an die »Vergewaltigung der nationalen Rechte des polnischen Volkes durch die Mächte, die Polen in der Vergangenheit aufgeteilt hatten«. Aber all das hatte »das polnische Volk überlebt«, betonte Frank mit einer Verbeugung vor seinen polnischen Zuhörern. Später, als Generalgouverneur, klang das anders ...

Frank ging von der Überzeugung aus, daß es den Deutschen nach dem militärischen Untergang Polens gelingen würde, den Untergang auch des polnischen Volkes herbeizuführen. Jurist, der er war, sollte das Morden jedoch eine »rechtliche Form« erhalten; der Exekution sollte zumindest ein Gerichtsurteil vorausgehen – ein Gerichtsurteil, das von Polizeigerichten ausgesprochen wurde und dessen Spruch schon von vornherein feststand. Während einer solchen Polizeisitzung in Krakau am 30. Mai 1940 verwies Frank mit Nachdruck: »Meine Herren, wir sind keine Mörder.«

Heuchlerisch nannte Frank die befohlenen Vernichtungsmaßnahmen, die über 5000 Angehörigen der polnischen Intelligenz das Leben kosteten, »Allgemeine Befriedungsaktion«, im amtlich getarnten Sprachgebrauch kurz »A-B-Aktion«. Mit der Durchführung dieser Aktion wurde der frühere Gestapochef von Hamburg, Bruno Streckenbach, später einer der Stellvertreter Heydrichs, betraut. In der Zeit von April bis Juni 1940 überwachte Streckenbach die Arbeit jener Polizeigerichte, die Ärzte, Ingenieure, Lehrer und Priester als Angehörige einer potentiellen Führerschicht des polnischen Volkes zum Tode verurteilten. Nach Abschluß der A-B-Aktion sprach Frank Streckenbach in aller Form den Dank aus, wie er stolz in seinem Tagebuch vermerkte. Diese Tagebücher enthalten alle seine Äußerungen aus seiner Zeit als Generalgouverneur. Als Frank nämlich erfahren hatte, daß Bormann durch Stenographen alle Aussprüche, Bemerkungen und Tischreden Hitlers aufzeichnen ließ, ahmte er dies sofort nach und ließ jedes seiner Worte von Stenographen festhalten.

Aus Franks nach dem Krieg beschlagnahmten 38bändigen Tagebüchern geht auch schon hervor, daß er das polnische Volk nicht zuletzt durch schwere Lebensbedingungen zu dezimieren beabsichtigte. Denn im Generalgouvernement mußte Raum geschaffen werden für die Millionen Volksdeutschen, die aus der Sowjetunion ausgesiedelt werden sollten und auch für die deutschen Volksgruppen aus dem Balkan.

Über die Zustände in Polen während seiner Zeit als Generalgouverneur sagte Frank in einem Interview mit einem Reporter des »Völkischen Beobachters«: »Wenn ich für je sieben erschossene Polen ein Plakat anbringen lassen wollte, dann würden die Wälder Polens nicht ausreichen, das Papier für solche Plakate herzustellen.« Dieser Ausspruch des Generalgouverneurs dem Reporter Kleiss gegenüber ist freilich in der Zeitung nie gedruckt worden; er fand sich aber in Franks Tagebüchern.

Solche Entgleisungen registrierten die Gegner

Franks, die stets auf der Lauer lagen, mit großer Genauigkeit. Und als das Dossier mit Franks Aufzeichnungen in die Hände Himmlers gelangte, verlangte dieser von Hitler, Frank zurückzupfeifen. Hitler verbot Frank daraufhin, Vorträge und Reden im Reichsgebiet zu halten und verlangte von ihm, sein Amt als Präsident der »Akademie für deutsches Recht« niederzulegen.

Den Höhepunkt seiner Karriere hatte sich Frank in seiner Bestellung zum Reichsjustizminister vorgestellt. Als Thierack zum Reichsjustizminister und zum Präsidenten der »Akademie für deutsches Recht« ernannt wurde, sah Frank jedoch das Ende seines Traumes gekommen. Dies war für ihn das Zeichen, daß er das Vertrauen Hitlers verloren hatte. Frank haßte die Stadt Warschau, obwohl es die größte Stadt des Generalgouvernements war. Er machte Krakau zu seinem Sitz. Die alte Burg der polnischen Könige, den Wawel, ein Schloß aus dem 14. Jahrhundert, wo Könige, Nationalhelden und Dichter begraben sind, war gerade gut genug für seine Residenz. In Krakau störten Frank bloß die Juden; schon im April 1940 bekundete er, daß diese Stadt judenrein werden müsse.

Als Frank im Oktober 1939, etwa einen Monat nach dem »18-Tage-Feldzug«, nach Warschau kam, war sein erster Gedanke und Wunsch, das Warschauer Königsschloß abzureißen. Die neubestellte Stadtverwaltung Warschaus war eben dabei, die Kriegsschäden am Schloßgebäude notdürftig zu reparieren, damit die großen Kunstschätze, die sich in dem weitläufigen Schloß befanden, keinen Schaden erlitten. Als Frank jedoch das Königsschloß besichtigte und in den prunkvollen Thronsaal kam, riß er die Silberadler vom königlichen Baldachin und steckte sie in seine Tasche. Diese Geste verstanden die ihn begleitenden nationalsozialistischen Würdenträger als Aufforderung und Einladung zur Ausplünderung. Während etlicher Wochen besuchten hohe Parteifunktionäre und SS-Führer das Schloß, äußerten gegenüber der Warschauer Stadtverwaltung ihre Wünsche, und so wurden fast das gesamte Mobiliar und die Kunstgegenstände des Schlosses weggetragen. Hunderte Skulpturen, viele sehr wertvolle Ölgemälde, Gobelins, schöne Renaissance- und Barockmöbel, alte Uhren und viele andere Kunstgegenstände wurden eine Beute der Räuber. Was noch übrigblieb, wurde zusammen mit Türen und Fensterrahmen, mit Heizkörpern, Heizungskesseln und Bodenfliesen in vier große Warschauer Lager transportiert.

Auf Anordnung Franks begann man, das Schloß in Warschau abzureißen. Von der SS aufgegriffene Juden, zur Zwangsarbeit herangezogen, begannen unter Peitschenhieben, mit Hacken und Äxten die wertvollen Wandtäfelungen im Schloß zu entfernen. Pioniere der Wehrmacht bohrten in die Mauern Öffnungen, die für Dynamitladungen bestimmt waren. Das Schloß sollte dem Erdboden gleichgemacht werden; Warschau sollte nach den Vorstellungen Franks ein einziges großes Arbeitslager sein. Aus unbekannten Gründen wurden jedoch die Demolie-

rungsarbeiten unterbrochen. Erst nach dem Aufstand in Warschau erfolgte die Sprengung des Schlosses im September 1944.

Die Ausplünderung durch kleine Räuber, durch Parteifunktionäre und SS-Führer war noch im Gange, als sich schon die großen Räuber bei Frank ansagten. So verlangte Hermann Göring die Einziehung des gesamten Vermögens des polnischen Staates zur Finanzierung des Vierjahresplanes, und Heinrich Himmler wollte die Beschlagnahme aller Kunstschätze Polens zugunsten der SS. Besonders dieses Verlangen führte zu Unstimmigkeiten zwischen Himmler und Frank, betrachtete doch der Reichsführer der SS eine Reihe von Vorfällen und Beschlagnahmungen, die sich im Generalgouvernement begeben hatten, als ein »Vergehen am Vermögen der SS«.

Jener SS, die sich bei Plünderungen oder Beschlagnahmungen durchaus etwas Originelles einfallen ließ. So besetzte sie beispielsweise einen Häuserblock, der zur Warschauer Universität gehörte. Mehrere Professoren wurden verhaftet, den Familienangehörigen befahl man, innerhalb von 20 Minuten die Wohnungen zu verlassen. Die ganze Aktion spielte sich in den Abendstunden ab, und vorsorglich waren die Stromleitungen des Häuserblocks unterbrochen worden, damit niemand wichtige Dinge und persönliche Habe mitnehmen konnte. Auf diese und ähnliche Weise konnte die SS am nächsten Tag in ausreichender Anzahl Einrichtungsgegenstände und anderes wertvolles Gut für die einziehenden deutschen Familien sicherstellen.

Zu den Leichtverdienern jener Tage gehörten jedoch nicht nur Angehörige der SS, Beamte der Verwaltung und andere Geschäftemacher, sondern auch die Mitglieder der Familie Frank, vor allem die Brüder seiner Frau und auch entferntere Verwandte. Sie, die alle aus kleinen Verhältnissen kamen, sahen die einmalige Chance, sich ohne Arbeit, ohne Risiko zu bereichern. Mit dem Namen Frank konnte man im Generalgouvernement Wunder vollbringen; es war der Name, der Tore zum Reichtum öffnete.

Die Juden im Generalgouvernement hofften in den ersten Monaten der Besetzung, mit Geschenken an die Familie Frank ihr drückendes Schicksal lindern zu können. Doch die Franks ließen sich von Juden nichts schenken. Großzügig zahlten sie beispielsweise drei Zloty für einen Perserteppich – das entsprach dem Preis eines Apfels. Ein mehrkarätiger Brillantring von auserlesener Schönheit wurde vom Judenrat in Warschau für ganze 25 Reichsmark an die Familie Frank »verkauft«. Frank persönlich ließ sich auf keine Geschäfte mit Juden oder Polen ein. Die Geschäfte jedoch, die in seinem Namen getätigt wurden, blieben nicht geheim. Kostbare Pelze, Edelsteine, Ölgemälde, Statuen und alles, was zum Lebensstil von Neureichen gehörte, wurde »organisiert«. Und die Franks hatten ihre Leute, die diese Dinge beschafften, wie beispielsweise den SS-Gruppenführer Loev, den stellvertretenden Chef der Verwaltung, der generell mit dem Namen Frank operierte. Loev haßte das böse Wort »beschlagnahmen«; er »kaufte« – zu symbolischen Preisen. Diese Affären wurden bald allen im Generalgouvernement bekannt; und ebenso bald fanden sich Nachahmer. Es waren die Gouverneure, Landräte oder andere Mitglieder der Zivilverwaltung, auch kleine Beamte, die in das Geschäft des Organisierens einstiegen.

Die Räuber aus den Reihen der SS und der Polizei, die oft genug für die eigene Tasche beschlagnahmten, mußten bald feststellen, daß der Reichtum, den man zu erwerben hoffte, schwinden würde, wenn Loev sein Werk für die Familie Frank und für die Gouverneure fortsetzen sollte. Daher wurde Loev, der Mittelsmann, durch den SS- und Polizeiführer Krüger angezeigt. In einem geheimen Prozeß verurteilte ein SS-Gericht Loev zu lebenslangem Kerker. Was die SS-Richter bei der Verhandlung erstaunte, war die Korruption und die Gier nach Reichtum an der Spitze der Verwaltung in den höchsten Stellen. Und der durch die erdrückenden Beweise in die Enge getriebene und überführte Loev sagte offen aus, wie und für wen er organisiert hatte; er wußte, daß seinem Gönner Frank nichts passieren konnte. Und die Praktiken anderer Nazi-Größen, sich zu bereichern, zeichneten im Generalgouvernement das gleiche Bild wie im Reich, wo auch Göring, Goebbels oder andere Hoheitsträger aus dem jüdischen Vermögen ihren Anteil holten.

Das umfassende Geständnis Loevs war nicht das einzige, was Himmler, dem das souveräne Gehaben Franks im Generalgouvernement ein Dorn im Auge war, an der Person des Generalgouverneurs auszu-setzen hatte. Mit Nachrichten über Frank und seine Entgleisungen wurde Himmler durch den Höheren SS- und Polizeiführer im Generalgouvernement, SS-Obergruppenführer Friedrich Wilhelm Krüger, ver-sorgt.

Krüger war der eigentliche Gegenspieler Franks im Generalgouvernement. Ehrgeizig wie er war, hatte er gleich nach der Machtübernahme Hitlers den Po-sten eines SS-Obergruppenführers und Chefs des SA-Ausbildungswesens übernommen. Zwischen ihm und Röhm war es bald zu Unstimmigkeiten ge-kommen, denn Röhm verstand es, das Machtstreben Krügers in Grenzen zu halten. Für Krüger hatte die Macht ein Gesetz: sich laufend zu vermehren. Wie ein roter Faden läßt sich dieses Postulat während sei-ner ganzen Karriere im nationalsozialistischen Staat verfolgen. Schon ein Jahr nach der Machtübernahme war Krüger ein Gegner Röhms geworden; daher trat er auch von der SA zur SS über. Als die SA nach dem sogenannten Röhm-Putsch entmachtet wurde, war Krüger also nicht davon betroffen.

Wie schon bei der SA, hatte Krüger auch innerhalb der SS begonnen, seinen eigenen Machtapparat auf-zubauen. Diese Praktik setzte er während seiner Tä-tigkeit im Generalgouvernement fort. Bald gelang es ihm, Heydrich auf seine Seite zu bringen, den er lau-fend mit Spitzelakten über Frank versorgte.

Die SS bildete im Generalgouvernement einen Staat im Staate. Sie entwickelte dabei ein System, das zum Teil konträr zu jenem arbeitete, das sich Frank und seine für die einzelnen Distrikte verantwortlichen Gouverneure ausgedacht hatten. Die Polizeidienststellen, die Krüger unterstanden, überzogen das gesamte Generalgouvernement mit einem dichten Netz, das das gesamte öffentliche Leben unter Kontrolle halten sollte. Sie bewachten Bevölkerung und Wirtschaft, bespitzelten Kultur und Kirche, sie deportierten und exekutierten Menschen. Eifersüchtig wachte Krüger darüber, daß die Befugnisse des Generalgouvneurs in keiner Weise in jene der SS eingreifen oder diese beschneiden konnten. Besonders erbost war die SS jedoch, daß sich Frank wie ein selbständiger Herrscher gebärdete; sie nannte ihn den »Polen-König« und hoffte dabei, daß sich der Haß der Nazis gegen die Polen auf Frank übertragen werde.

Obwohl Krüger dem Generalgouvneur dienstrechtlich unterstand, bezog er unter Umgehung des vorgeschriebenen Dienstweges seine Befehle direkt von Himmler. Dies führte zu ständigen Konflikten zwischen Frank und Krüger, in die sogar die Reichsstellen in Berlin einbezogen wurden. Beide Kontrahenten warben dabei in der Reichshauptstadt um Unterstützung; Frank versuchte, die Reichsregierung gegen Krüger zu mobilisieren; Krüger war bestrebt, Himmler und Bormann gegen seiner Widersacher einzuspannen. Von Berlin aus versuchte man zwar, durch Konferenzen und Gespräche zwischen Krüger und Frank diese Situation im Generalgouvernement zu entschärfen. Doch Krüger arbeitete allein auf Franks Sturz hin.

Bald mußte der Generalgouverneur erkennen, wo seine Grenzen lagen. Doch gab er sich nicht geschlagen und ging mit um so größerer Härte gegen jene vor, von denen er glaubte, daß sie keinen Widerstand leisten könnten – gegen die Polen. Franks Polenpolitik sollte eine Politik des Terrors werden. Und das konnte Berlin nur recht sein.

Himmler und Heydrich hofften, noch während des Krieges die Grundlagen für die Ausführung des »Generalplanes Ost« zu schaffen. Den Plan teilten sie in verschiedene Phasen auf, nach denen sie durch die Besiedlung der deutschen Ostgebiete des Generalgouvernements die Polen einkreisen wollten, um sie schließlich weiter nach dem Osten abzudrängen. Für Ende 1942 war der Beginn der ersten Phase vorgesehen – und sie sollte im Distrikt Lublin beginnen. Der »Generalplan Ost« wurde erst nach Ende des Krieges bekannt; dieser geheime Plan war vom Reichssicherheitshauptamt erstellt worden, um einen erweiterten Lebensraum für die Deutschen zu schaffen. Der Plan sah auch vor, daß die Polen nach ihrer Aussiedlung in das ehemalige polnische Territorium als Arbeitskräfte zurückgebracht werden sollten; als Arbeitssklaven sollten sie am Leben bleiben, als fremde Landarbeiter auf ihrem ehemals eigenen Grund und Boden.
Einige Vorstufen des Planes waren im Jahre 1942 bereits verwirklicht. Die polnischen Universitäten waren geschlossen worden, ebenso die Mittelschulen; nur eine kleine Anzahl von Volksschulen war noch

geöffnet. Die Zahl der Kirchen war beschränkt worden. Nach Himmlers Plan sollte der Pole zu nichts anderem mehr fähig sein, als seinen Namen zu schreiben und bis zehn zu zählen.

Die Tragik des polnischen Volkes war gleichsam nach Bevölkerungsgruppen gestaffelt. Die erste Gruppe, die der Vernichtung zugeführt werden sollte, waren die Juden. Für sie hatten die Deutschen ein besonderes Programm vorbereitet: ein Vernichtungsprogramm. Dagegen brauchten sie die arbeitsfähigen Polen als willenlose Werkzeuge, als Arbeiter in ihren Fabriken und Knechte in der Landwirtschaft. So befanden sich Frank und andere hohe Naziführer in einem gewissen Dilemma. Einerseits wollten sie auch das polnische Volk dezimieren, andererseits war die Arbeitskraft der Polen als eine wichtige Position in der deutschen Industrieproduktion einkalkuliert. Die Rüstungsindustrie hatte sich sogar einen Nachschub an polnischen Facharbeitern erhofft – aber dies ließ Frank nicht zu. Aufgrund einer Weisung des Führers, die er den Leitern der Dienststellen im Generalgouvernement weitergab, wurde über die Zukunft der Polen wörtlich verfügt: »Kein Pole soll über den Rang eines Werkmeisters hinauskommen. Kein Pole wird die Möglichkeit erhalten können, an allgemeinen staatlichen Anstalten sich eine höhere Bildung anzueignen.«

Der Einsatz polnischer Arbeitskräfte aus dem Generalgouvernement im Reichsgebiet sollte anfänglich auf freiwilliger Basis geschehen. An den Mauern Warschaus und anderer Städte wurden Plakate und

Aufrufe mit verlockenden Angeboten angeschlagen, sich freiwillig zur Arbeit ins Reich zu melden. Auch manche Juden, die sich falsche Papiere als katholische Polen beschafft hatten, mischten sich unter die Freiwilligen, um endlich aus dem Generalgouvernement und aus dem rechtlosen Dasein herauszukommen. Denn die Nazis dachten sich immer neue Schikanen für die unterdrückte Bevölkerung aus. So mußte jeder Pole einen uniformierten Deutschen auf der Straße grüßen. Ein Großteil der öffentlichen Verkehrsmittel trug die Aufschrift: »Nur für Deutsche.« In den Geschäften hatten die Polen nur zu bestimmten Stunden die Möglichkeit einzukaufen. Und in juristischer Hinsicht war ein Pole nahezu rechtlos. Dazu hatte Martin Bormann eine bezeichnende Idee: Er wollte in das polnische Strafrecht die Prügelstrafe einbauen. Dieser Vorschlag wurde tatsächlich ernsthaft diskutiert. Obwohl sich auch Heydrich dafür aussprach, unterließ man jedoch diese Änderung des polnischen Strafrechts aus außenpolitischen Gründen. Aber auch wenn sie in keinem geschriebenen Gesetz stand, bedienten sich die Strafverfolgungsbehörden doch der Prügelstrafe.

Fast unerträglich wurde das Leben im Generalgouvernement auch durch die katastrophale Ernährungssituation in Polen, die Wertlosigkeit des Besatzungsgeldes, die Schwierigkeiten des schwarzen Marktes. All das war die Ursache dafür, daß sich etwa 80000 polnische Freiwillige zur Arbeit ins Reich meldeten.

Das Reichsernährungsministerium hatte allerdings

mit einer Million polnischer Arbeitskräfte gerech-
net. So wurde eine Aktion mit neuen Propagandapa-
rolen in Rundfunk und Zeitungen begonnen, und als
auch diese Parolen nichts mehr halfen, ging man zu
brutalen Zwangsmaßnahmen über.

Diese Maßnahmen lagen in den Händen des obersten Polizeichefs im Generalgouvernement, Krüger,
der anordnete, in den Nachtstunden polnische
Wohnungen zu durchsuchen. Wer bei solchen Razzien keinen Arbeitsnachweis vorweisen konnte,
wurde mitgenommen, zur Sammelstelle beim Arbeitsamt gebracht und von dort zur Arbeit ins Reich
abtransportiert. Solche Razzien spielten sich jedoch
nicht nur des Nachts in Wohnungen ab, sondern
auch auf offener Straße, manchmal in Kinos, in Ba-
dehäusern und allen jenen Orten, wo sich Menschen
versammelten. Sie gehörten mit der Zeit zum Alltag
im Generalgouvernement.

Schon Mitte des Jahres 1942 waren die Grenzen der
Ausbeutung der polnischen Wirtschaft wie auch der
menschlichen Arbeitskraft erreicht, wenn nicht gar
überschritten. Das wollte die SS natürlich nicht zur
Kenntnis nehmen. Die Berichte, die sowohl Krüger
als auch Frank in Berlin vorlegten, widersprachen
sich in ihrem Inhalt. Mit der Zeit nahm man in Berlin
jedoch die Berichte Krügers wichtiger. So sah sich
Frank gezwungen, in seinem Aufgabenbereich Terror und Brutalität ins Unmenschliche zu steigern,
um der SS nur ja nicht nachzustehen.

Auch auf einer anderen, mehr persönlichen Ebene
wurde die Rivalität zwischen Frank und Krüger be-

ziehungsweise der SS ausgetragen: im »Fall Lasch«. Diese Affäre, die Frank beinahe um sein Amt als Generalgouverneur gebracht hätte, machte zugleich publik, mit Hilfe welcher Gaunereien sich viele der höchsten Würdenträger der Nazis durch ihre Machtpositionen bereicherten.

Frank hatte seinen Getreuen Karl Lasch zum Gouverneur des neuen Distrikts Galizien gemacht, nachdem dieses Gebiet – Ost-Galizien – der Sowjetunion im Kampf abgenommen worden war. Als Gouverneur in Radom hatte Lasch zuvor schon ausreichend Erfahrungen gesammelt, wie man ohne Risiko die geknechtete Bevölkerung ausplündern konnte. Und er praktizierte die bewährten Methoden auch in seinem neuen Aufgabenbereich. So wurde den bereits von den Sowjets ausgepreßten Juden Lembergs von den Deutschen eine Kontribution in der schwindelerregenden Höhe von zehn Millionen Reichsmark auferlegt. Da nun die vermögenden Juden von den Sowjets nach Sibirien deportiert worden waren, konnten die in Lemberg zurückgebliebenen Juden, in ihrer Mehrzahl arme Leute, diesen Betrag natürlich nicht aufbringen.

Doch Lasch wußte Rat. Er ließ 30 Juden aus den Kreisen der Intelligenz als Geiseln nehmen, um so die zeitgerechte Erfüllung der Kontribution zu erzwingen; sollte halt der Judenrat von den Juden Lembergs, wenn sie kein Geld mehr hatten, Schmuck und andere Wertgegenstände eintreiben. Nach einer offiziellen Schätzung würden dann die Deutschen diese Wertgegenstände an Geldes Statt übernehmen. Und so geschah es auch. Die armen Juden Lembergs brachten selbst ihre Eheringe, Ohrringe und viele andere Schmuckstücke, um die Kontributionszahlung aufzubringen.

Lasch »kaufte« Schmuck, Teppiche und wertvolles Mobiliar vom Lemberger Judenrat zu lächerlichen Preisen und legte sich mit diesen Gegenständen ein sehenswertes Depot zu. Vieles davon wollte er ins Reich schaffen. Doch eines Tages wurde ein Mitglied seiner Familie an der Reichsgrenze mit einem Koffer voll Schmuck verhaftet. Der Nächste, der verhaftet wurde, war Lasch persönlich; sein Depot wurde beschlagnahmt. Es gab einen Skandal.

Bei den Nachforschungen stellte sich heraus, daß von der Beute Laschs auch Wertgegenstände für Franks Landhaus in Bayern bestimmt gewesen waren. Die Staatsanwaltschaft arbeitete sechs Wochen lang, unterbrach jedoch ihre Tätigkeit, als bekannt wurde, daß auch der Familie Franks »kleine Aufmerksamkeiten«, vor allem Schmuckstücke, überreicht worden waren.

Frank hatte sich zu diesem Zeitpunkt noch nicht restlos von der Schmuckaffäre um Loev erholt, aus der er mit einem blauen Auge ausgestiegen war. Deshalb distanzierte er sich von Lasch, der auf Franks Verteidigung gehofft hatte. Lasch, dem die Feindschaft zwischen der SS und Frank bekannt war, glaubte nun, daß er sich die Gunst und das Wohlwollen der SS durch Details über Frank erkaufen könne und packte aus: etwa, daß Frank vom Warschauer Gouverneur Fischer als kleines Geschenk ein Gemälde Rembrandts aus den polnischen Kunstsammlungen erhalten habe, das nun in seinem Haus in Bayern hänge.

Natürlich informierte die SS über Mittelsmänner Frank von Laschs Aussagen. Frank war aber deswegen nicht verlegen, sondern ließ geschickt durch seine Leute Gerüchte über den Lebenswandel und die Gaunereien von Ley, Goebbels, Funk und Himmler verbreiten, die bis zur obersten Spitze der nationalsozialistischen Hierarchie gelangten.

Endlich schien der SS die Stunde Franks zu schlagen: Lasch hatte ein umfangreiches Geständnis abgelegt, aus dem hervorging, daß er ein Vertrauter Franks war und daß seine Praktiken dem Generalgouverneur nicht unbekannt waren. Bis ins kleinste Detail berichtete Lasch davon, wie im Salonwagen des Generalgouverneurs wertvolle Teppiche, Gemälde, Pelze, ausgesuchte Getränke, Kaffee und einmal sogar 200 000 Eier zu dessen bayerischem Landsitz transportiert worden waren.

Als Frank gleich nach Kriegsende in seinem Haus »Bergfrieden« in Neuhaus in Bayern verhaftet wurde, konnten die Amerikaner tatsächlich große Kunstschätze sicherstellen, darunter einen Leonardo da Vinci, einen Rembrandt, auch einen goldenen Meßkelch aus dem 14. Jahrhundert, der aus der alten Marienkirche in Krakau entwendet worden war. Die amerikanische »Property Control« schätzte im Jahre 1945 den Wert der beschlagnahmten Kunstgegenstände auf mehrere Millionen Dollar.

Frank mußte sich nach den indirekten Angriffen der

SS gegen seine Person nach Rettern umsehen. Er wußte, daß ihm kein Prozeß gemacht werden konnte; er wollte aber auch nicht in Ungnade fallen, denn das hätte das Ende seiner Karriere bedeutet.

Wie andere Naziführer hatte auch Frank geheime Dossiers über die Spitzenfunktionäre des Dritten Reiches angelegt, darunter Aufzeichnungen über Göring, Ley und Ribbentrop. Über Ley war im Dritten Reich das Gerücht in Umlauf, er heiße eigentlich Levy. Frank hatte erfahren, daß Heß diese Sache über Bormann hatte untersuchen lassen. Zum Panzerschrank des Stellvertreters des Führers hatte Frank natürlich keinen Zugang; daher unternahm er eigene Recherchen, die aber bloß die widerlichen Lebensgewohnheiten Leys ans Licht brachten. Auch dem deutschen Außenminister Ribbentrop war Frank feindlich gesinnt, hatte doch dieser seine Bestellung zum deutschen Botschafter in Rom 1936 trotz der Bitte Mussolinis hintertrieben. Daher legte sich Frank in jahrelanger Arbeit ein umfangreiches Dossier über Ribbentrops Vermögenstransaktionen an: über die zahlreichen Häuser, die Ribbentrop erworben hatte, seine Jagdreviere in der Tschechoslowakei und vieles andere mehr. Eine Erpressung Ribbentrops durch Frank hätte aber wenig Aussicht auf Erfolg gehabt, da Ribbentrop niemals den Einfluß besessen hatte, um Frank helfen zu können. Nach Franks Meinung konnte das nur einer: Hermann Göring, einflußreichster Paladin des Führers.

Göring mußte nach Franks Überlegungen jetzt in diese Sache einsteigen, war er doch selbst leidenschaftlicher »Kunstsammler«, und nahezu jedermann im Dritten Reich wußte, welche Schätze er zusammengetragen hatte – eine »Schatzsammlung«, die allerdings längst von Hitler sanktioniert worden war. Franks Dossier über Göring führte auch einige dunkle Punkte im Leben des Generalfeldmarschalls an. Daß Göring Morphinist war, spielte dabei eine untergeordnete Rolle. Frank ließ zwar auch in dieser Sache ermitteln und hatte Beweise für die Entwöhnungskuren Görings im Sanatorium von Professor Kahle in Köln und später im Langbro-Sanatorium in Stockholm. Im Sinne der nationalsozialistischen Mentalität aber gab es einen anderen dunklen Punkt bei Göring; und dieser war nicht nur Frank bekannt. Auch Himmler wußte davon und erpreßte Göring einige Jahre später ebenfalls.

Übrigens bewahrten auch Heydrich und Bormann in ihren Stahltresoren Einzelheiten aus der Geschichte der Familie Göring auf. Göring wußte natürlich davon. Und so sicherte er sich selbst durch eigene Nachforschungen über die anderen ab. Göring hätte, sollte es eines Tages notwendig werden, einiges über Himmler, Heydrich und die übrigen Spießgesellen ausplaudern können ...

In die Enge getrieben, baute Frank also auf Göring – und er kalkulierte richtig. Denn Göring hatte Lunte gerochen und wußte genau, daß Frank ihm enormen Schaden zufügen konnte. Die Schlüsselfigur dieser Erpressung Görings durch Frank war der nicht mehr lebende Taufpate des Reichsmarschalls, von dem dieser den Vornamen Hermann bekommen hatte. Es handelte sich dabei um Hermann Epstein, der nach den Nürnberger Rassengesetzen als Volljude galt. Er war zwar schon als Kind getauft worden, stammte aber von volljüdischen Eltern ab. Dieser Hermann Epstein, der als Jurist in der ehemaligen deutschen Kolonie Südwestafrika bei der Kolonialtruppe gedient hatte, freundete sich in Windhuk mit der Familie Göring an, wo Hermanns Vater, Heinrich Georg, Generalresident war. Nach Jahren in Südwestafrika kehrte Epstein nach Deutschland zurück. Vier Jahre später kam Frau Göring ebenfalls nach Deutschland, um in der Heimat ihr Kind zur Welt zu bringen. Epstein lud Frau Göring ein, auf seiner Burg Veldenstein zu wohnen – so kam es zur Patenschaft von Hermann Epstein. Später erwarb Epstein in Österreich – in Mauterndorf – ein Rittergut und wurde 1910 von Kaiser Franz Joseph geadelt. Fortan nannte er sich Hermann Ritter Epenstein von Mauternburg.

Die Herkunft Epsteins wurde im »Semi-Gotha« weidlich ausgeschlachtet. Der »Semi-Gotha« war von deutschen Antisemiten herausgegeben worden mit dem Ziel, die Familienverbindungen der deutschen Aristokratie mit den Juden aufzudecken. Bekannte der Familie Frank aus Ansbach in Bayern, darunter auch Schulkameraden Görings, erzählten später, wie Hermann als Schüler von seinen Kameraden verprügelt und gezwungen worden sei, eine Tafel mit der Aufschrift »Mein Pate ist ein Jude« um den Hals zu tragen. Hermann wechselte daraufhin die Schule.

Weimarer

historisch-genealoges Taschenbuch

des

gesamten Adels jehudäischen Ursprunges

(HEBRAICI ET CONVERSI ET DE GENERE JUDA)

Epenstein v. Mauternburg
Mosaisch — Ob.-Österreich — Nob: ddoWien8.8.1910
mit d. Rittertitel anläßlich*) des 80. Geburtstages des Kaisers Franz Josef I.; mit Diplom v.25.5.1911 Präd. „v. Mauternburg".
Adelserwerber: Dr.jur., Hermann Ritter Epenstein v. Mauternburg, ✡ ....., Gutsbes. b. Mauterndorf; ∞ ...

Görings Taufpate (Semi-Gotha, Seite 561)

Göring hatte also kein Interesse, seine Familienge-
schichte bekannt werden zu lassen. Er setzte sich daher mit Bormann in Verbindung, um die peinliche
Sache mit Frank zu bereinigen. Auch Bormann hatte
ein Interesse, den Zwischenfall mit Frank nicht zu
einem Skandal auswachsen zu lassen. Himmler dagegen, der mit Krüger und Heydrich schon über
einen möglichen Nachfolger von Frank beraten hatte, wollte das Beste aus der Situation machen.
Himmler hatte sogar schon einen Nachfolger ausge-

wählt: Seyss-Inquart, den deutschen Reichskommissar in Holland, der früher eine Zeitlang bei Frank in Krakau gearbeitet hatte.

Das war die Ausgangssituation, als es Ende März 1942 im Führerhauptquartier zu einer Unterredung kam, bei der Hitler, Himmler, Bormann, Meissner und Frank anwesend waren. Vorsorglich hatte Frank ein mit 29. März 1942 datiertes Gesuch um Rücktritt vom Posten des Generalgouverneurs mitgebracht, das er gleich nach seiner Ankunft im Führerhauptquartier Hitler überreichte.

Bei der Aussprache hielt Bormann Frank die Missetaten vor, die die SS aufgedeckt hatte und machte Hitler Vorschläge ganz im Sinne Himmlers. Der Führer jedoch erklärte, er wolle sich die Sache noch einmal überlegen. So wurde der Fall beigelegt. Hitler stellte Frank anheim, sich den Wünschen der SS im Generalgouvernement geneigter zu zeigen als bisher – und im schönsten Frieden gingen alle nach einiger Zeit auseinander. Es war derselbe Reichskanzler Hitler, der kurz zuvor noch, wie aus seinen aufgezeichneten Tischgesprächen bekannt ist, erklärte: »Jeder Kriegsgewinnler, der Geld einschiebt, während andere bluten, ist ein Lump, jeder Schwarzschlächter und Schwarzhändler ein Saboteur; die sollen hängen ohne Gnade und Pardon!«

Aber – das galt natürlich nicht für seine Paladine.

Lasch saß nun als lästiger Störenfried im Gefängnis des Sondergerichtes in Breslau. Nachdem man sich aber auf höchster Ebene geeinigt hatte, konnte Lasch kein öffentlicher Prozeß mehr gemacht werden. Daher ließ ihn Himmler ohne Verhandlung und ohne Urteil am 3. Juni 1942 im Gefängnis erschießen.

Um allen von der SS in Umlauf gebrachten Gerüchten, daß es bald zu einer Abberufung Franks als Generalgouverneur kommen würde, entgegenzuwirken, arrangierte Bormann statt eines offiziellen Dementis am 23. Mai ein Mittagessen in der Reichskanzlei. Äußerer Anlaß war Franks Geburtstag, und ihm wurde die Ehre zuteil, neben Hitler zu sitzen. Als Geburtstagsgeschenk übergab Bormann Frank vor dem Essen einen persönlichen Brief Hitlers, in dem dieser erklärte, das Rücktrittsgesuch Franks nicht anzunehmen, da der Generalgouverneur sein vollstes Vertrauen genieße.

Der Kunstraub in Polen ging auch in Zukunft weiter. Was die Bonzen der Partei nicht zusammenraffen konnten, wurde als Ausstattung für verschiedene deutsche Institutionen verwendet. Mit Ehrerbietung konnte Frank daher dem Führer melden, daß er einige unschätzbar wertvolle Bilder von Leonardo da Vinci, Raffael und Rembrandt der Czartoryski-Sammlung für das »größte Kunstmuseum der Welt«, das nach Hitlers Willen in der Donaustadt Linz entstehen sollte, ausersehen habe.

Die Arme im Nacken verschränkt, liegt Krystyna mit offenen Augen im dunklen Zimmer. Sie kann die Szene im Arbeitsamt nicht vergessen, und Tränen rinnen ihr noch immer übers Gesicht. Sie verspürt keine Lust sich zu bewegen. Die Dunkelheit tut ihr wohl. Tausend Gedanken gehen ihr durch den Kopf. Sie fühlt, wie eine große Müdigkeit langsam ihren Zorn und ihre Angst verdrängt. Sie wird Adam von dem Zwischenfall mit der »Lapanka« erzählen, der »Einfängerei«, wie die Polen diese Razzien der Deutschen nennen. Es ist nicht die erste, die Krystyna miterlebt hat. Schon dreimal ist sie angehalten worden, jedoch jedesmal aufgrund ihres Ausweises wieder freigelassen worden. Aber erst dieses Mal ist ihr so richtig bewußt geworden, daß für die Deutschen alle Polen Freiwild sind.

»Was für Widerstandskämpfer sind wir denn? Wir sitzen und warten und bereiten uns auf eine Stunde vor, von der wir nicht wissen, wann und ob sie kommen wird, während man unsere Landsleute verschleppt ...« Krystyna kann den Satz nicht zu Ende sprechen.

Adam geht im Raum auf und ab, während er Krystyna betrachtet. Mit diesen Fragen wird er ja laufend konfrontiert – er stellt sie sich oft genug selbst. Die unerträgliche Situation fordert zum Handeln heraus. Auch ihm als Leitoffizier fällt es oft schwer, Ruhe zu bewahren, vernünftig zu bleiben, den deutschen Terror – noch – zu ertragen.

»Ich weiß, wir brauchen Geduld …«, sagt Krystyna.

»Geduld! Das ist nicht nur unser Problem – sie macht auch unseren Leuten in London zu schaffen. Es gibt einen Witz: Stalin, Roosevelt und Churchill beraten, wie sie die Deutschen besiegen könnten. Stalin sagt: ›Da brauchen wir drei Dinge: Militär, Geld und Geduld.‹ ›Das geht in Ordnung‹, sagt Churchill, ›Soldaten gibst du, lieber Stalin; Geld geben die Amerikaner und wir geben Geduld.‹«

Krystyna lächelt müde über diesen bitteren Witz; haben doch die Polen auf die englische Karte gesetzt, und die Engländer trösten nun sich und ihre Verbündeten mit Geduld.

»Schau, Krystyna, du weißt doch, worum es geht.«

»Ich weiß es, und wir alle wissen es. Aber bald wirst du die Leute nicht mehr halten können. Wir haben Tausende Aktive und Tausende in der Reserve. Und jeder von ihnen stellt sich die Frage, wann wir endlich losschlagen und – ob er selbst diesen Tag überhaupt noch erleben wird.«

»Das stimmt. Die Zeit arbeitet einerseits für uns, denn – vergiß nicht – die Deutschen müssen einfach den Krieg verlieren, und wir bekommen aus England immer mehr Waffen … Andererseits aber arbeitet die Zeit auch gegen uns, da die Deutschen unser Volk gnadenlos dezimieren. Es ist ein Problem, mit dem sich auch unsere oberste Führung beschäftigt. Wenn wir den Kampf gewinnen wollen, müssen wir die Zähne zusammenbeißen – und auch leiden – du wie alle anderen und ich auch. Wir sind nicht die einzigen – ganz Europa leidet.«

Adam bleibt vor Krystyna stehen und streicht ihr über das Haar. Dann setzt er sein ruheloses Auf- und Abgehen fort, um bald darauf wieder vor ihr stehenzubleiben.

»Schau, mit den Deutschen geht es bald abwärts. Für Gott und Hitler ist die Welt einfach zu klein, einer von beiden wird weichen müssen – und wer, glaubst du, wird das sein?«

Er versucht zu lächeln.

»Ach, ich weiß, es wird Hitler sein. Aber es ist für jeden von uns eine Frage der Nerven. Wie viele Lapankas werde ich noch über mich ergehen lassen müssen, ohne daß ich mich wehren darf?«

»Es stimmt, man muß wohl ein Herz aus Stein haben und Nerven ... Krystyna, reiß dich zusammen! Du hast doch gestern Paul getroffen. Erzähl mir alles genau, du weißt, es ist wichtig. Was meinst du, würde er für uns arbeiten? Er käme uns wie von Gott geschickt.«

»Ich habe noch keine Gelegenheit gehabt, darüber nachzudenken, wie ich das herausbekomme. Fast die ganze Nacht bin ich wachgelegen und habe vor Wut geweint.«

»Ich kann dich verstehen, Krystyna. Aber du kämpfst für eine heilige Sache, und solche Dinge mußt du aushalten. Wenn dein Vater hier wäre, er wäre glücklich zu sehen, wie du deine Pflicht tust. Er würde dir genau dasselbe sagen wie ich, glaube mir.«

Die Erwähnung ihres Vaters bringt Krystyna auf neue Gedanken.

»Mein Vater würde zu diesem Deutschen gehen und ihn niederschlagen. Aber wo ist mein Vater?«

Adam antwortet nicht.

»Weißt du, ich habe mir schon überlegt ... die Deutschen rücken in Rußland immer weiter vor, und eines Tages wird er sich vielleicht melden. Ich habe gehört, daß manche Polen sich wieder gemeldet haben, die 1939 von den Russen gefangengenommen worden sind. Mich würde er ja zu Hause nicht finden, aber meine Tante lebt doch immer noch in ihrer alten Wohnung. Mit ihm wäre für mich alles viel, viel leichter. Vielleicht weiß er auch etwas über meine Mutter.«

Adam sieht ein, daß der Zeitpunkt nicht günstig ist, um mit Krystyna über ihr nächstes Zusammentreffen mit Paul zu sprechen. Er weiß aber, daß dieses Treffen für nächsten Mittwoch verabredet ist.

»Am besten, du gehst jetzt nach Hause und gönnst dir ein paar Stunden Ruhe. Du mußt stark sein, Krystyna. Ich kann dir nicht versprechen – niemand kann das –, daß solche Situationen sich nicht wiederholen werden. Aber du weißt: wir werden es ihnen heimzahlen! Manche Dinge vergißt man nicht, und der Tag der Abrechnung wird kommen. So wahr mir Gott helfe!«

Nachdem Krystyna fort ist, geht Adam zu einer

Besprechung mit Rowecki, dem Chef der AK.[*] Rowecki, ein Mann mittleren Alters, sehr diszipliniert und besonnen, war vor dem Krieg ein unbekannter Oberst der polnischen Armee. Mit seiner Aufgabe ist er gewachsen. Und Roweckis Wunsch ist es, daß sein Deckname »Grot« (»Speerspitze«) für die ganze Bewegung symbolisch werde.

Grot ist sich der Stärke wie auch der Schwäche seiner Verbände im Untergrund bewußt. Die größte Stärke ist die Kraft des polnischen Volkes, das aus einer jahrhundertealten Tradition der Freiheitskämpfe schöpfen kann. Der Gegner jedoch verfügt über eine riesige Anzahl gut ausgebildeter Soldaten, denen es nicht an Waffen und Ausrüstung mangelt. Polens Chance wird erst dann kommen, wenn sich das Kriegsglück gegen die Deutschen gewendet hat. Diese entscheidende Wende wird sowohl durch eine Invasion im Westen als auch durch eine deutsche Niederlage im Osten herbeigeführt werden – voraussichtlich durch beide Ereignisse gleichzeitig.

Die Pläne, die er zusammen mit seinen Generalstabsoffizieren erarbeitet hat, die Vorbereitungen, die er trifft, sind für die Zeit nach dieser entscheidenden Wende des Krieges gedacht. Alle Planungen werden ständig abgeändert und ergänzt, den augenblicklichen Gegebenheiten angepaßt.

»Was bringen Sie Neues, Adam?«

»Herr Oberst, die Ungeduld unserer Leute. Aber

---

[*] AK – Abkürzung für »Armja Krajowa«; die im polnischen Untergrund entstandene »Heimatarmee« war die militärische Organisation der polnischen Exilregierung.

das ist ja nichts Neues. Wie soll man sie denn zurückhalten? Nach jeder Lapanka rufen sie nach einem Vergeltungsschlag – und es fällt mir immer schwerer, sie zu beruhigen.«

Grot fordert Adam mit einer Handbewegung auf, sich an den Tisch zu setzen. Er selbst steht auf und geht hinter Adam auf und ab; er spricht so, als sei er allein im Zimmer.

»... Ich weiß ... alles, was wir tun, was wir den Leuten beibringen, steigert nur ihren Kampfeswillen, den wir dann wieder bremsen müssen. Aber wir können es einfach nicht riskieren, daß wir für einige getötete Besatzer das Leben Tausender Unschuldiger opfern.«

Adam schweigt. Es erscheint ihm sinnlos, Grot zu unterbrechen. Die Antwort, die der Oberst ihm geben müßte, kennt er.

Grot aber scheint seine Gedanken zu erraten.

»Ich weiß, daß das ewige Warten eine Qual ist. Auch für Sie, obwohl Sie natürlich wissen, warum ... und auch für mich, wenn ich ehrlich bin.«

Er setzt sich wieder.

»Sie wissen, daß ich auch die Pflicht habe, Leute, die unüberlegte oder nicht befohlene Aktionen durchführen, die ja in der Regel mehr schaden als nützen, zu bestrafen. Eine militärische Organisation wie die unsere benötigt Disziplin! Und Offiziere wie Sie helfen mir dabei. Natürlich, der Kessel braucht ein Ventil, wenn er nicht überlaufen soll. Von Zeit zu Zeit muß man etwas Dampf ablassen. Daher drücke ich auch manchmal ein Auge zu ... Aber nachher, wenn ich von den Vergeltungsaktionen der Deutschen lese, die Berichte, in denen steht, daß sie ganze Dörfer niedergebrannt, die Bewohner niedergemetzelt oder verschleppt haben, mache ich mir Vorwürfe ...«

Grot macht eine Pause, er ist wieder aufgestanden. Adam hält es für an der Zeit, sich zu verabschieden, doch Grot gibt ihm durch eine Handbewegung zu verstehen, daß er noch bleiben soll.

»In der Vergangenheit habe ich in einigen Fällen versucht, Leute, die die Disziplin gefährdeten, in die Wälder zu schicken, wo sie dann die Deutschen aktiv bekämpfen konnten, ohne daß größere Gruppen unserer Bevölkerung darunter zu leiden hatten.«

»Herr Oberst, ich weiß ...«

Doch Rowecki spricht sofort weiter: »In meinen Berichten nach London habe ich über diese unerträgliche Situation immer wieder Meldung gemacht; denn auch dort soll man ja über die psychologische Verfassung unserer Leute Bescheid wissen. Aber man glaubt jetzt, ich hätte die Geduld verloren. Man hat mich sogar ermahnt ...« Ein bitteres Lächeln umspielt seinen Mund. »Ich weiß natürlich genauso wie die in London, daß wir warten müssen ... bis die Deutschen so schwach sind, daß unsere Verluste voraussichtlich geringer sein werden als ihre. Nur dann haben wir eine Chance. In London haben sie natürlich einen besseren Überblick über das gesamte Kriegsgeschehen. Und der Angriffsbefehl wird sicherlich zum richtigen Zeitpunkt kommen. Nachdem wir so lange gelitten haben, dürfen wir nicht durch Voreiligkeit alles aufs Spiel setzen!«

Adam nickt. Er hat verstanden.

Grot reicht ihm die Hand; lange hält er sie fest.

»Adam, ich hatte kürzlich ein Gespräch mit einem Geistlichen. Er sagte mir etwas, was ich als sehr tröstlich empfand: Auch die dunkelste Nacht hat ein helles Ende.«

Krystyna hat Paul nun schon einige Male getroffen. Er hat ihr von seiner Arbeit erzählt, von seinem Tagesablauf, von den alltäglichen Sorgen. Krystyna stellt keine Fragen. Adam hat gewünscht, daß der Kontakt zu Paul sich langsam weiterentwickeln soll. Manchmal berichtet Paul wertvolle Details, zum Beispiel kleine Informationen über den Dienstbetrieb bei der Gestapo, vor allem über einzelne SS-Führer.

»Ich glaube, es ist dieselbe Bank wie das letzte Mal. Wäre es nicht besser, wenn wir uns eine andere suchten?«

»Was haben Sie denn gegen diese Bank?« fragt Paul lächelnd.

»Gegen die Bank habe ich nichts. Aber vielleicht hat uns jemand das letzte Mal beobachtet?«

»Niemand hat uns beobachtet. Ihre Vorsicht ist vollkommen unnötig – außer, Sie haben einen Bräutigam, der uns auflauern könnte.«

Krystyna schweigt eine Weile. Dann blickt sie Paul an und sagt mit fester Stimme: »Ich habe keinen Bräutigam! Da droht also keine Gefahr. Entschuldigen Sie bitte meine Nervosität, Sie wissen ja nicht, was sich nach unserem letzten Treffen noch alles ereignet hat.«

Und Krystyna erzählt von der Lapanka; sie erzählt in allen Einzelheiten.

Wie versteinert sitzt Paul neben ihr. Er unterbricht sie kein einziges Mal. Erst als sie innehält, sagt er: »Bitte, schildern Sie mir das alles ganz genau. Sie brauchen sich vor mir kein Blatt vor den Mund zu nehmen. Je mehr ich über diese Dinge höre, desto mehr hasse ich das alles ...«

Als Krystyna von den erpresserischen Annäherungsversuchen des Abteilungsleiters im Arbeitsamt berichtet, unterbricht er sie: »Kennen Sie vielleicht den Namen dieses Mannes?«

»Nein. Ich könnte ihn vielleicht in Erfahrung bringen ... aber ist denn das so wichtig? Er ist ja nicht der einzige ...«

»Für mich könnte es wichtig sein. Solche Leute sind schließlich auch von denen abhängig, die ich tagtäglich bediene.«

»Der Oberkellner als Rächer!«

Paul weiß nicht, ob er nun gekränkt sein soll oder nicht; schließlich muß er lachen und Krystyna lacht mit ihm.

»Vorgestern im Casino hatte einer von Hahns Leuten – Sie wissen, Krystyna, Hahn ist der Polizeichef von Warschau – ein Flugblatt in der Hand, ein sehr geschickt gemachtes Flugblatt in deutscher Sprache. Er zeigte es einem Mann von der Gestapo. Ich bediente sie gerade und konnte dabei einen Blick auf das Blatt werfen. Die beiden unterhielten sich lang und breit darüber, und der Gestapo-Mann meinte: ›Diese verdammten Polacken! Der Frank glaubt, er wäre mit ihnen fertig geworden. Aber die geben noch lange keine Ruhe!‹ Das Flugblatt muß wirklich gut gemacht gewesen sein, denn sie ärgerten sich sehr darüber.«

Paul nimmt Krystynas Hand.

»Ich weiß nicht, ob Sie mir glauben, Krystyna. Aber ich habe mich über dieses Flugblatt gefreut.«

Krystyna antwortet nicht.

»Ich kann verstehen, daß Sie skeptisch sind. Sie glauben vielleicht, ich sage das alles nur, um Ihnen eine Freude zu machen.«

Nach kurzer Pause setzt er fort: »Krystyna, Sie kennen mich noch sehr wenig. Vielleicht ist es gut, daß ich in all den Jahren gelernt habe, meine Gedanken für mich zu behalten. Aber nun spreche ich offen, und Sie glauben mir nicht!«

»Paul, wir sehen uns heute das vierte Mal. Und Sie können sich wohl vorstellen, nach dem Erlebnis im Arbeitsamt mußte ich mit mir kämpfen, um überhaupt hierher zu kommen. Mein erster Gedanke war, aus Warschau zu verschwinden und irgendwo in einem Dorf bei einem Bauern unterzutauchen …«

Paul kommt wieder auf den Abteilungsleiter im Arbeitsamt zu sprechen: »Man sollte diesem Menschen einen Denkzettel verpassen. Es gibt doch eine Widerstandsbewegung …« Bei diesen Worten senkt Paul seine Stimme zu einem Flüstern. Krystyna horcht auf; sie ist gespannt, was er nun weiter sagen wird.

»Jedes Kind weiß in Warschau davon. Wir können doch ruhig darüber sprechen.«

Stockend und nach Worten suchend setzt Paul fort: »Sie wissen ja gar nicht, wie zerrissen ich mich fühle, wie ich mir wünsche, ein ganzer Pole zu sein ... Es würde mir dann die Wahl nicht schwerfallen, was ich zu tun hätte. Zu Hause, in Gleiwitz, da war es nur das Problem meiner Mutter – hier wird es jetzt zu meinem eigenen. Halbpole! Wenn beide Eltern Polen wären, so wüßte ich, was ich zu tun hätte – und nicht nur mit Flugblättern!«

»Meinen Sie das ernst?«

»Natürlich! Schauen Sie, wenn das ein fairer Krieg wäre – wenn es überhaupt einen fairen Krieg gibt –, ich würde mich vielleicht beiden Lagern zugehörig fühlen, meiner Herkunft nach. Aber so? Was hier geschieht, ist Terror gegen Wehrlose!«

Krystyna spürt die innere Erregung Pauls. Aber sofort kommen ihr neue Zweifel. Vielleicht ist das nur ein besonders raffinierter Trick, um herauszufinden, ob sie Verbindungen zur Widerstandsbewegung hat.

»Paul«, sagt sie, »Sie sind sehr unvorsichtig. Stellen Sie sich vor, ich kenne einen anderen Deutschen, pardon: einen Deutschen, und erzähle ihm alles, was Sie mir gesagt haben.«

»Das würden Sie doch niemals tun, und täten Sie es doch, dann geschähe mir schon recht, weil ich so vertrauensselig Ihnen gegenüber war. Aber warum sagen Sie so etwas überhaupt? Sie brauchen sich wirklich keine Sorgen um mich zu machen, ich verplappere mich nicht. Und die Nerven werden mir auch nicht durchgehen. Ich bin es gewöhnt, mich zu verstellen. Gut, nun wissen Sie, wie es um mich steht. Jetzt erzählen Sie mir etwas über sich. Sie arbeiten in einer Baufirma, das weiß ich bereits. Aber was ist mit Ihrer Familie?«

Und Krystyna erzählt: von ihrer Jugend, von ihrem Vater, der gefangengenommen wurde und seither verschollen ist, von ihrer Mutter, die man verschleppt hat und von der sie seit Jahren nichts mehr gehört hat; auch von ihrer Tante, der einzigen Verwandten, die ihr noch geblieben ist.

»So sind wir also beide allein«, meint Paul, »nur mit dem Unterschied, daß Sie auf Ihren Vater stolz sein können und hoffen dürfen, ihn bald wiederzusehen, während ich froh bin, wenn ich von meinem Vater nichts höre.«

»Glauben Sie, daß es für mich noch etwas zu hoffen gibt?«

Paul schweigt eine Weile.

»Die Offiziere, die ich bediene, sind absolut siegessicher. Sie sehen sich schon als die Herren der Welt ... Aber ich glaube, daß es Grenzen gibt – denn wenn man seine eigenen Möglichkeiten überschätzt ... nun ja, ich will nicht den Propheten spielen. Aber seit ich Sie kenne, habe ich einen anderen Blick für manche Gäste bekommen – eine noch größere Distanz als bisher ... Ich bin zwar zu unbedeutend, um selbst irgend etwas machen zu können ... aber manchmal weiß ich schon Tage vorher von einer geplanten Lapanka.«

»Würden Sie wirklich – warnen, wenn Sie die Möglichkeit dazu hätten?«

Das »uns«, das Krystyna auf der Zunge gelegen ist,

hat sie gerade noch rechtzeitig hinunterschlucken können.

»Könnte denn das nicht gefährlich für Sie sein?«

Paul denkt nach.

»Vielleicht. Ich würde es trotzdem tun.«

»Offen gestanden, wir – meine Freunde hier und ich – haben uns schon manchmal die Frage gestellt, ob es denn unter all den Deutschen in Warschau nicht einen gibt, der zu uns hält.«

Paul fühlt, daß er jetzt eine offene Antwort geben muß.

»Vielleicht gibt es sogar mehrere – aber einen gibt es sicher, und das bin ich … der Oberkellner im SS-Casino bei der Gestapo in der Aleja Szucha.«

Krystyna reicht Paul wortlos die Hand.

Auf dem Weg zu Adam wiederholt Krystyna in Gedanken das ganze Gespräch, das sie soeben mit Paul geführt hat. Sie weiß, Adam wird alles genau erfahren wollen, jedes Wort, jedes Zögern. Als sie sich daran erinnert, was sie Paul über ihren Vater erzählt hat, lösen die Gedanken an ihn und ihre Familie alle anderen Überlegungen ab. Je mehr sie nachdenkt, desto stärker kommt ihr zu Bewußtsein, wie sehr sie auf sich allein gestellt ist. Durch ihre Erziehung ist sie auf dieses Leben nicht vorbereitet worden. Seit drei Jahren ist sie nun schon ohne ein ständiges Zuhause, ohne Ruhe, immer auf der Hut.

»Janek, ich möchte zu Adam.«

»Da mußt du warten, er ist noch nicht da. Im übrigen haben wir jetzt gleich einen Transport.«

Krystyna drückt sich in einen Winkel der Werkstatt. Nach wenigen Minuten kommen zwei Männer in der Uniform der Angestellten eines Bestattungsinstitutes in die Werkstatt. Durch das Fenster kann Krystyna den Leichenwagen vor dem Haus sehen. In einer Ecke des Raumes steht schon der schwarz lackierte Sarg vorbereitet, den die Träger nun aufheben und hinaustragen. An ihren Bewegungen erkennt Krystyna, daß der Sarg keineswegs leer ist.

Als der Wagen weggefahren ist, fragt Krystyna: »Ist es denn eigentlich noch nie vorgekommen, daß die Deutschen den Leichenwagen aufgehalten und den Sarg kontrolliert haben?«

»Die Deutschen haben Gott sei Dank eine Heidenangst vor einer Seuche; deshalb wollen sie mit den Toten nichts zu tun haben. Bisher haben wir noch keine Schwierigkeiten gehabt. Manche bleiben sogar stehen, wenn unser Wagen an ihnen vorbeifährt, und salutieren. Für unsere Leute ist das natürlich ein Riesenspaß. Nun, es war die beste Idee, die Angst der Deutschen vor Seuchen, vor dem Typhus, auszunützen ... da kommt Adam.«

Janek erstattet Adam Meldung über den durchgeführten Transport. Adam ist zufrieden.

Als Krystyna mit ihm in den Kellerraum hintergeht, merkt sie, daß Adams Zufriedenheit nicht nur mit Janeks Meldung über den gelungenen Transport zusammenhängt; er strahlt jetzt über das ganze Gesicht.

»Hast du gute Nachrichten? Kannst du mir vielleicht

auch etwas erzählen, wenn es kein Geheimnis ist? Ich hätte ein bißchen Aufmunterung nötig.«

»Nun, du kannst so viel erfahren wie alle anderen auch, obwohl ... manchmal ist's gut, weniger zu wissen, es belastet nur. London nimmt eine große Sendeanlage in Betrieb. Und wir werden dadurch viel bessere Kontaktmöglichkeiten haben. Ja, und dann hoffe ich noch, daß wir deinem krummbeinigen Verehrer vom Arbeitsamt eine Lektion erteilen können. So, und jetzt erzähl du mir einmal von deinem Rendezvous mit diesem Paul.«

Krystyna berichtet. Wie üblich gleich zweimal: einmal hastig, ohne sich genau an den Ablauf des Gesprächs zu halten, und dann so, wie Adam es wünscht: sachlich, genau und überlegt.

Als sie ihren Bericht beendet hat, fragt Adam: »Glaubst du, daß er es ehrlich meint?«

»Ja, eigentlich schon. Schau Adam, wenn er böse Absichten gehabt hätte, dann hätte er doch schon längst zugeschlagen. Worauf sollte er denn noch warten?«

»Ja, richtig, und schließlich – warum sollte es unter den Deutschen keine anständigen Menschen geben? Es muß sie geben – auch wenn es schwer zu glauben ist. Aber wir hören ja auch immer wieder von deutschen Beamten, die Anzeigen gegen unsere Leute verzögern oder auch beseiteschaffen, die uns manchmal auch warnen. Erst kürzlich habe ich aus Krakau von einem Fall gehört. Aber das sind natürlich immer nur die kleinen, die so etwas tun; die unbedeutenden, solche wie Paul, wenn er auch nach seinen Informationen an einer wichtigen Stelle sitzt.«

Adam denkt nach.

»Langsam beginne ich wirklich zu glauben, daß er uns von Gott geschickt wurde, damit wir endlich an die dringend benötigten Informationen herankommen. Du wirst sehen, Krystyna, er geht schon noch aus sich heraus. Er wird uns helfen. Es war übrigens gut von dir, nicht sofort auf sein Angebot einzugehen, denn wir können nicht ganz sicher sein. Wenn er gescheit ist – und deiner Erzählung nach scheint er es zu sein –, wird er wissen, daß es für dich schwer ist, mit ihm offen zu reden. Er wird dir noch etwas mehr entgegenkommen. Immer vorausgesetzt natürlich, daß er ahnt, daß du Verbindung zur Widerstandsbewegung hast.«

»Du glaubst, daß er sich für uns entscheiden wird?«

»Ja, das glaube ich; er fühlt sich zu uns gehörig. Und ich meine, es ist auch ein bißchen mehr als nur ein Flirt ... Paul fühlt für Polen!«

Es dämmert. Ein kleines Wehrmachtsauto, in dem ein Oberleutnant und sein Fahrer sitzen, parkt vor einem Haus im deutschen Wohnbezirk Warschaus. Von ihrem Fahrzeug aus haben die beiden Männer freien Blick auf den Haupteingang.

»Da vorne geht er! SA-Uniform und ganz eindeutig O-Beine. Los!«

Der Offizier deutet in Richtung Haustor. Er ist kriegsversehrt, seine bandagierte rechte Hand trägt er in einer Schlinge. Der Fahrer, ein Gefreiter, hilft ihm aus dem Wagen, dann gehen beide zum Haustor und betreten das Haus.

Als der SA-Mann eben seinen Fuß auf die erste Stufe stellen will, fragt ihn der Oberleutnant: »Sind Sie der Fritze vom Arbeitsamt?«

Der braun Uniformierte blickt überrascht auf.

»Jawohl, ich bin Abteilungsleiter im Arbeitsamt. Aber was heißt hier Fritze?«

Kaum hat er den Satz beendet, landet auch schon die bandagierte Hand mitten in seinem Gesicht; die SA-Kappe fällt zu Boden.

»Was erlauben Sie …!« brüllt er auf.

»Ich muß für euch Etappenhengste und Tintenburgritter an der Front mein Leben riskieren, während ihr unseren Frauen nachsteigt! Du Schwein!«

Der nächste Hieb streckt den SA-Mann zu Boden; der Offizier schlägt weiter auf ihn ein, und wenn der am Boden Liegende versucht aufzustehen, erhält er neue Fußtritte. Bald blutet er aus zahlreichen Wunden.

»Ich werde Sie anzeigen … beim Kriegsgericht!« preßt er zwischen den Zähnen hervor.

»Du Schwein, du gemeines! Geh lieber an die Front, dort kannst du deinen Mut beweisen – nicht an den wehrlosen Frauen von Frontoffizieren!«

Eine im Haus wohnende Frau hat den Lärm und die Schreie gehört und kommt die Stiegen hinuntergelaufen. Der Gefreite, der beim Haustor gewartet hat, erzählt ihr, was vorgefallen ist: Der Oberleutnant sei erst vor kurzem aus dem Spital entlassen worden und befinde sich jetzt auf Genesungsurlaub. Da habe er gehört, daß seine Frau, als sie Freunde in Warschau besuchte, von diesem SA-Mann belästigt worden sei.

Inzwischen sind bereits mehrere Hausbewohner zusammengelaufen. Der Abteilungsleiter liegt jetzt bewußtlos am Boden. Der Oberleutnant richtet sich auf und sagt zu den Zivilisten: »Klaubt den Kerl zusammen. Morgen werde ich ihm noch einen Besuch im Arbeitsamt abstatten — mein General wird sich beim Generalgouverneur über ihn beschweren, das schwöre ich euch!«

Dann verläßt er mit dem Gefreiten das Haus. Neben dem ohnmächtig am Boden Liegenden bleibt die Armschlinge des Offiziers zurück.

»Einen doppelten Kognak, bitte!«

Paul schenkt ein. Der SS-Untersturmführer kippt das Glas hinunter, dann öffnet er seine Aktenmappe. Der SS-Hauptsturmführer, der soeben eingetreten ist, spricht ihn sofort an:

»Na, was ist los? Warst du im Spital? Das wird eine schöne Schweinerei geben! Und gleich wird es heißen, die Partei und die Wehrmacht seien einander in die Haare geraten.«

»Ja, ich war im Spital. Drei gebrochene Rippen hat der Arzt festgestellt. Wie ein Mann mit einer verwundeten Hand das gemacht haben könnte, das kann er sich nicht vorstellen. Übrigens scheint der Herr Abteilungsleiter kein sehr heller Kopf zu sein — oder er hat eine Gehirnerschütterung abbekom-

men, als er mit dem Kopf auf den Steinboden auf-
schlug.«

Paul tritt an den Tisch.

»Hauptsturmführer, auch für Sie einen Kognak?«

»Ja, Paul, bring mir einen.«

»Und für mich auch noch einen.«

»Was die dort im Haus alles erzählt haben! Jetzt
wird sicherlich General Haseldorff einen Bericht an
Frank schicken, Frank dann an Krüger und der an
uns. Da geht der Papierkrieg erst recht wieder los.
Nur zu dumm, daß wir den Offizier nicht ausfindig
gemacht haben. Wie's aussieht, ist es einer, der
nicht hier stationiert ist, sondern nur seine Frau abgeholt hat, um mit ihr zurück ins Reich zu fahren … So hat es zumindest die Nachbarin verstanden.«

»Mir hat man heute zu verstehen gegeben, daß die
ganze Sache strengster Geheimhaltung unterliegt.
Klar, der Feind wartet ja nur auf so etwas, was er
dann propagandistisch auswerten kann. Und aus
dem SA-Mann ist plötzlich eine ganze SA-Gruppe
geworden, und der Oberleutnant wird eine Wehr-
machtskompanie …«

Paul steht in der Nähe der beiden und hofft, der ver-
prügelte SA-Mann wäre der Abteilungsleiter vom
Arbeitsamt, von dem ihm Krystyna erzählt hat.
Kaum sind die Kognakgläser geleert, steht Paul
schon wieder hinter den beiden. Er will möglichst alles mithören können.

Zu diesem Zeitpunkt hat auch Krystyna schon die
Neuigkeit durch Adam erfahren.

»Du siehst, Krystyna – jedes kleinste Detail ist wichtig. Die braune SA-Uniform, die krummen Beine – es war schließlich nicht so schwierig, seinen Namen und seine Adresse herauszufinden. Und da wir immer daran denken, alles so zu arrangieren, als wären die Ausführenden solcher Komödien nicht Polen, sondern Deutsche, haben unsere Burschen vom ›Wawer‹ diese kleine Maskerade aufgeführt. Auf die Deutschen macht ja ein kriegsversehrter Offizier immer gewaltigen Eindruck – der Kerl vom Arbeitsamt wird sicherlich noch ganz schön Schwierigkeiten haben.«

»Du meinst, er wird sich das merken?«

»Ganz bestimmt. Und versetzt wird er sicherlich auch noch. Mir haben sie ja die ganze Geschichte noch am selben Abend erzählt. Der so dekorativ verwundete Arm, der steckte in einer Bandage, in der Eisenstücke mit eingearbeitet waren. Du kannst dir vorstellen: ein Schlag mit einem solchen Arm, der gibt aus.«

Krystyna lacht. Nach so langer Zeit endlich eine erfreuliche Mitteilung!

»Ja, ich bin sehr froh, daß uns dieses Husarenstückchen gelungen ist. Erstens die Lektion für diesen miesen Kerl und zweitens läßt sich das wunderbar in der Propaganda ausschlachten. Und wir werden dafür sorgen, daß die Sache bekannt wird. Unsere Nachrichten für die Soldaten an der Front gehen jetzt gerade in Druck – nun, die machen sich dann sicherlich Gedanken über ihre in der Heimat zurückgelassenen Frauen. So was ist der Kampfmoral nicht gerade zuträglich.«

Adam hatte recht. Der Vorfall wurde propagandistisch so gut verbreitet, daß die Deutschen empfindlich getroffen wurden. Bezeichnend dafür ist die Tatsache, daß die psychologische Kriegführung der Deutschen gegen die Engländer später in eine ähnliche Kerbe schlug: Über den alliierten Frontlinien in Italien warfen die Deutschen Flugblätter ab, denen die englischen Soldaten entnehmen konnten, daß sich, während sie an der Front schwer kämpften, die GIs aus den amerikanischen Ausbildungslagern in England mit den englischen Ehefrauen vergnügten. So profitierten die Deutschen von ihren eigenen schlechten Erfahrungen.

In seiner Unterkunft beeilt sich Paul, seine Dienstuniform gegen Zivilkleider zu tauschen; hastig macht er sich fertig, und während er noch seine Krawatte richtet, ist er schon im Stiegenhaus. Er kann Krystyna eine gute Nachricht bringen, und er hofft, sie werde vielleicht sogar etwas früher kommen als verabredet. Paul kommt schon vor der vereinbarten Zeit am Treffpunkt an – und muß warten.
Endlich erscheint Krystyna.
Paul strahlt sie an.
»Ich sehe, Sie sind guter Laune«, stichelt sie. »Irgendeine neue Erfolgsmeldung? Hunderttausend Kriegsgefangene, tausend versenkte Bruttoregistertonnen …?«
Paul ist zu aufgeregt, um auf ihre Worte überhaupt einzugehen oder gar gekränkt zu sein.
»Ich habe gute Nachrichten für Sie.«

Krystyna lächelt. »Ich bin ganz Ohr.«

»Stellen Sie sich vor, Krystyna: der Kerl vom Arbeitsamt, der Ihnen so zugesetzt hat, hat auch die Frau eines Frontoffiziers belästigt – und der hat ihn daraufhin windelweich geprügelt. Jetzt liegt er mit gebrochenen Rippen im Spital. Und außerdem hat er noch ein Parteigerichtsverfahren anhängig, wird dann sicherlich ins Reich zurückgeschickt oder kommt womöglich in ein Strafbataillon! Na, was sagen sie nun!«

»Ach, in diesem Arbeitsamt gibt es sicher viele solche Typen ...«

»Aber er ist bestimmt der Richtige. Die Beschreibung paßt ganz genau. Bei uns im Casino wird seit Tagen von nichts anderem gesprochen.«

Krystyna erkennt, wie recht Adam mit seinen Schlußfolgerungen bezüglich der psychologischen Wirkung dieses »Lausbubenstreiches« gehabt hat. Diese Aktion hat sich wirklich gelohnt.

Paul reißt Krystyna aus ihren Gedanken.

»Eigentlich hätte ja ich diesen Mann verprügeln sollen; für die Art, wie er sich Ihnen gegenüber benommen hat – oder aber, die Polen hätten es machen müssen.«

»Und wenn es tatsächlich Polen gewesen wären?« fragt Krystyna mit einem leisen Lächeln.

Paul sieht sie lange und nachdenklich an.

»Ja, wenn es so ist ... in einem solchen Fall würde ich Sie bitten, mich zu dem Mann zu bringen, der das getan hat«, meint er schließlich. »Ich würde ihm wie einem Bruder danken.«

Krystyna scheint nun der Augenblick gekommen, Paul auf die Probe zu stellen.

»Nun«, meint sie, »in eine Uniform zu schlüpfen und so eine Aktion zu starten, das ist ja nicht besonders schwierig.«

Paul sieht sie teils überrascht, teils erwartungsvoll an; irgendwie spürt er, daß sie über den Vorfall informiert ist, vielleicht weiß sie sogar mehr als er selbst.

»Nun, was wäre, wenn es Polen getan hätten? Widerstandskämpfer?« fragt Krystyna.

»Ich wäre froh, wenn du recht hättest … Entschuldigen Sie: Sie.«

»Nun, das ist nicht so schlimm. Wenn du mir gegenüber ehrlich bist, so darfst du mich gerne duzen. Also – hältst du zu unserer Sache?«

Paul richtet sich ein wenig auf; was er jetzt sagt, das wird von entscheidender Bedeutung für sein weiteres Leben sein.

»Ja, ich halte zu euch. Mit Leib und Seele gehöre ich zu euch …«

Seit dem letzten Gespräch mit Krystyna hat Paul sich stark verändert; zu jedem der Gäste des Casinos ist er nun ausgesucht freundlich und zuvorkommend, und er versucht, sich auf jede nur erdenkliche Weise unabkömmlich zu machen. Mit auffallender Aufmerksamkeit bedient er die Gäste, die diese fast übertriebene Freundlichkeit des Kellners keineswegs stört. Das Casino, in dem die Funktionäre der SS und der nationalsozialistischen Verwaltung des

Generalgouvernements unter sich sind, ist wohl der beste Umschlagplatz für Informationen aller Art. Und Paul weiß: sein Posten hier ist der eines Lauschers.

An diesem Morgen gibt es im Casino hohen Besuch. Es haben sich der SS-Polizeiführer von Lublin, Odilo Globocnik, und der SS-Oberführer Bierkamp angesagt. Beide in Begleitung ihrer Adjutanten.

Schon ist Paul bei ihnen und serviert Getränke; dann bleibt er ganz in der Nähe stehen – »Zu Ihrer Verfügung« –, in korrekter Haltung, wie es sich für einen SS-Mann geziemt.

Die Unterhaltung der Runde ist ziemlich laut, so daß nicht nur Paul, sondern auch die Gäste an den anderen Tischen mithören können. Doch Globocnik und Bierkamp stört das offensichtlich nicht.

Bierkamp äußert sich über den polnischen Widerstand.

»Der Frank weigert sich, die polnischen Lebensmittelrationen hinunterzusetzen. Er sagt, die Wirtschaft braucht die Leute; und wenn sie nichts zu essen hätten, dann könnten sie auch nicht arbeiten. Vielleicht hat er recht, aber das ist dann seine Sache. Wir sehen die Sache in einem anderen Licht, und daher sind wir der Meinung ...«

Bierkamp blickt in die Runde, um sich der Zustimmung der anderen zu versichern.

»Ich sage«, fährt er mit gewichtiger Miene fort, »hungernde Menschen denken ständig daran, wie sie ihren Hunger stillen können und verbrauchen dadurch ihre ganze Energie. Das haben wir am Beispiel der Juden gesehen ...«

Dabei macht er eine Kopfbewegung in Richtung Globocnik, die dieser mit einem geschmeichelten Lächeln quittiert.

»Sie sind dann zu nichts anderem mehr fähig.«

»Was die Juden betrifft«, fällt Globocnik ein und schwenkt dabei sein volles Kognakglas, »was die Juden anbelangt, so hat der Oberführer vollkommen recht. Aber hierfür wird ja ohnehin glänzend gesorgt.«

Sein Adjutant unterdrückt kaum das Lächeln.

»Mit den Polen aber ist das eine andere Sache – eine verdammt knifflige Angelegenheit. Wir brauchen sie als Arbeitskräfte, das ist klar. Und obwohl ich den Frank auch nicht gerade ins Herz geschlossen habe, muß ich gestehen, daß er in diesem Fall recht hat.«

»Das heißt also«, unterbricht ihn Bierkamp, »sie dürfen nicht hungern, damit sie arbeiten können. Aber andererseits, wenn sie keinen Hunger haben, kommen sie auf dumme Gedanken. Sehen Sie, mein lieber Globus ...«

Bierkamp machte eine kleine Kunstpause. Alle in der Runde wissen, daß dieser Spitzname für Globocnik von Himmler stammt, der slawische Namen nicht ausstehen kann.

» ... wie kommen wir nun aus diesem Teufelskreis heraus? Ich kenne Ihre diesbezüglichen Vorschläge und auch die Absichten des Reichsführers – aber in Berlin ist man noch nicht so weit. Das ist noch Zukunftsmusik ... und Frank wird da auch nicht mitmachen wollen.«

Globocnik will die Arbeitskraft von Polen und Juden so weit wie nur möglich ausnützen. Globocnik, der von Kärntner Slowenen abstammt, übertrifft viele seiner nationalsozialistischen Gesinnungsgenossen an Grausamkeit und Brutalität und tut alles, um die ohnehin scharfen Maßnahmen gegenüber den Polen noch zu überbieten – vielleicht um seine slawische Herkunft vergessen zu machen.

»Der Krieg steht jetzt günstig«, meint Globocnik, »bald liegt der Russe ganz am Boden, und dann brauchen wir in unseren Rüstungsbetrieben nicht mehr so viel zu produzieren. Daher brauchen wir natürlich auch weniger polnische Arbeiter.«

»Das wäre die einfachste Lösung«, stimmt Bierkamp zu. »Aber im Augenblick fordern die Arbeitsämter und die anderen Dienststellen ständig neue Arbeitskräfte an; noch dazu haben wir hier in Warschau sehr viele Rüstungsbetriebe. Wie kann man denn Zehntausende Arbeiter, die wir für die Fabriken brauchen, in ihrer Freizeit überwachen? Da ist es doch kein Wunder, daß sie sich organisieren.«

Globocnik sieht durch die Bemerkung Bierkamps offensichtlich seine eigene Tüchtigkeit in Frage gestellt: »Bei mir in Lublin«, sagt er, wobei er das »bei mir« betont, »da habe ich Ordnung geschaffen. Natürlich gibt es da weniger von diesem Banditenpack als hier in Warschau, trotzdem: es sind noch immer viel zu viele. Ich habe mir gesagt: Habe ich zu wenig Leute, die Polnisch verstehen, dann muß es eben weniger Polacken geben, die wir überwachen müssen. Ihr versteht, was ich meine?«

Natürlich haben alle verstanden.

»Dieses Rezept wäre ja auch nach meinem Geschmack«, meint Bierkamp. »Aber das führt uns wieder zu Frank zurück ...«

»Reden wir doch nicht von ihm«, unterbricht ihn Globocnik, »nicht er hat zu bestimmen, was geschieht, sondern der Reichsführer.«

»Ja, der würde schon in unserem Sinn entscheiden; aber er muß ja wieder auf die Ministerien Rücksicht nehmen, und die rennen dem Führer die Türe ein. Daher ist man in Berlin nicht schlüssig, wie man die Polen behandeln soll – und dann verlangt der Reichsführer von mir Vorschläge! Die einen brauchen die Polen, die anderen wollen sie so schnell wie möglich loswerden ...«

Paul ist klargeworden, daß er Zeuge eines historischen Gesprächs ist; auf Polen kommen schwere Zeiten zu. Von den Zwistigkeiten zwischen Frank und der SS hat er ja schon seit langer Zeit gehört, aber es waren immer kleine SS-Führer gewesen, Adjutanten, die in Gesprächen über die Zivilverwaltung ihrem Ärger Luft gemacht haben.

Paul sieht sich in dem für ihn fremden Raum um; er ist allein. Die ganze letzte Woche hat er über die heutige Verabredung nachgegrübelt. Und jetzt empfindet er so etwas wie Lampenfieber.

Einige Male sind ihm Zweifel gekommen, ob er nicht davor steht, Verpflichtungen einzugehen, denen er dann vielleicht nicht gewachsen sein wird. Doch immer, wenn ihn diese Gedanken bedrückten, hat er an Krystyna gedacht. Sie verkörpert in seinen Augen das Polentum mit all seinen guten Seiten – so wie früher seine Mutter.

Das Gespräch zwischen Globocnik und Bierkamp hat bei Paul alle Zweifel über die Richtigkeit und Zulässigkeit seines Handelns beseitigt. Er kann einfach nicht länger tatenlos zusehen, wie Millionen Polen unter deutschem Joch leiden.

Paul war überrascht, als Krystyna ihm mitteilte, er werde heute mit ihr an einen ihm unbekannten Ort fahren. Mit gemischten Gefühlen hat er dann den Lastwagen bestiegen; nur die Tatsache, daß Krystyna bei ihm war, hat seine Bedenken etwas zerstreut.

»Es ist aus Sicherheitsgründen besser, daß du nicht weißt, wo du warst«, hat Krystyna zu ihm gesagt. Man hat ihm nicht die Augen verbunden, wofür er sehr dankbar war, sondern sie waren kreuz und quer durch Warschau gefahren, bis er jede Orientierung verloren hat. Nun sitzt er in diesem Raum und wartet.

Plötzlich geht die Türe auf, und Krystyna tritt in Begleitung eines Mannes ein – es ist Adam. Paul steht sofort auf.

»Sie sind also der ›Oberleutnant‹? Ich bin sehr glücklich, Sie kennenzulernen. Darf ich Ihnen danken?«

»Sie dürfen alles – nur bin ich nicht der ›Oberleutnant‹. Das war ein Freund von mir. Aber ich nehme Ihren Dank gern für ihn entgegen.«

Paul ist etwas enttäuscht; Krystyna bemerkt es, und zu Paul gewendet sagt sie: »Paul, ich habe meinem Freund hier – und er ist auch deiner, glaub mir – von allen unseren Gesprächen erzählt. Er weiß alles, was ich weiß, und er vertraut dir genauso wie ich. Er war es auch, der wollte, daß ich dich hierher bringe.«

Und nach einer kurzen Pause setzt sie fort: »Ich möchte dir übrigens eines im vorhinein sagen, Paul: Du hast keinerlei Verpflichtungen uns gegenüber. Wir bringen dich nachher auf demselben Weg, den du hergekommen bist, zurück – und wenn du willst, dann kannst du alles, was bisher geschehen ist, vergessen. Wir würden uns lediglich an einen Mann in deutscher Uniform erinnern, der nicht die Kraft hatte, aus dem Wissen um seine polnische Abstammung die Konsequenzen zu ziehen.«

Krystyna ist über ihre Worte, die sie mit Nachdruck gesprochen hat, selbst erstaunt; eigentlich wollte sie bei dem Gespräch zwischen Adam und Paul nur Zuhörerin sein.

Adam lächelt Krystyna zu, ihre Worte haben ihm gefallen.

Paul blickt Adam prüfend an. Adam scheint ein nüchterner Mensch zu sein; sein Gehaben ist das eines Mannes, der gewohnt ist, andere zu führen, seine Bewegungen verraten den Offizier.

»Paul, Sie sagten Krystyna, daß Sie möglicherweise in der Lage seien, vielen unglücklichen Menschen zu helfen ... Sie könnten vor Razzien und Ähnlichem warnen. Nun, wenn diese Aktionen in Ihren Augen Unrecht sind ...«

»Natürlich sind sie Unrecht. Und ich will mein Bestes tun, es zu verhindern. Sie dürfen allerdings von mir keine allzu wichtigen Informationen erwarten.

Ich arbeite ja nur als Kellner im SS-Casino.« Adam gefällt die offene Art Pauls.

»Sie sitzen schon an der richtigen Quelle. Alles, was bei den Deutschen unter ›geheime Kommandosache‹ oder ›geheime Reichssache‹ und ähnlichen Geheimhaltungsvermerken läuft, das plaudern doch die Leute gerade im Casino aus, wenn sie unter sich sind. Und für die sind Sie und auch Ihre Kollegen doch nicht viel mehr als Einrichtungsgegenstände.«

Paul muß lachen: »Das haben Sie ganz richtig gesagt. Ich könnte fast glauben, Sie waren schon im Casino. Ich habe wirklich oft den Eindruck, als ob die Gäste sozusagen durch mich hindurchblickten. Sie bemerken mich nur, wenn sie etwas wollen, und da kommt es schon vor, daß man Dinge hört, die in keiner Zeitung zu lesen sind. Erst vor drei Tagen haben hohe Tiere im Casino recht offen geplaudert …«

»Darf ich fragen, wer diese Leute waren und worüber sie gesprochen haben?«

Paul blickt kurz Krystyna an und sagt: »Es waren Globocnik und Bierkamp. Sagen Ihnen diese Namen etwas?«

»Und ob. Sie zählen ja zu unseren größten Feinden. Wo immer es eine besondere Schweinerei gibt, stecken diese zwei Mörder dahinter.«

Eine Weile schweigen alle drei. Paul ist es schließlich, der wieder zu reden beginnt; er erzählt von dem Gespräch, das er im Casino mitangehört hat.

Adam hört aufmerksam zu, ohne ihn zu unterbrechen. Er stellt keine Fragen, denn Paul berichtet sehr ausführlich.

»Wir gehen also einer schönen Zukunft entgegen, wenn es nach dem Willen dieser Herrschaften geht«, meint Adam, nachdem Paul seinen Bericht beendet hat. »Aber wenn wir rechtzeitig informiert werden, dann trifft es uns wenigstens nicht so unvorbereitet. Den Globocnik, den habe ich einmal in Lublin gesehen. Und den Bierkamp, den kenne ich – leider – nur vom Hörensagen; und es ist nicht gerade das Beste, was ich über ihn gehört habe.« Der ironische Unterton in Adams Stimme ist nicht zu überhören.

»In der SS genießen beide ein sehr hohes Ansehen.«

»Das wundert mich nicht. Bei ihnen sind ja alle Maßstäbe umgekehrt; der größte Verbrecher, der hat die größte Bewunderung.«

Adam hält einen Augenblick inne.

»Ja, deswegen … deswegen kann ich mir einfach nicht vorstellen, daß das Böse auf Dauer bestehen kann. Wenn dem so wäre …«

Adam beendet den Satz nicht.

Paul nickt. »Wenn dem so wäre, wozu dann alles – wozu überhaupt leben? Wissen Sie, ich habe diesen Globocnik beobachtet, wie er sich in Pose setzt, während er spricht … Kellner haben für diese Dinge ja einen geübten Blick, und aus solchen Kleinigkeiten läßt sich der Charakter eines Menschen oft beurteilen. Und ich kann Ihnen sagen, wenn der Globocnik wirklich der ›Globus‹ wäre, wie ihn Himmler so gerne nennt, dann wäre das eine sehr traurige Welt.«

»Paul«, sagt Adam, »ich glaube, wir beide haben dieselbe Überzeugung. Wir leben in einer schrecklichen Zeit.

Adam blickt Paul in die Augen.

»Wissen Sie, ich habe schon oft mit meinen Freunden darüber gesprochen: Die Vernichtung der Juden, wie wir sie jetzt erleben, ist ja nur die erste Stufe. Als nächstes sind dann wir dran – und wenn es einmal keine Polen mehr gibt, dann wird die Vernichtungsmaschinerie nicht plötzlich stillstehen können. Mit der Zeit wird sie zum Selbstzweck werden. Denn die Mörder wollen nicht arbeitslos werden!«

Paul nickt zustimmend.

»Vielleicht wird man schließlich beginnen, die eigenen Volksgenossen in Lebenswerte und nicht Lebenswerte einzuteilen. Ich wage zu bezweifeln, ob es eines Tages die Elite des deutschen Volkes sein wird, die übrigbleibt. Die Geschichte liefert uns ja genügend Beispiele für ähnliche Entwicklungen. Denken Sie an die Französische Revolution, als sich viele Adelige auf die Seite der neuen Herren schlugen und gegen ihre Standesgenossen die ärgsten Grausamkeiten verübten ... nur, um dann schließlich selbst auf der Guillotine zu enden. Und auch in der Sowjetunion sind viele hohe Parteifunktionäre den Säuberungen zum Opfer gefallen, Aktionen, die sie selbst eingeleitet hatten.«

Und nach einer kleinen Pause: »Ich habe soeben versucht, das auszudrücken, was Sie, Paul, ebenso empfinden wie wir. Sie mögen Ihr Polnisch anders sprechen als wir, aber Ihr Herz schlägt genauso wie unseres für Polen. Und ich glaube, es wird einmal der Tag kommen, da werden Sie in Gedanken zu Ihrer Mutter sagen können: ›Schau, Mutter, ich habe dich nicht verleugnet!‹«

Es ist eine typische Eigenschaft der Polen, daß sie, einmal von nationalen Gefühlen übermannt, aus sich herausgehen und ihre patriotischen Empfindungen in Worte kleiden, die für Nichtpolen unerhört pathetisch und theatralisch klingen mögen. Doch kommen den Polen diese Worte und die großen Gesten von Herzen. Es ist sicherlich das polnische Erbteil Pauls, daß ihm bei den Worten Adams die Augen feucht werden. Auch Krystyna ist bewegt. Wie beginnt doch die polnische Nationalhymne: »Noch ist Polen nicht verloren ...«

Adam und Krystyna warten, ob Paul sprechen wird. Erst nach einem tiefen Atemzug sagt er: »Ich bin ein einfacher Mensch; ich habe wenig Schulbildung, nur, was ich in meinem Beruf gelernt habe und die paar Bücher – das ist praktisch alles, was ich weiß. Aber ich habe viel nachgedacht; und ich habe schweigen lernen müssen – mit wem hätte ich auch sprechen sollen?« Er lacht etwas verlegen. »Bisher haben wir mit großer Zurückhaltung gesprochen. Aber jetzt können wir doch endlich ganz offen reden ... ich werde euch helfen, wo ich nur kann, natürlich mit der nötigen Vorsicht.«

Kurz unterbricht Adam: »Geh, Krystyna, bring uns etwas zu trinken!«

Die beiden Männer bleiben sitzen und blicken einander wortlos an. Nach wenigen Augenblicken kommt Krystyna mit einer halbvollen Flasche Wodka und Gläsern, in die sie einschenkt. Paul nimmt ein Glas und sagt: »Ich habe niemanden, um den ich mich kümmern kann, und auch keinen Menschen, der sich um mich sorgt. Wenn mir etwas zustieße, mein Vater hätte sofort eine passende Erklärung: der Sohn einer Polin, das fremde Blut. Seit sie an der Macht sind, wird immer nur von Blut geredet. Und seither fließt es auch.«

Sie prosten einander zu.

»Wissen Sie übrigens«, beginnt Adam von etwas anderem zu sprechen, »daß Sie ziemlich gut Polnisch sprechen – für jemanden, der so lange aus der Übung ist! Das beweist, daß Sie ein gutes Gedächtnis haben – für uns sehr wichtig. Der Krieg wird ja heute nicht nur mit Waffen geführt, sondern auch mit Worten; Propaganda, Stimmungsmache unter der Bevölkerung, das gehört alles dazu. In einem modernen Krieg gibt es mehrere Fronten. Und dort, wo wir kämpfen, da hat die Frontlage zwischen den gegnerischen Armeen keinen entscheidenden Einfluß.«

Er macht eine kleine Pause.

»Sehen Sie, Paul, wir müssen mit den Mitteln kämpfen, die wir besitzen. Gut, sie mögen im Augenblick nicht wirkungsvoll erscheinen; andere stehen uns aber leider nicht zur Verfügung. Und immer sind wir gezwungen zu improvisieren ... Natürlich, wir können auch eines Tages verlieren. Aber wir werden uns nicht in der Art geschlagen geben, wie sich das Globocnik und seine Helfershelfer vorstellen ... Ich bin ehemaliger Offizier. Ich war Leutnant. Aber Sie werden unsere Leute auf der Straße von allen anderen nicht unterscheiden können ... wir passen uns dem Leben an. Aber wir haben weder uns noch unser Land aufgegeben, auch wenn wir im Untergrund arbeiten müssen. Und Sie? Wenn Sie heute gesagt hätten, daß Sie uns nicht helfen können – nun, ich hätte deswegen nicht schlecht über Sie gedacht. Denn nur ein Teil unseres Volkes ist aktiv; die anderen helfen uns oft nur dadurch, daß sie schweigen. Wir brauchen auch sie, wir brauchen alle – nur nicht die Gleichgültigen! Ich bin froh, daß Sie ab heute zu uns gehören, in einer ganz besonderen Position. Keiner von uns wird Sie ersetzen können ...«

Adam spricht sehr langsam und mit Nachdruck: »Alles, Paul, was Sie hören, kann für uns von Nutzen sein. Denn alle Informationen, die uns zugehen, sind kleine Steinchen in einem Mosaik. Und gerade die Steinchen, die Sie uns geben können, haben uns bisher fast gänzlich gefehlt. Ja, alles, was Sie hören, ist für uns wichtig. Und wenn es nur ein Witz ist, den sich die Deutschen erzählen, oder eine kleine Begebenheit. Ein Witz kann heute die Sprengkraft einer Bombe haben ...«

Adam steht auf und reicht Paul die Hand. Sie umarmen einander. »Und das ist nicht nur für den ›Oberleutnant‹«, sagt Paul zu Adam.

Als ihn Krystyna zum Lastwagen zurückführt, weiß Paul, daß er nun endlich seinen Platz gefunden hat.

Rebellion ist ein wichtiger Bestandteil der polnischen Geschichte. Seit der dritten Teilung Polens im Jahre 1795 rebellierten die Polen mehrmals gegen die ihr Land okkupierenden Mächte. Rebellion gegen die Besatzungsmacht ist polnische Bürgerpflicht und wurde nach dem Wiedererstehen des polnischen Staates im Jahr 1918 ein besonders wichtiger Teil des Geschichtsunterrichtes in den Schulen.

Für einen nationalbewußten Polen war es daher etwas Selbstverständliches, daß er seinem im September 1939 untergegangenen Staat Loyalität schuldete – und diese Loyalität konnte nur in den Widerstand gegen die Besatzungsmacht münden. Der spätere Chef des nationalen polnischen Untergrundes, General Bor-Komorowski, drückte das so aus: »Über die Art und Weise, den Kampf fortzusetzen, hatte jeder Pole seine individuelle Entscheidung zu treffen.«

Jedem Polen war in jenen Tagen klar, daß sein Vaterland zwei Feinde hatte: Deutschland und die Sowjetunion, die es geteilt hatten und besetzt hielten. Die Theorie der zwei Feinde und die daraus resultierende Haltung wurde später, als die Sowjetunion von den Deutschen angegriffen wurde und die Sowjets, wenn auch gegen ihren Willen, zu Alliierten Polens wurden, einer harten Belastungsprobe ausgesetzt. Das polnisch-sowjetische Abkommen vom Sommer

1941 löste Diskussionen nicht nur in der polnischen Emigration, sondern auch in der Heimat aus.

Polens Regierung flüchtete im September 1939 nach Rumänien; der polnische Staatspräsident Moscicki demissionierte. Da aber Senatsmarschall Raczkiewicz, laut Verfassung sein Nachfolger, sich damals in Paris aufhielt, war die Kontinuität gewahrt, als sich in der französischen Hauptstadt die Exilregierung formierte. Getragen wurde diese Regierung, deren Hauptaufgabe die Organisation des Widerstandes vom Ausland her sein sollte, hauptsächlich von den bisherigen Oppositionsparteien. Pilsudskis Partei, die »Sanacja«, war darin nicht vertreten, da man ihr die Schuld an der Niederlage Polens anlastete.

Premierminister und Oberbefehlshaber wurde General Wladyslaw Sikorski. Von den Mitgliedern des polnischen Parlaments, die sich im Ausland befanden, wurde der polnische Nationalrat gegründet, der zu seinem Vorsitzenden den 79jährigen, in der Schweiz lebenden berühmten Pianisten Ignacy Paderewski wählte. Später wurde General Sosnkowski, dem der Aufbau der militärischen Untergrundorganisation in Polen zugeteilt worden war, zum stellvertretenden Oberbefehlshaber ernannt. Und noch im Oktober 1939 begann Sosnkowski mit seiner Tätigkeit, die auf der anglo-polnischen Zusammenarbeit im Ausland basierte.

General Sosnkowski nannte die von ihm für Polen geplante Organisation des Widerstandes »Verband für den bewaffneten Kampf (ZWZ)«. Diese Bezeichnung wurde bald darauf im besetzten Polen übernommen.

Denn nach dem ersten Schock, den die militärische Überrumpelung ausgelöst hatte, hatten sich in Polen spontan auf Initiative einzelner politische und militärische Gruppen gebildet, die bereit waren, den Kampf gegen Deutsche und Sowjets fortzusetzen. Erst später kam es zu Verbindungen dieser Gruppen untereinander. Obwohl sie verschiedene Programme vertraten, waren sie doch einig in ihrem Ziel, den Feind zu bekämpfen, und in ihrer Überzeugung, daß Deutschland den Krieg nicht gewinnen könne. Kein Pole kapitulierte in seinem Innersten. Zahlreiche Polen wollten daher den Krieg auch ohne Uniform weiterführen; es sollte ein Krieg der Konspiration werden, ein Krieg, den man in den Militärakademien Polens nicht gelehrt hatte. So mußten die Voraussetzungen für die Auseinandersetzung mit den Okkupanten geschaffen, neue Wege gegangen und Erfahrungen gesammelt werden.

Zur Jahreswende 1939/40 begann die polnische Exilregierung in zwei Nachbarstaaten Polens, nämlich in Ungarn und in Rumänien, mit denen Polen vor dem Krieg durch Freundschaftspakte verbunden war, Basen zu errichten, um mit den konspirativen Gruppen in den besetzten Gebieten leichter Verbindung halten zu können. Da sowohl Ungarn als auch Rumänien das Auslöschen des polnischen Staates nicht anerkannt hatten, blieben die polnischen Konsulate in Budapest und Bukarest weiter bestehen. An diese beiden Konsulate wurden die Stützpunkte der polnischen Untergrundbewegung angegliedert. Um sie vor der ungarischen und rumänischen Geheimpolizei, die eng mit den Deutschen zusammenarbeiteten, verborgen zu halten, erhielt die Basis in Budapest den Codenamen »Romek«, die Bukarester Basis den Decknamen »Bolek«. Später kam noch die Basis »Anna« in Stockholm dazu. Über diese Stützpunkte gingen die Verbindungen vom besetzten Polen zur Exilregierung, die sich zunächst in Paris befand, nach der Besetzung Frankreichs jedoch nach London flüchtete.

Die Namen der geheimen Organisationen in Polen wiesen zumeist auf ihren militärischen Charakter hin, wie zum Beispiel »Polnische Geheimarmee« oder »Verband für bewaffnete Tätigkeit«; andere Organisationen nannten sich »Morgen« oder »Neues Polen« und brachten damit ihre Hoffnung auf die Zukunft des Landes zum Ausdruck. Viele dieser Organisationen, von Leuten ohne Erfahrung auf dem Gebiet der Konspiration geführt, wurden sehr schnell von deutschen oder sowjetischen Sicherheitsbehörden aufgedeckt. Wie auch in anderen von den Deutschen besetzten Ländern Europas war der polnische Widerstand zunächst in zahlreiche Gruppen zersplittert. Im Laufe der Zeit jedoch konzentrierte er sich, nicht zuletzt wegen der besseren organisatorischen Möglichkeiten, auf die Städte, wobei selbstverständlich Warschau überragende Bedeutung zukam. Auch im sowjetisch besetzten Teil Polens war die Resistance vor allem ein städtischer Widerstand; doch gab es hierfür noch andere Ursachen, vor allem jene, daß die Landbevölkerung in den östlichen Gebieten in ihrer Majorität nicht polnischer, sondern ukrainischer Abstammung war.

Wichtigste Aufgabe des vom Ausland her operierenden Widerstandes mußte also die Zusammenfassung all der verschiedenen Untergrundorganisationen sein, um durch koordiniertes Handeln größere Wirkung zu erzielen. Der polnische Oberbefehlshaber Marschall Rydz-Smigly, der sich in Rumänien aufhielt, beauftragte Divisionsgeneral Juliusz Rommel mit dieser Aufgabe, der diesen Befehl an General Michael Tadeusz Karaszewicz-Tokarzewski weitergab. Tokarzewski begann gleich mit den organisatorischen Arbeiten und bestimmte Oberst Stefan Rowecki zu seinem Stellvertreter. Rowecki wurde später die legendäre Gestalt des polnischen Widerstandes und ging in die Geschichte unter seinem Resistance-Namen »Grot« ein.

Die erste Aufgabe war die Gründung einer Rahmenorganisation für die einzelnen Widerstandsgruppen. Sie erhielt den Namen »Dienst für den Sieg Polens (SZP)«.

Tokarzewski und Rowecki gingen dabei generalstabsmäßig vor; sie teilten die konspirative Organisation mit dem Oberkommando in Warschau auf Wojewodschafts- und Landkreiskommandos auf, wobei sich die Widerstandstätigkeit sowohl auf das deutsch als auch auf das sowjetisch besetzte Gebiet erstrecken sollte.

Die Geheimorganisation war sehr gut durchdacht und durch eine Reihe von Tarnmaßnahmen gegen jede Aufdeckung geschützt. Der Aufbau militärischer Streitkräfte und die Spionage gegenüber der Besatzungsmacht wurden als die wichtigsten Aufgaben deklariert. Daneben nahm die Versorgung der polnischen Exilregierung mit Nachrichten von militärischem und propagandistischem Wert, die auch für die Fortsetzung des Kampfes der Alliierten Bedeutung haben sollten, großen Raum ein.

Gleichzeitig wurde versucht, in Polen neben der militärischen Organisation des SZP auch eine Zivilorganisation zu gründen. Es ergaben sich bei der Zusammenfassung aller polnischen Vorkriegsparteien in einem einzigen Verband eine Reihe von Schwierigkeiten. Auch wurde die Kommunistische Partei, die in Polen nicht legal war, in dieser Organisation nicht berücksichtigt. Es war jene Kommunistische Partei, die im Jahre 1938 nach dem Willen Stalins von der Komintern als »trotzkistisch« aufgelöst worden war.

Von vornherein stand fest, daß der militärische Einsatz für einen späteren Zeitpunkt geplant war, nämlich für den Tag, an dem sich die deutsche Armee im Zuge der Kriegshandlungen zurückziehen mußte. Auch wurde die Zahl der Mitglieder mit 500 Personen für jedes Kommando in den Wojewodschaften und Landkreisen begrenzt. Nicht die Quantität, sondern die Qualität der Angehörigen des Widerstandes sollte ausschlaggebend sein; so wurde eine Art Elite als Kader geschaffen. Erst aus diesen zuverlässigen Widerstandskämpfern sollte sich später eine Organisation von militärischer Stärke entwickeln.

Konspirative Grundlage waren Zellen von fünf Widerstandskämpfern, wobei mehrere Zellen eine Sektion bildeten und einige Sektionen später einen Zug formieren sollten; größere Einheiten sollten nicht gebildet werden.

In seinen regelmäßigen Berichten an die polnische Exilregierung konnte Rowecki Mitteilung machen, daß ein Großteil der Bevölkerung Polens Interesse an der Arbeit in der Militärorganisation zeigte. Getreu den Anordnungen Sosnkowskis folgend, erschwerte jedoch Rowecki den Zugang zur Mitgliedschaft im »Verband für den bewaffneten Kampf (ZWZ)«, um sich auf diese Weise vor der Aufdeckung der Organisation durch die Besatzungsmacht zu schützen. Es wäre zu jener Zeit ein leichtes gewesen, eine größere Armee im Untergrund aufzubauen und gegen die Deutschen eines Tages loszuschlagen, doch waren für die Zurückhaltung zwei Gründe maßgebend: Erstens wußte man nach der Niederlage Frankreichs, daß man sich auf einen länger dauernden Krieg vorbereiten mußte; und zweitens fehlte für eine große militärische Organisation die Bewaffnung.

Rowecki alias Grot gelang es auch, in Wilna, das zu Litauen gehörte, wie in Posen und in Thorn, also in den dem Deutschen Reichsgebiet angegliederten Teilen Polens, Widerstandsgruppen zu organisieren. Schon im September 1940 meldete er nach London, daß unter seinem Kommando fast 60 000 aktive Mitglieder des ZWZ standen, darunter 4000 Offiziere und 10 000 Unteroffiziere. Außerdem verfügte er über 80 000 Mann in der Reserve, unter ihnen 300 Offiziere und 6000 Unteroffiziere.

Die Aufgaben der Widerstandsbewegung in Polen bestanden in Sabotage gegen Eisenbahntransporte, vor allem gegen die in jenen Tagen aus der Sowjetunion nach Deutschland laufenden Transporte von Rohöl, Kohle und Getreide; in verstärkter Sabotage gegen alle Verkehrswege, die den Charakter eines Partisanenkrieges annehmen sollte; drittens in Strafmaßnahmen gegen Angehörige der Besatzungsmacht, um sie auf polnischem Boden unsicher zu machen; und schließlich in der Vollstreckung von Todesurteilen wegen Verrats und Denunziation.

Rowecki war bestrebt, zu Sabotage- und Spionagezwecken vor allem Polen zu gewinnen, die etwa bei der Eisenbahn arbeiteten oder als Werkmeister in deutschen Rüstungsbetrieben. Auf diese Weise konnte man allen Sabotageakten leicht den Charakter des Zufalls geben, was die polnische Bevölkerung vor Repressalien schützte. Außerdem sollten die Deutschen glauben, daß die Sabotage aus ihren Reihen komme. Es gab nämlich schon damals die ersten Ansätze für eine deutsche Widerstandsbewegung, was auch in Polen nicht unbekannt war.

Nach jedem erfolgreichen Sabotageakt war Rowecki einem sehr starken Druck seiner Untergebenen ausgesetzt; sie forderten immer wieder neue Sabotageakte. Doch Rowecki behielt einen kühlen Kopf, und seine Stimme war immer die der militärischen Vernunft. Er konnte abwägen, wie weit man gehen konnte, und wußte, daß seine Organisation für Sabotageakte in größerem Rahmen noch zu wenig technisches Material wie TNT und andere Sprengstoffe hatte.

Im Februar 1942 wurde das ZWZ umgebildet und die »Armja Krajowa (AK)«, die »Heimatarmee«, geschaffen; in der »AK« waren alle Untergrundgruppen mit Ausnahme der Kommunisten und der ultrarechten NSZ vereinigt. Was Anzahl und Tätigkeit ihrer Mitglieder betrifft, verkörperte die »AK« mindestens 90 Prozent des polnischen Widerstandes.

Den Deutschen blieb das Vorhandensein einer so großen Organisation, wie es das ZWZ war, natürlich nicht verborgen. Um die Angehörigen und Mitglieder der Untergrundbewegung ausfindig zu machen, bedienten sich die deutschen Dienststellen verschiedener Methoden. Sie fanden unter den Angehörigen der polnischen Polizei vor 1939 Provokateure und Zuträger, sie zwangen Verhaftete durch Androhung von Maßnahmen gegen die Familie oder durch Folterungen zur Mitarbeit. Im Frühjahr 1942 gelang es der Gestapo, etliche Widerstandskämpfer zu verhaften. Mitverantwortlich für diese Verhaftungen waren Polen, die im Dienste deutscher Polizeistellen standen.

Diese Provokateure zu entlarven und auszuschalten wurde zunächst eines der wichtigsten Ziele des polnischen Widerstandes. Vertreter des Oberkommandos des ZWZ in Polen und aus dem Exil, Vertreter der Basen und andere Angehörige der Untergrundbewegung kamen deshalb Ende Mai 1940 in Belgrad zu einer Konferenz zusammen, bei der unter anderem beschlossen wurde, in der Heimat gegen Verräter Gerichte einzusetzen.

Es gab fünf Deliktgruppen, über die diese Gerichte zu entscheiden hatten: Provokation, Denunziation, Spionage für den Feind, Verrat und Verbrechen gegen die Zivilbevölkerung. In der Regel wurden die Angeklagten entführt und vor ein Gericht der Untergrundbewegung gestellt. In den Untergrundzeitungen wurden dann die Urteile gegen diese Personen veröffentlicht, und durch Plakate wurden sie der Bevölkerung mitgeteilt.

Mit der Zeit hatten es daher die Deutschen immer schwerer, unter den Polen Agenten zu finden; oft drehten sich diese Agenten auch um, oder es wurde ihnen von der polnischen Untergrundbewegung nahegelegt, auch für den Untergrund zu arbeiten, um ihr Leben zu retten. Diese Doppelagenten lieferten dann der polnischen Untergrundbewegung in vielen Fällen entscheidende Informationen über deutsche Dienststellen.

Auch über Angehörige der deutschen Besatzungsmacht wurden solche Gerichte – natürlich in Abwesenheit der Angeklagten – abgehalten und Urteile gefällt. Vollstreckt wurden die ersten aber nicht vor April 1943. In dieser Zeit häuften sich die Untaten der SS, des SD und der Polizei im Generalgouvernement, und der Wettlauf des Terrors und der Greueltaten zwischen SS (Krüger) und Zivilverwaltung (Frank) hatte sich verschärft.

Fast jede Woche fanden öffentliche Hinrichtungen von Polen auf den Plätzen Warschaus statt, wobei die Zahl der Hingerichteten manchmal auch ein Dutzend und mehr betrug. Solche öffentlichen Hinrichtungen sollten der polnischen Bevölkerung zeigen, wer im Generalgouvernement der Herr war und wie wenig ein polnisches Leben wert war. Nach der Exekution transportierte dann die SS oder die Schutzpolizei die Hingerichteten ab; auf den Plätzen blieben Blutlachen zurück. Nach solchen Exekutionen dauerte es nicht lange, da kamen von überall her Menschen mit Blumen und legten sie an der Hinrichtungsstätte nieder; viele knieten nieder und sprachen Gebete.

In jenen Tagen sah das Kommando der »AK« die Zeit gekommen, gegen alle Deutschen, die sich besonders grausam gegenüber der polnischen Bevölkerung verhielten, einen Nervenkrieg zu beginnen. Dieser psychologische Krieg gliederte sich in mehrere Abschnitte: Zunächst erhielt der betreffende Deutsche von der polnischen Untergrundbewegung mit der Post eine schriftliche Warnung zugeschickt, worin zu lesen war: »Wir beobachten Sie schon seit längerer Zeit. Wir kennen Ihre Lebensgewohnheiten genau. Wenn Sie Ihre Tätigkeit gegenüber der polnischen Bevölkerung wie bisher weiterführen, wird sich ein Gericht der polnischen Untergrundarmee mit Ihrem Vorgehen befassen. Sie haben sechs Wochen Bedenkzeit. Wir werden Ihre Schritte weiter genau beobachten.«

Die deutschen Empfänger solcher Briefe reagierten darauf in der verschiedensten Weise; manche bekamen es mit der Angst zu tun und hielten sich von weiteren Ausschreitungen gegenüber Polen fern; andere ließen sich, nachdem sie den Brief dem deutschen Sicherheitsdienst übergeben hatten, von Kriminalbeamten bewachen. Der Sicherheitsdienst versuchte, in seinen Laboratorien herauszufinden, auf welcher Art von Papier der Brief geschrieben wurde, ob Fingerabdrücke zu entdecken waren, wo der Brief aufgegeben worden war, um den oder die Absender aufindig machen zu können. Andere Deutsche wieder warfen den Brief der polnischen Untergrundbewegung einfach in den Papierkorb und setzten unbekümmert Grausamkeiten und Greueltaten fort.

Wenn nun die Frist von sechs Wochen abgelaufen war und der Deutsche sein unmenschliches Verhalten gegenüber den Polen nicht geändert hatte, bekam er mit der Post sein Todesurteil zugestellt. Und einige Tage danach wurde dem Mann brieflich sogar mitgeteilt, wann dieses Urteil vollstreckt werden würde.

Es sprach sich natürlich bald herum, daß einige Deutsche Todesurteile von der polnischen Untergrundbewegung erhalten hatten. Allein durch dieses Gerücht – offiziell wurden solche Todesurteile an Deutsche von deutschen Dienststellen nie bestätigt – wuchs die Unsicherheit und Angst unter den Deutschen. Das ging sogar so weit, daß Unfälle, sei es ein Autounfall oder auch ein Unfall am Arbeitsplatz, von den Deutschen im Generalgouvernement sofort in Zusammenhang mit einem dieser Todesurteile der polnischen Untergrundbewegung gebracht wurden.

In der Tat wurden einige solcher Todesurteile durch die polnische Untergrundbewegung vollstreckt. Darunter eines gegen einen der größten deutschen Verbrecher im Generalgouvernement, gegen den SS-Standartenführer Franz Kutschera, als dieser gerade in seinem Auto das Gebäude der Gestapo in Warschau verließ.

Diese Todesurteile der Untergrundbewegung hatten bestimmt eine positive Wirkung in bezug auf die Behandlung der polnischen Bevölkerung durch die Deutschen. Denn wenn es um das eigene Leben ging, versuchten doch manche der unmenschlichen SS-Führer und Gestapo-Leute, ihre Versetzung aus Polen zu erreichen; andere änderten zumindest ihr Verhalten gegenüber den Polen.

Die militärischen Aktionen der polnischen Widerstandsbewegung wurden ergänzt von den Waffen der Propaganda, für die vor allem die Spezialaktion »N« zuständig war. »N« bedeutete »Niemcy« und ist der polnische Name für Deutsche. Die Aktion »N« war eine Unterabteilung des »BIP«, des Büros für Information und Propaganda. Dieses Büro unter der Leitung von Oberst Jan Rzepecki befaßte sich mit Propagandaschriften, die einerseits Verwirrung unter den Deutschen stiften sollten und andererseits die Aufgabe hatten, die polnische Bevölkerung zu informieren. Der Leiter der Spezialaktion »N« war Hauptmann Tadeusz Zenczykowski, der in der Resistance unter mehreren Decknamen bekannt war, hauptsächlich aber unter dem Namen »Kowalik«.

In der Aktion »N« arbeiteten zeitweise bis zu 400

Mitglieder. Diese Gruppe war doppelt abgeschirmt; erstens gegenüber den Deutschen und zweitens gegenüber den anderen Abteilungen der polnischen Untergrundbewegung; denn ihre Propagandaarbeit zählte zu den wichtigsten Aufgaben im Untergrund. Wie gut die Aktion »N« nach allen Seiten abgesichert war, macht die Tatsache deutlich, daß der Geheimdienst der polnischen Untergrundbewegung des öfteren »deutsche, antinazistische Propagandaschriften« der Zentrale vorlegte, um sie ins Polnische übersetzen zu lassen. In Wirklichkeit handelte es sich bei diesem Material in der Regel um Propagandaschriften der Aktion »N«.

Bereits im Herbst des Jahres 1940 stellten Druckereien der polnischen Untergrundbewegung Schriftstücke mit dem Briefkopf einer nicht existierenden Organisation her, die sich »NSDAP-Erneuerungsbewegung« nannte, und die die Unterschrift von Feldmarschall Reichenau trugen. In diesen Briefen wurde auf alle Mißstände innerhalb der deutschen Reichsregierung hingewiesen. Die Adressaten waren Reichsdeutsche im Generalgouvernement; mit Hilfe deutscher Telefonbücher wurde die Propagandaschrift auch ins Reich versandt. Ferner konnten polnische Postbeamte zahlreiche Feldpostnummern ausfindig machen und sich so auch eine Reihe von Anschriften von Frontsoldaten verschaffen. An sie wurden besondere Schriften unter dem gängigen Titel »Instruktionen für die Wehrmacht« geschickt.

Nachrichten über die steigende Unzufriedenheit im deutschen Reich kamen oft in chiffrierten Depeschen aus London nach Warschau, hatten doch einige deutsche Widerstandszellen vor allem über die Schweiz mit englischen Stellen Kontakt. So war es der Aktion »N« möglich, viele ihrer Propagandaerzeugnisse so zu formulieren, als handele es sich um Propagandamaterial dieser deutschen Widerstandszellen.

Nachdem es der Aktion »N« schließlich gelungen war, in Deutschland selbst Zellen aufzubauen, wurde sie mit Berichten über die Stimmung der deutschen Bevölkerung reichlich versorgt. Natürlich war genau darauf zu achten, daß die Propagandaschriften in absolut korrektem Deutsch abgefaßt waren, um auf diese Weise dem Empfänger nicht sofort die Herkunft des Materials zu verraten. Er sollte doch den Eindruck haben, es handele sich um deutsche Propaganda. Dies ist der Aktion »N« in überzeugendster Weise gelungen. Im Unterschied zu ähnlichen Erzeugnissen anderer Untergrundbewegungen in Europa waren ihre Propagandaschriften nicht sofort als sogenannte Feindpropaganda zu erkennen.

In Warschau lebten Polen, die in Schlesien oder in Posen geboren waren, deutsche Schulen besucht hatten, die daher vorzüglich Deutsch sprachen und auch die Mentalität der Deutschen kannten. Wichtig war vor allem die Mentalität der deutschen Soldaten; sie mit entsprechender Propagandaliteratur zu versorgen, war von entscheidender Bedeutung. Zu diesem Zweck wurden kleine Broschüren gedruckt,

157

Reichsdeutsche!

Von grosser Sorge um die Zukunft des Deutschtums im G.G. erfüllt, rufen wir Euch auf, in die politischen Verältnisse dieses Gebiets einzudringen und Mittel und Wege zu finden dieses ungeheuerlichen Zuständen Einhalt zu gebieten.

Seit drei Jahren schauen wir bedrückt und ratlos den von der Gestapo und der Partei angewandten Methoden der Behandlung der Polen im G.G. zu. Diese wilden, gedankenlosen und geradezu dummen Methoden erwecken in jedem Deutschen Gefühle der Abscheu und des Ekels. Sie verfehlen zudem vollkommen ihren angestrebten Zweck. Weder erschrecken sie noch schüchtern sie den Polen ein. Sie machen auch den Polen nicht den deutschen Interessen gefügiger. Sie erhärten aber immer stärker den Abwehrwillen, wecken Hassgefühle und vertiefen die innere Bereitschaft zur Vergeltung.

Alle sind wir uns bewusst, dass wir den härtesten. Kampf um unsere Daseinsberechtigung aufgenommen haben. Der Ausgang dieses Kampfes ist noch immer ungewiss.

Um aber diesen Kampf erfolgreicher zu gestalten, müssen wir Helfer und Freunde suchen. Von unserer Führung sind diese Erfordernisse in einer geradezu albernen Weise missachtet worden. Weit im Osten kämpfen unsere Armeen heroisch und wehren die asiatischen Horden von unseren Grenzen mit wahrhaft soldatischer Selbstverleugnung ab. Unsere Wehrmacht braucht aber für diesen fanatischen Kampf ein freundschaftliches, zumindest aber, ein neutrales Hinterland. Eine gesunde und weit vorausschauende Politik würde alles daran setzen, aus den geschlagenen Völkern Freunde zu machen.

Wir sind jedoch seit drei Jahren Zeugen, wie mit allen Mitteln und unausterbrochen daran gearbeitet wird, einen unüberbrückbaren Hass zwischen dem deutschen und dem polnischen Volk zu säen.

Wir leben unter Polen schon lange und wissen, dass sie durch eine sanfte und kluge Behandlung für die deutschen Interessen zu gewinnen sind. Wenn wir dieses Problem mutig in aller Oeffentlichkeit angreifen, so tun wir dieses etwa nicht aus humanitären Erwägungen. Wir sind uns bewusst, dass die Polen den Krieg verloren haben und sie müssen daraus die harten Folgen ziehen. Unsere Einstellung zu dieser Frage wird aber nur von realpolitischen Erwägungen bestimmt.

Es ist einfach unverantwortlich, dass in einer Zeit, wo alles auf dem Spiele steht und der russische Bolschewist das Hinterland der Front mit Saboteuren und Banden durchsetzt, der Höhere Polizeiführer ganze Dörfer im Kreise Zamosc mit Gewalt aussiedeln lässt, um die von Hof und Haus vertriebenen Polen zu RACHE-TRÄGERN GEGEN DAS DEUTSCHTUM zu stempeln. Bis Ende Dezember 1942 wurden 50 Dörfer ausgesiedelt und 70.000 Menschen obdachlos und von diesen harten Massnahmen betroffen.

Das man hierbei auf Widerstände stiess, ist leicht erklärlich und verständlich. Der gereizte und auf alles gefasste Bauer griff zur Abwehr. Die Massnahmen der Polizei brachten im Zuge der Aktion etwa Tausend unschuldige Menschenopfer.

Die polnische Bauernschaft, die sich bisher korrekt gegenüber den deutschen Stellen verhalten hat, hat nunmehr durch diese Massnahmen ihre Gesinnung vollkommen geändert. Sie schliesst sich, in ihrem Bestand bedroht und durch die Notlage gezwungen, den bolschewistischen Banden an.

Das ist die Frucht einer unverzeihlichen und leichtsinnigen PARTEIPOLIK.

Aehnliche Resultate rufen die s. g. Menschenfängereien hervor, die seit langem auf offner Strasse im ganzen Generalgouvernement betrieben und letzhin besonders stark zwischen dem 15 ten und 20 ten Januar 1943 durchgeführt wurden.

Uns Volksdeutschen, die unter Polen seit Jahrzehnten friedlich und unbehelligt lebten, sind diese Massnahmen so befremdend, dass sie nur das grösste Entsetzen über die Ausartung der deutschen Kultur hervorrufen.

Abertausende von unschuldigen Männern und Frauen sind in diesen Tagen von den Streifen der Gestapo auf den Strassen und in den Wohnungen gewaltsam ihren Angehörigen entrissen worden, um einem menschenunwürdigen und gesundheitszerstörenden Dasein in den Lubliner Konzentrationslagern zugeführt zu werden. Haben diese unzähligen Haussuchungen und dieser Menschenraub ihren Zweck erfüllt? NEIN! Im Gegenteil, sie hetzen gegen die Deutschen auf und leisten den bolschewistischen Hetzern Vorschub, dieses Land in Unruhe und Aufregung zu versetzen.

Diese Polizeimethoden entspringen einer Schlächtermoral und sind dem Deutschen Wesen fremd.

Sie werden auf ewige Zeiten ein Schandfleck in der Geschichte der Deutschen im Generalgouvernement darstellen.

Welche Ziele diesen Polizeimethoden vorschweben, ist allen Eingeweihten klar..

158

Die Herren von der Waffen SS, der Gestapo, der Ordnungspolizei und anderen Stellen wollen gewaltsam den Schein ihrer Unabkömmlichkeit im G.G. wahren, um dem Einsatz an der Front zu entgehen. Sie wollen, in der Flut des von Ihnen betriebenen Terrors, Privatgeschäfte niedrigster Art betreiben, um grosses Vermögen zu erwerben. Diese Geschäfte bestehen aus Schwarzhandel, Schiebertum, Schmiergeldern und Ausbeute der Bevölkerung.

REICHSDEUTSCHE!

Wir rufen Euch daher auf, in diese Verhältnisse hineinzuleuchten und die richtigen realpolitischen Folgerungen zu ziehen, um noch das Letzte zu retten.

Die Politik unserer Parteistellen ist grundfalsch und für die Zukunft der Deutschen im G.G. verderblich.

Sie wird unseren Interessen unermesslichen Schaden bringen. Ein weiteres Einhalten dieser Politik ist ein Verbrechen an unserem eigenem Volk.

Wendet durch Euren Einfluss diese grosse Gefahr für uns ab! Ändert diese Katastrophenpolitik!

Da die Anzeichen eines militärischen Zusammenbruchs an der Ostfront immer stärker hervortreten, muss eine Verständigungspolitik mit den Polen versucht werden, um der grössten Gefahr die Spitze abzubrechen.

Zögert nicht! Handelt unverzüglich!

Es ist noch Zeit eine glückliche Wendung herbeizuführen, wenn klug und vorsichtig gehandelt wird.

Sonst wird uns eine Welle der Vernichtung überfluten, aus der es kein Entrinnen gibt.

FÜR DIE VOLKSDEUTSCHEN IM GENERALGOUVERNEMENT.

Friedrich Hans Herr — Warschau.
Dr. Rudolf Ness — Radom.
Walter Siegle — Krakau.
Johannes Staatsk — Kielce.
Roman Kubitzky — Warschau.
Gerhard Schmidt — Warschau.
Gerhard Zwarg — Lublin.
Friedrich Hager — Biala-Podlaska.
Joseph Koerdt — Krakau.
Ritter Alfred von Purschka — Busko.

dann wartete man auf die Gelegenheit, diese Broschüren in die Hände der Soldaten zu spielen. Die Frage des Transports des Propagandamaterials an die Front wurde schließlich auf eine sehr einfache Weise gelöst: Bei der Eisenbahn arbeiteten zahlreiche Polen; für sie war es nicht schwierig, solche Broschüren, die sich nach außen nicht von der üblichen deutschen Propaganda unterschieden, unter Behälter von Versorgungsgütern und Munition zu stecken oder sie in für die Front bestimmte Kisten zu stopfen. Und die polnische Untergrundbewegung kalkulierte richtig mit dem Lesehunger der deutschen Soldaten.

Eines Tages starteten die Deutschen eine Aktion unter dem Motto »Bücher für die Front«. In den deutschen Wohnbezirken in Warschau und Krakau wurden in Hausfluren Kisten aufgestellt, in die die Hausbewohner ihre Büchergeschenke zum Versand an die Front stapeln konnten. Auch hier bot sich die willkommene Gelegenheit, einzelne Flugblätter zwischen die Buchseiten zu legen, Flugblätter, die dann ganz offiziell durch deutsche Behörden den Frontsoldaten zugesandt wurden. Auf diese Weise gelangten auch Lesezeichen, von der Aktion »N« entworfen, in die Hände der Soldaten, auf denen gedruckt war: »Es kann nicht gut ausgehen, wenn der Chef der Hölle Himmler heißt« oder »Wenn der Krieg zu Ende ist, paßt Göring in die Hose von Goebbels«.

Die Aktion »Bücher an die Front« wurde auch nach 1943, nach der ersten großen Niederlage der Deutschen bei Stalingrad, weitergeführt. Daher ließen sich die Leute der Gruppe »N« neue, der militärischen Lage jener Tage angepaßte Texte einfallen; sie nannten beispielsweise den deutschen Rückzug aus Rußland auf ihren Lesezeichen »Napoleon-Gedächtnisrennen«. Die Aktion »N« produzierte aber schon im Jahre 1941 satirische Zeitschriften in deutscher Sprache, wie »Der Soldat«, »Der Schlächter«, später dann »Erika«, »Der Frontkämpfer«, »Der Durchbruch« und viele andere, die dann durch polnische Postbeamte oder Eisenbahner in Frontpakete gesteckt wurden. Große Popularität erreichte die hier abgebildete Sondernummer der Zeitschrift »Erika«.

Generalgouverneur Dr. Hans Frank. Karikatur in einer polnischen Untergrundzeitung

Im Sommer 1942 wurde von der Aktion »N« wieder einmal eine neue Zeitschrift gegründet, diesmal ein Witzblatt in deutscher Sprache, das den Titel »Der Klabautermann« trug. Die deutschen Soldaten rissen sich in aller Heimlichkeit förmlich um diese Zeitschrift, die sehr geschickt aufgemacht war und gewöhnlich auf der Titelseite ein Bild zeigte, das deutsche Propagandaerzeugnisse nachahmte. Den Inhalt des Blattes bildeten jedoch Mitteilungen über Brutalitäten der SS gegenüber der polnischen Bevölkerung. In einer Nummer dieser Zeitschrift war beispielsweise auf einer Seite eine gehässige Karikatur Churchills zu sehen, mit der Überschrift »Churchill, der größte Lügner der Welt«. Auf der nächsten Seite waren dann Auszüge aus Hitlers »Mein Kampf« zu lesen, in welchen der Führer vor einem Zweifrontenkrieg Deutschlands warnte und schrieb, dieser würde das Ende Deutschlands bedeuten. Auch wurde auf eine Reihe anderer Zitate aus dem

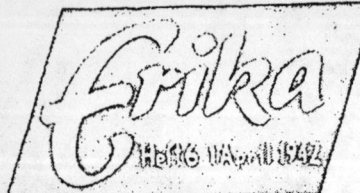

Heil Hitler und Sohn!

Am heutigen Tage verlas Reichsminister Dr. Goebbels dem Mikrofon über alle deutschen Sender eine Sondermeldung, welche im ganzen deutschen Volk einen unbeschreiblichen Enthusiasmus ausgelöst hat.

Diese Sondermeldung hat folgenden Wortlaut:

"Am 1 April dieses Jahres gebar der Führer in seinem Hauptquartier einen strammen, gesunden Jungen. Dies ist ein Augenblick von epochaler Bedeutung nicht nur für Großdeutschland, sondern auch für die gesamte Welt.

Zum ersten Mal in der Geschichte der Menschheit hat ein Mann, ohne Hilfe der Frau, ein Kind zur Welt gebracht. Deutsches Volk! Von nun an hast Du zwei Führer! Damit ist der Endsieg endgültig gesichert. Heil Hitler und Sohn!

den, will dagegen einen Korb voll Enteneiern auszubrüten versuchen.

Der junge Führer benimmt sich von den ersten Stunden seines Lebens an wie der wahre Sohn seines großen Vaters und ein richtiger Parteigenosse. Als man ihn z. B. in weiße Windeln steckte, verwahrte er sich dagegen energisch und färbte diese — ohne irgendwelcher Hilfe — b r a u n. Bei der ersten Rundfunksendung brüllte der junge Führer acht Stunden lang ins Mikrofon, womit er seinen genialen Vater weitest in den Schatten stellte. Gleich eine Stunde nach seiner Geburt entließ er auf eigenen Wunsch den Flottenchef Großadmiral Raeder wegen eines Herzleidens und ernannte sich selbst zum Befehlshaber der in dieser Weise verjüngten deutschen Kriegsmarine.

162

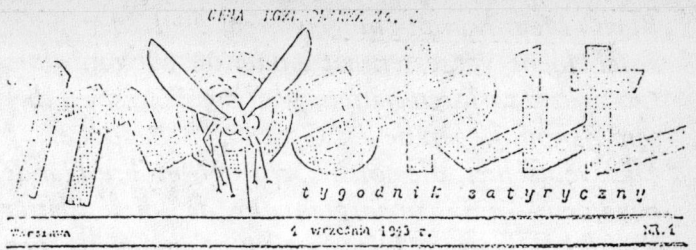

CENA EGZEMPLARZA zł. 2

tygodnik satyryczny

Warszawa   1 września 1943 r.   Nr.1

WAS

„GOTT MIT UNS"

Titelblatt einer polnischen humoristischen Untergrund-
zeitung

163

Buch »Mein Kampf« hingewiesen, die Hitler später anscheinend vergessen hatte oder die auch nur ihre Gültigkeit verloren hatten, weil der Führer zu diesem Zeitpunkt gerade das Gegenteil behauptete.

Die Deutschen, die solche Schriften in ihre Hände bekamen – und man sorgte dafür, daß diese Blätter sowohl in deutsche Dienststellen gelangten als auch in Werkstätten und Fabriken in Polen, die unter deutscher Leitung standen, ja sogar an die Gestapo geschickt wurden –, glaubten auf den ersten Blick, daß es sich dabei wieder einmal um ein Erzeugnis des Berliner Propagandaministeriums handele. Erst wenn sie sich mit dem Inhalt näher beschäftigten, wurde ihnen klar, daß ein deutsches Amt ein solches Blatt nicht hergestellt haben konnte. Das Blatt mit der Karikatur Churchills wurde übrigens als Flugblatt in einer Auflage von 20000 Stück gedruckt.

Besonders im Visier hatte die Aktion »N« die Person des Generalgouverneurs Frank und auch den Chef des Propaganda-Amtes im Generalgouvernement, Ollenbusch. So haben die Untergrundleute gerne von Zeit zu Zeit Verordnungen mit der Unterschrift von Frank gedruckt und dann plakatiert, Verordnungen, in denen die Deutschen lächerlich gemacht wurden. Das bereitete Frank und seinen Mannen natürlich großen Ärger.

Jede Untergrundbewegung braucht eine Fälscherwerkstätte, nicht zuletzt um ihre Mitglieder mit falschen Papieren versorgen zu können. Die »ZWZ« und später dann die »AK« hatten solche Werkstätten ebenfalls eingerichtet, in denen gelernte Drucker tä-

164

tig waren. Außerdem arbeiteten dort Zeichner, die imstande waren, jede Unterschrift nachzumachen, Graveure, die jede Stampiglie fälschen konnten, und Papierfachleute, die über ein umfangreiches Lager von verschiedenartigen Papiersorten wachten, aus denen sie stets das richtige Papier für einen zu fälschenden Ausweis heraussuchen konnten. Oberstes Gebot ihrer Arbeit war die Forderung, daß jedes gefälschte Papier, jeder gefälschte Ausweis allen Prüfungen durch die Polizei oder durch deutsche Dienststellen standhalten mußte.

Die Deutschen wußten natürlich, daß es eine große Anzahl gefälschter Kennkarten und Identitätsausweise gab; sie hatten nicht nur jede einzelne Polizeidienststelle mit Lupen zur Prüfung der Ausweise ausgestattet, sondern unterhielten auch in Warschau ein großes Labor. Der Bedarf an falschen Papieren war in jenen Jahren im Generalgouvernement groß. Tausende Personen, Angehörige der Widerstandsbewegung oder auch Menschen, denen die Widerstandsbewegung helfen wollte – beispielsweise Juden, die aus einem Ghetto geflüchtet waren –, lebten unter falschem Namen. Sie alle mußten mit Identitätsausweisen versorgt werden; all jene, die aus bestimmten Gründen nicht arbeiten konnten, brauchten gefälschte Arbeitspapiere, und wenn Kuriere ihre Reisen absolvierten, mußten sie mit Bescheinigungen deutscher Dienststellen oder Firmen ausgestattet werden, die den Zweck der Reise und das Reiseziel bestätigten. Allen Angehörigen der Untergrundbewegung war klar, daß jeder noch so kleine

Fehler in einem solchen Dokument den Besitzer des Ausweises gefährdete – und nicht nur ihn persönlich. Denn wenn die Polizei einen Verhafteten überführen konnte, der sich mit falschen Dokumenten ausgewiesen hatte, bedeutete dies für ihn nicht nur den sicheren Tod, sondern auch die Verhaftung seiner Familie, seiner Freunde und Bekannten, von Mitgliedern des Personenkreises, mit dem er verkehrt hatte und der mit ihm lebenden Hausbewohner. Die Deutschen wendeten in solchen Fällen Foltermethoden an, um die Quelle in Erfahrung zu bringen, die die falschen Dokumente hergestellt hatte.

Um sich vor Fälschungen zu schützen, änderten die Deutschen häufig das Aussehen der Ausweisdokumente. Natürlich mußten dann die Fälscherwerkstätten der Untergrundbewegung sofort nachziehen. Eigene Inspektoren der Untergrundbewegung überprüften stets die gefälschten Arbeiten, ehe die Papiere ausgegeben wurden. Außer diesen rein auf Fälschungen spezialisierten Werkstätten gab es noch geheime Druckereien, wo Schriftstücke, Plakate und Aufrufe für Propagandazwecke hergestellt wurden.

Diese Druckereien und die Fälscherwerkstätten hatten in der Regel ihr Quartier in Kellern, abgesichert von Wachen, die mit Maschinenpistolen und Handgranaten bewaffnet waren. Die Werkstätten waren immer dort untergebracht, wo durch Arbeit Lärm entstand, beispielsweise unter Schlossereien, damit das Arbeiten der Druckmaschinen nicht so leicht zu

hören war. Auch befanden sich in diesen geheimen
Werkstätten große Vorräte an Lebensmitteln für den
Fall, daß die in den Kellern Arbeitenden längere Zeit
in ihrem Versteck bleiben mußten.

Das polnische Volk suchte nach einem Ausweg aus
seiner mißlichen Lage; es flüchtete in Träume, in
Hoffnungen und Wunschvorstellungen, die durch
das Abhören ausländischer Rundfunksender, besonders der Londoner BBC, immer neu genährt
wurden. Das Volk schöpfte aber auch Hoffnung aus
den zahlreichen Untergrundzeitungen und aus dem
Humor, den diese Zeitschriften verbreiteten. Humor ist die Waffe der Wehrlosen, die Waffe der
Schwachen – nicht umsonst fürchtet jede Diktatur
den Humor. Für seine Umsetzung in die Tat sorgten
manchmal die Leute vom »Wawer«; das war eine
Spezialabteilung des polnischen Untergrundes, in
der sich Pfadfinder zusammengeschlossen hatten,
die auf ihre Weise den Kleinkrieg gegen die Deutschen führten.
Seit Jahrhunderten gibt es bekanntlich einen Streit
zwischen Polen und Deutschen über die Abstammung von Nikolaus Kopernikus; beide Nationen
nehmen diesen Gelehrten als Sohn ihres Volkes in
Anspruch. In Warschau gab es ein sehr schönes
Denkmal von Kopernikus, geschaffen vom Bildhau-
er Thorwaldsen. Als die Deutschen Warschau besetzten, störte sie die Inschrift auf dem Denkmal, die
Kopernikus als Polen auswies. Die Deutschen ent-
fernten die Inschrift und brachten eine neue Mar-

morplatte an: »Dem großen deutschen Astronomen.« Genau dem Denkmal gegenüber befand sich ein Amtsgebäude der deutschen Polizei, und der Torposten hatte den Auftrag, von Zeit zu Zeit sein Augenmerk auf das Kopernikus-Denkmal zu richten. Am 11. Februar 1942 nun kam eine Gruppe von Arbeitern in Monteuranzügen in einem Lastwagen angefahren. Seelenruhig stiegen sie ab, schraubten die Platte mit der deutschen Inschrift ab, luden sie auf den Lastwagen und fuhren ab. Erst drei Wochen später bemerkten die Deutschen das Fehlen der Inschrift. Daraufhin ließ der Gouverneur von Warschau, Fischer, eine Erklärung plakatieren, in der behauptet wurde, kriminelle Elemente hätten aus politischen Gründen die Inschrift vom Kopernikus-Denkmal entfernt. Als Repressalie für diese Tat trugen die Deutschen in Warschau das Denkmal von Kilinski ab. Eine Woche lang rührte sich nichts; dann waren an vielen Mauern Warschaus Plakate mit folgendem Text angeschlagen: »Kriminelle Elemente haben letzthin das Denkmal Kilinskis entfernt. Als Strafe dafür habe ich den Winter an der Ostfront um zwei Monate verlängert. Nikolaus Kopernikus.« Ein Projektbüro innerhalb der Aktion »N« entwikkelte zuweilen ähnlich humoristische Aktionen. Als Ende des Jahres 1941 der harte Winter der deutschen Armee in Rußland stark zusetzte, gab es größere Transportschwierigkeiten, und die deutsche Offensive an der Front vor Moskau blieb stecken. In jenen Tagen wurde ein für den internen Gebrauch bestimmtes deutsches Telefon- und Adreßbuch, in dem alle in Warschau lebenden Reichsdeutschen verzeichnet waren, von einem bei einer deutschen Dienststelle tätigen Polen einige Stunden lang für die Aktion »N« »entliehen«.

An die Fälscherwerkstätte erging bald darauf der Auftrag, mehrere hundert Blätter des Briefpapieres der deutschen Militärkommandantur Warschau zu drucken. Dann wurde ein Brief des Militärkommandanten konzipiert; in 100 Exemplaren wurde er abgezogen, unterschrieben, mit einem gefälschten Stempel versehen und mit der Post abgeschickt. Am nächsten Tag erhielten die Deutschen in Warschau einen Brief der Militärkommandantur, in dem sie aufgefordert wurden, für die Soldaten an der schwer kämpfenden Ostfront Lebensmittelpäckchen zur Kommandantur zu bringen, wobei natürlich mit deutscher Gründlichkeit angeführt war, welche Art von Lebensmitteln erwünscht waren.

Noch bevor deutsche Dienststellen verlautbaren konnten, daß es sich hier um ein fingiertes Schreiben handelte, eilten viele Deutsche mit Päckchen und Taschen voll mit Lebensmitteln für die »hungernde Front« zur Militärkommandantur. Diese wollte die Unzahl von Päckchen nicht annehmen, weil sie nicht wußte, was sie damit tun sollte.

Das war nicht der einzige Streich der Aktion »N«. Die Deutschen hatten in fast allen Städten der von ihnen besetzten europäischen Länder große Plakate mit der Aufschrift »Deutschland siegt an allen Fronten« angebracht. Mit Hilfe einer minimalen Veränderung dieser Plakate brachte es die Aktion »N« zuwege, daß sie für Warschau unbrauchbar wurden: Während der Nachtstunden wurde überall der Buchstabe »s« durch den Buchstaben »l« überklebt; am nächsten Tag konnten die Einwohner Warschaus lesen: »Deutschland liegt an allen Fronten«. Die Polizei mußte die Plakate entfernen.

Der 1. Mai als Feiertag der Arbeit war von den Nationalsozialisten übernommen worden und sogar zu einem deutschen Nationalfeiertag erklärt worden. Seit dem Kriegsausbruch zwischen dem Deutschen Reich und der Sowjetunion hatte jedoch die Reichsregierung nicht zuletzt wegen der großen Kriegsanstrengungen die Feiertage auf ein Minimum reduziert; so galt nun auch der 1. Mai als normaler Arbeitstag. Auch hier sah die Abteilung »N« eine Möglichkeit, den Deutschen eins auszuwischen. Am 30. April fuhren Boten mit Motorrädern zu Fabriken in Warschau und gaben Briefe ab, wobei man besonders darauf Wert legte, daß die Schreiben kurz vor Büroschluß in die Fabriksdirektionen gelangten. Auf gefälschtem Briefpapier des deutschen Arbeitsamtes wurde in den Briefen aufgerufen, den bevorstehenden 1. Mai als Feiertag zu begehen, da die deutsche Front mit den Arbeitsleistungen der Heimat zufrieden sei. Schnell verkündeten die Werkmeister diese frohe Kunde in allen Abteilungen. Wegen des knapp bevorstehenden Arbeitsschlusses gab es auch keine Möglichkeit der Rückfrage. Am nächsten Tag waren die großen Fabriken, in denen Munition, Panzerwagen und andere kriegswichtige Güter hergestellt wurden, ohne Arbeiter. Auch das Briefpapier der Warschauer Schutzpolizei und die Unterschrift ihres Chefs, Böhm, wurden von der Aktion »N« vorzüglich gefälscht. Das Telefonverzeichnis der Reichsdeutschen in Warschau, das schon früher gute Dienste geleistet hatte, wurde auch diesmal zu Rate gezogen. Die Ahnungslosen erhielten an ihre Privatadressen gerichtete Briefe, in denen der Chef der Schutzpolizei, Böhm, darauf aufmerksam machte, daß schon in nächster Zeit mit Gasbomben-Angriffen der Sowjets zu rechnen sei. Schutzmaßnahmen seien daher notwendig, und jede Dienststelle sei angewiesen worden, eine entsprechende Anzahl von Gasmasken zur Verfügung zu haben. Außerdem solle jeder Deutsche für sich und seine Familie solche Gasmasken besorgen. Viele der Briefempfänger telefonierten sofort mit den deutschen Ämtern und verlangten Gasmasken, die zu jener Zeit in Warschau nur in sehr geringer Anzahl lagerten. Viele Dienststellen fragten nun bei der Schutzpolizei nach, und erst nach vielem Hin und Her stellte sich heraus, daß die ganze Angelegenheit auf das Konto der polnischen Untergrundbewegung ging.

Als sich nach der Niederlage bei Stalingrad das Kriegsglück für die Deutschen zu wenden begann, druckte die Aktion »N« kleine Aufklebemarken mit der prägnanten Aussage »Deutschland kaputt«. Polnische Postbeamte sorgten fleißig dafür, daß möglichst viele Briefe, die von der Front über die Verteilerstelle Warschau in die Heimat gingen, auf der Rückseite als Verschlußmarke dieses kleine »Deutschland kaputt« trugen.

Aber auch für die polnische Bevölkerung wurde von der Untergrundbewegung eine Reihe von Zeitungen gedruckt; vor allem ein Informationsbulletin mit einer Auflage von 45 000 Stück, dann eine allgemeine politische Zeitschrift, die alle 14 Tage erschien, eine Zeitung unter dem Titel »Polnische Nachrichten« in 10 000 Exemplaren und auch eine Zeitschrift für Soldaten, »Der polnische Soldat«; sie erschien in rund 12 000 Exemplaren.

Daneben gehörten jedoch zu den Aufgaben der Aktion »N« auch das Ankleben kleiner Propagandazettel an Hausmauern und Zäunen und Schmieraktionen, die sich am aktuellen Tagesgeschehen orientierten. Während des strengen Winters konnte man besonders im deutschen Wohnbezirk Warschaus an vielen Stellen einen Propaganda-Klebezettel finden, auf dem stand: »Macht den Führer kalt, dann wird es in der Stube warm.« Und als der Stellvertreter Hitlers, Heß, im Mai 1941 über England abgesprungen war, wurde von der polnischen Untergrundbewegung folgender Flugzettel an vielen Stellen angeklebt: »Im Dritten Reich ist der zweite Mann als Erster getürmt«.

Besonders in Fabriken, auf Bahnhöfen, in Eisenbahn-Werkstätten hatten die Deutschen große Plakate mit dem Goebbels-Propaganda-Slogan angebracht: »Die Räder rollen für den Sieg«; die Leute des polnischen Untergrundes ergänzten die Parole: »Die Nazi-Köpfe nach dem Krieg.«

Die SS in Polen unterhielt eine besondere Abteilung, die sich die Aufdeckung und Verfolgung dieser Ak-

Ellic Howe, Leiter des Laboratoriums für schwarze Propaganda

General Stefan Rowecki, unter dem Namen »Grot« Chef der polnischen Widerstandsbewegung (AK)

Hauptmann Tadeusz Zenczykowski (Deckme Kowalik), Leiter der Abteilung »N« (Deutsche), Vorgesetzter der Krystyna (lebt heute in London).

Friedrich Wilhelm Krüger, SS-und Polizeiführer im Generalgouvernement

Himmler mit Krüger und Frank (v.r.n.l.) in Warschau

Oskar Waltke,
»Judenreferent«
der Gestapo in
Lemberg

SS-Rottenführer
August Kauzor,
Leiter der Exeku-
tionen

tionen zur Aufgabe gemacht hatte. Nach dem Krieg fand man in den Archiven in Berlin unzählige Berichte mit Beispielen des politischen Witzes jener Jahre. Die Aktiven im polnischen Untergrund, die für seine Verbreitung sorgten – unter ihnen eine Reihe bekannter Vorkriegssatiriker, wie Tadeusz Hollender, Dobrowolski und andere – riskierten damit ihre Freiheit und ihr Leben. Aber den geknechteten Menschen Polens schenkten sie eine Minute des Lächelns.

»Ich habe schon lange nicht mehr einen solchen Angsthasen gesehen«, berichtet Paul. »Sie saßen zu zweit an einem Tisch und tuschelten. Der eine erzählte dem anderen von dem Brief mit dem Todesurteil, den er erhalten hatte. Und er fragte dann um Rat, wie er sich wohl am raschesten aus dem Generalgouvernement versetzen lassen könnte. Der andere wußte offensichtlich so schnell keinen Ausweg, er war selbst sehr nachdenklich; sicher hatte er ein flaues Gefühl im Magen und rechnet jetzt vielleicht damit, daß auch er bald so einen Brief bekommt.«

Krystyna weiß natürlich von den Todesurteilen, die die polnische Untergrundbewegung ausspricht. Nicht nur sie, die ganze Bevölkerung Polens hat davon Kenntnis, und für viele hat es eine große Genugtuung bedeutet, als diese neue Aktion des Widerstandes bekannt wurde. Ärger konnte der Terror der Deutschen gegenüber den Polen dadurch auch nicht mehr werden.

»Es gibt ein Sprichwort bei uns, Paul«, sagt Krystyna, »sogar ein getretener Wurm krümmt sich.«

»Ich will keine Sprichwörter hören, in denen Vergleiche mit Würmern vorkommen. Ich finde, es wäre doch endlich an der Zeit, ein paar dieser Urteile zu vollstrecken – zur Abschreckung.«

»Glaub mir, wenn sie so weitermachen, wird es noch so weit kommen.«

»Mag sein. Vielleicht ist dieser Weg tatsächlich der einzige, der sie daran hindert, so weiterzumachen. Ich bin kein gewalttätiger Mensch – aber verstehen sie eine andere Sprache als die der Gewalt?«

Krystyna zuckt mit den Schultern.

»Sicher hast du schon gehört, daß sie gestern vor dem Pawiak-Gefängnis wieder einige Polen hingerichtet haben. Kurz danach kam ich zufällig dort vorbei ...«

»Schrecklich« sagt Paul. Es klingt mutlos.

»Ich glaube, wenn die Deutschen einen weiteren Beweis sehen wollten, wie sehr die Bevölkerung hinter unseren Widerstandskämpfern steht, so müßten sie nichts anderes tun, als die Menschen nach einer solchen Hinrichtung beobachten. Die Hinrichtungsstätten, die sie besuchen, werden zu Gedenkstätten!«

»Wann, Krystyna«, kommt Paul auf seine erste Frage zurück, »wann, glaubst du, werden diese Urteile wirklich vollstreckt werden?«

»Ich weiß es nicht ... aber ein solches Urteil wurde übrigens bereits vollstreckt. Im Informationsbulletin wurde darüber berichtet.«

»Krystyna, hast du es bei dir? Kann ich es lesen?«

Krystyna hat das Informationsblatt bei sich, aber sie zögert einen Augenblick.

»Warum zögerst du denn«, drängt Paul. »Ich möchte es wirklich lesen.«

Krystyna übergibt Paul das klein zusammengefaltete

Informationsblatt; er steckt es in die Innentasche seiner Jacke.

»Nachdem ich es gelesen habe, werde ich es sofort verbrennen.«

Paul blickt Krystyna an: »Hast du einen besonderen Grund gehabt, weil du es mir nicht sofort geben wolltest?«

»Es war nur Vorsicht, deinetwegen«, lügt Krystyna.

Paul gibt sich mit dieser Antwort zufrieden. In Wahrheit jedoch hat sich Krystyna in diesem Augenblick an einen Scherz erinnert, den Adam einmal gemacht hat. Damals hat sie Paul erst kurz gekannt, und da hat Adam einmal – weil ja Paul Halbpole war – die Anspielung gemacht, sie solle immer daran denken, daß ein halbvolles Glas gleichzeitig immer auch halbleer sei ... Krystyna schämt sich nun im nachhinein ihres Zögerns.

Als Paul später in seinem Zimmer allein ist, liest er hastig Wort für Wort des Informationsbulletins durch; er empfindet so etwas wie Genugtuung: »Endlich einmal haben sie einen dieser selbsternannten Halbgötter von seinem Thron heruntergeholt«, sagt er halblaut zu sich selbst.

»Krystyna, ich möchte dir etwas erzählen, was mir zu denken gibt. Gestern habe ich zufällig zwei Bettler gesehen, als sie aus einer Wachstube der Schutzpolizei kamen. Mir schienen sie sehr vergnügt. Ich hatte gerade auf dieser Wachstube etwas zu tun, für meinen Chef etwas abzuholen, da fielen mir diese zwei merkwürdigen Gestalten auf.«

»Nun, Paul, was willst du damit sagen?«

»Ich weiß nicht. Ich habe nur das Gefühl, daß da etwas nicht stimmt – die Polizei war so freundlich zu den beiden …«

»Vieles stimmt hier nicht«, beendet Krystyna abrupt das Thema. Da Adam aber weiterhin erwartet, daß Krystyna ihm von jedem Gespräch mit Paul berichtet, erwähnt Krystyna auch diese Beobachtung.

»Krystyna, das kann recht wichtig sein. Vielleicht ist diese Geschichte mit den Bettlern in Wirklichkeit ganz harmlos – aber es kann auch mehr dahinterstecken.«

In einem Keller unter einer Garage befindet sich das gut abgesicherte und geschickt ausgebaute Versteck der Widerstandszelle. Ständig haben dort einige Personen Dienst, laufen doch hier die Nachrichten des ganzen Stadtviertels zusammen. Leiter dieser Gruppe ist Hauptmann Jerzy Kowalski.

Kowalski ist ein Deckname. Auf diesen Namen lauten seine Kennkarte, seine Arbeitsbestätigung sowie alle anderen persönlichen Papiere. Wird Kowalski angehalten und von der Polizei kontrolliert, so kann aller Wahrscheinlichkeit nach nicht der geringste Verdacht aufkommen, daß seine Papiere nicht echt sind.

Kowalski wird gerade Bericht erstattet.

»Herr Hauptmann, heute Nachmittag haben sie ein Haus umstellt, in das einer unserer Flugblattverteiler geflüchtet war. Vor dem Haus hatten sich viele Leute angesammelt, weil auch ein Bettlerpärchen dort war, das alte polnische Volkslieder zum besten gab.

Er, ein Blinder, der eine dunkle Brille trug, spielte die Ziehharmonika. Und sie ging, wenn sie nicht gerade zu seiner Musik sang, mit dem Hut in der Hand von einem zum anderen und sammelte ab. Und wie ich gesehen habe, bekamen sie ganz schön was zusammen. Dann gingen sie weiter. Ich blieb noch und beobachtete die Umgebung, und nach einer Weile kamen aus dem Haus die Gestapo-Agenten und führten unseren Mann ab.«

»Verdammt noch mal! Das ist doch jetzt schon das fünfte Mal, daß ich von einer Verhaftung höre, bei der immer in der Gegend so ein Bettlerpaar gesehen wurde.«

»Es gibt jetzt in Warschau viele Bettler. Seit es die Sozialfürsorge nicht mehr gibt, sieht man sie an jeder Straßenecke. Es bleibt ihnen ja nichts anderes übrig, wenn sie nicht verhungern wollen. Und Spenden bekommen sie ja doch, auch wenn wir selbst fast nichts mehr haben.«

»Dagegen habe ich ja nichts! Sollen sie ihr Geld zusammenbetteln. Aber was mich stutzig macht, ist die Tatsache, daß in letzter Zeit bei so vielen Verhaftungen von einem Bettlerpaar die Rede ist, das sich immer dort herumgetrieben haben soll. Ich glaube wirklich, wir sollten uns dieses Pärchen einmal näher ansehen. Fünfmal hintereinander – wer da noch an Zufall glauben kann ...«

Bereits am nächsten Morgen schwärmen 20 Leute der Widerstandsbewegung aus, um das Bettlerpaar zu suchen. Schließlich gelingt es einem von ihnen, die beiden ausfindig zu machen. Sie haben sich vor einem Haus postiert. Der Mann mit der dunklen Brille, den Hut tief ins Gesicht gezogen, spielt auf der Ziehharmonika, und die Frau neben ihm singt dazu.

Kowalskis Agent stellt sich zu einigen Kindern, die natürlich sofort zur Stelle sind und zuhören. Bald bleiben auch viele Passanten stehen, um den polnischen Liedern zu lauschen – für kurze Zeit kann man dabei den trüben Alltag vergessen. Plötzlich entdeckt der Mann von der Untergrundbewegung etwas – hat da doch einer eine zusammengefaltete Untergrundzeitung in der Hand und schiebt sie dem Nachbarn in die Tasche – und dahinter? Steht da nicht einer von der Kriminalpolizei? Das Gesicht kennt er doch!

Die Frau hört nun zu singen auf und macht ihre Runde. Sie geht – Zufall oder Absicht – zuerst zu dem Kriminalbeamten; dieser hat einen kleinen Geldschein in der Hand, den er in den Hut wirft. Darauf bedankt sich die Frau und sagt ein paar Worte zu dem Mann – oder tut sie nur so? Gleich darauf geht der Agent mit zwei anderen Männern zum Haustor und verschwindet. Die Bettlerin sammelt weiter.

Nach wenigen Minuten entfernt sich das bettelnde Paar. Der Mann der Widerstandsbewegung bleibt noch ein wenig stehen, spaziert unauffällig auf und ab, spielt mit den Kindern und tut überhaupt so, als wäre er in der Gegend zu Hause. Nach einiger Zeit sieht er, wie die drei Männer, der Kriminalbeamte und die zwei anderen, den Mann aus dem Haus begleiten, der zuvor die Untergrundzeitung weitergegeben hat.

Zufall Nummer sechs …?

Am selben Abend noch faßt Kowalski den Beschluß, das Bettlerpaar unschädlich zu machen, bevor die beiden den nächsten Angehörigen oder Sympathisanten der Widerstandsbewegung verraten können. Drei Tage hindurch ist ein Lastwagen der Widerstandsbewegung in Warschau unterwegs; die polizeiliche Zulassungsnummer des Wagens hat man ausgetauscht, und der Beschriftung nach gehört der Lastkraftwagen einer deutschen Baufirma.

Annähernd alle 15 Minuten hält der Lastwagen an, und der Beiwagenfahrer geht in die nächstgelegene Gaststätte, um zu telefonieren. Auf diese Weise hält die Besatzung des Wagens ständig Kontakt mit der Stelle, die die Operation leitet. Gleichzeitig sind etwa 30 andere Männer der »AK« zu Fuß in den Straßen Warschaus unterwegs, und sie alle schauen nach dem bettelnden Paar aus.

Am dritten Tag meldet sich der Beifahrer des Lastwagens telefonisch bei Kowalski: »Hallo, Chef, haben Sie einen neuen Auftrag?« Dies ist der verabredete Code.

»Ja. Soeben wurde mir mitgeteilt, daß zwei Kanalrohre auf der Straße liegen. Die müßt ihr holen, bevor sie geklaut werden.«

»Wird gemacht, Chef. Und wo liegen die Rohre?«

»Ihr fahrt die Topiel entlang. Pawel bewacht inzwischen die Rohre, damit sie niemand wegräumt.«

Ein solches Gespräch kann auch dem besten Abhörbeamten der deutschen Post nicht bedenklich erscheinen; der Inhalt dieser Unterhaltung betrifft eine alltägliche kleine Begebenheit aus dem normalen Leben einer Großstadt.

Als der Lastwagen an der angegebenen Stelle eintrifft, entfernen sich gerade die beiden Bettler. Hart neben den beiden hält der Lastwagen an, und kaum steht er, springen drei mit Pistolen bewaffnete Männer von der Ladefläche. Sie zwingen das Paar, den Wagen zu besteigen. Der Fluchtversuch in ein Haustor mißlingt, denn dort hat schon ein anderer Angehöriger der Untergrundbewegung Stellung bezogen. Die Entführer haben das Bettlerpaar zunächst absichtlich auf deutsch angesprochen, um sie gleich ein wenig einzuschüchtern. Während nun der Lastwagen durch Warschau rumpelt, erkennen die beiden jedoch bald, daß sie es nicht mit Deutschen, sondern mit Polen zu tun haben.

Einer der Männer reißt dem Bettler die dunkle Brille vom Gesicht. Und der Blinde kann plötzlich sehen. Nun ist bei den Entführern jeder Zweifel beseitigt, daß sie den richtigen Fang gemacht haben. Um die beiden aber ein wenig zu beruhigen, damit sie nicht etwa durch Hilferufe und Schreie auf sich aufmerksam machen, sagt einer der drei Männer: »Wir brauchen euch nur für eine Auskunft. Ihr seid ja ständig auf der Straße und seht viel.«

Die Reise ist bald zu Ende. Den Gefangenen werden die Augen verbunden, dann müssen sie von der Ladefläche herunterklettern. Sie befinden sich nun in einer Scheune, von der aus man ungesehen in ein angrenzendes Haus gelangen kann. Das Bettlerpaar wird in ein Zimmer geführt.

An einem Tisch sitzen drei Personen. Auf dem Tisch stehen zwei Kerzen und dazwischen ein Kruzifix. Zu den beiden Seiten des Tisches sowie an der einzigen Tür, die in den Raum führt, steht je ein Bewaffneter. Auf einen Wink des Mannes, der in der Mitte vor dem Tisch sitzt, werden den Gefangenen die Augenbinden abgenommen.

»Wir sind ein Tribunal der polnischen Geheimarmee. Ein Militärtribunal«, sagt der Vorsitzende.

Die beiden wollen etwas sagen, er aber gebietet ihnen mit einer Handbewegung Schweigen.

Einer der Beisitzer steht auf und fragt nach den Personalien.

»Sind das die richtigen Namen?«

»Ja.«

Auf einen Wink des Vorsitzenden wird der Frau die Handtasche weggenommen. Der Mann muß die Taschen seines Anzuges leeren. Unter den Papieren, die er bei sich hat, findet sich auch ein kleiner Zettel, auf dem eine Nummer geschrieben steht.

»Was ist das für eine Nummer?«

»Ich weiß es nicht«, sagt der »Blinde«, »ich habe den Zettel auf der Straße liegen sehen und habe ihn aufgehoben, weil mir die Nummer gefiel. «

»Soso, du bist also ein Nummernsammler, sehr interessant …«

Die Stimme des Vorsitzenden wird plötzlich scharf:
»Gut, wir werden jemanden telefonieren schicken.

Denn – vielleicht ist es eine Telefonnummer? Wir werden ja dann sehen, ob sich jemand meldet.« Die beiden blicken einander an; die Frau beginnt zu weinen.

»Ich will die Wahrheit sagen«, meint schließlich der Mann mit unsicherer Stimme. »Es ist die Telefonnummer der Polizei.«

»So. Und was haben Bettler mit der Polizei zu tun?«

»Ja, vorige Woche wurden wir wegen Landstreicherei angehalten, und dann sperrte man uns 24 Stunden im Gefängnis ein. Ich mußte versprechen, Arbeit zu suchen. Und da gab mir der Beamte die Nummer und sagte mir, ich muß ihn anrufen, wenn ich Arbeit gefunden habe.«

»Jetzt aber Schluß mit den Lügen!« donnert der Vorsitzende.

»Ihr habt euch eine schöne Arbeit gefunden, aber nicht erst letzte Woche, sondern schon vor langer Zeit. Deine Arbeit war es, den Blinden zu spielen! Wer gab dir denn den Auftrag dazu?«

»Ich sage ... die Wahrheit«, stammelt der Mann.

»Die Wahrheit? Lüge! Wieviele Menschen habt ihr denn auf eurem Gewissen? Gehen die, die man gestern erst in Warschau erschossen hat, etwa auch auf euer Konto? Wer seid ihr und woher kommt ihr? Redet!«

»Wir kommen aus Radom. Dort war uns die Polizei auf den Fersen, weil wir im Verdacht standen, Schleichhandel zu machen. Ich wußte, die Deutschen wollten uns ins Reich zur Zwangsarbeit schicken – oder aber in ein KZ stecken. Aber wir konnten uns noch rechtzeitig nach Warschau absetzen.«

»Und hier habt ihr euch also als Spitzel betätigt! Wirklich eine noch leichtere Beschäftigung als der Schleichhandel, nicht wahr?«

»Nein, nein, wir sind unschuldig. Wir haben niemanden verpfiffen.«

»Das wird sich erst zeigen. Ihr sollt wissen, wir sind keine Nazis. Und wenn ihr tatsächlich unschuldig seid, tun wir euch nichts. Wir haben jedoch seit einigen Wochen bemerkt, daß überall dort, wo ihr auftaucht, plötzlich Leute verhaftet werden, und in einer Meldung, die ich gelesen habe, ist ganz genau beschrieben, wie Sie«, hier wendet er sich an die Frau, »mit dem Hut zu einem in der Zuschauermenge wartenden Beamten der Gestapo hingegangen sind – um abzusammeln; in Wirklichkeit haben Sie ihm etwas zugeflüstert. Und er hat Ihnen einen Geldschein gegeben, damit die Leute glauben, auch er spendet euch etwas. In Wirklichkeit haben Sie wieder einmal einen unserer Leute verraten!«

Die Frau blickt ihn voll Entsetzen an.

»Und so ging es die ganze Zeit – insgesamt bereits sechs Mal«, setzt der Vorsitzende fort. »Immer wenn ihr eure Vorstellung beendet habt und schon hinter der nächsten Straßenecke verschwunden seid, holt die Gestapo aus der Menschenmenge oder aus dem nächstgelegenen Haus einen Mann und führt ihn ab – immer einen unserer Leute. Mehr als zehn wurden bereits auf diese Weise verhaftet; und dann natürlich auch noch etliche aus ihrem Bekanntenkreis.«

Jetzt erteilt der Vorsitzende dem zweiten Beisitzer das Wort.

»Ich klage euch an. Ich klage euch an des Hochverrats, der Zusammenarbeit mit der Gestapo zum Nachteil der polnischen Patrioten. Ich fordere von diesem Gericht, für dieses abscheuliche Verbrechen die Todesstrafe auszusprechen. Als erschwerend wäre im Urteil anzuführen, daß es Polen waren, die dem Okkupanten Hilfe gegen das eigene Volk geleistet haben.«

Die Frau wirft sich weinend auf die Knie.

Doch noch bevor sie sprechen kann, sagt der Vorsitzende:

»Das war die Anklage. Bei unseren Gerichtsverhandlungen haben wir keinen Verteidiger vorgesehen. Ihr könnt euch aber selbst verteidigen. Ihr habt die Möglichkeit, die Anschuldigungen zu widerlegen. Und das Gericht wird euch zuhören. Aber glaubt ja nicht, daß ihr hier Märchen auftischen könnt.«

Die beiden schweigen.

Der Vorsitzende setzt fort: »Jeden Tag müssen wertvolle Menschen im Dienste an unserem Volk sterben. Ohne solche Verräter wie ihr es seid, wären viele unserer Patrioten noch am Leben, oder sie wären nicht im Gefängnis, sondern in Freiheit. Hat man euch zu dieser Spitzeltätigkeit gezwungen?«

Der Mann greift sofort nach diesem Strohhalm.

»Natürlich haben sie uns gezwungen. Sie haben uns ja verhaftet, das habe ich ja schon gesagt.«

»Wegen Landstreicherei!«

»Nein, nein. Die Deutschen haben uns bei einer

Razzia aufgegriffen; bei der Durchsuchung fanden sie bei uns Valuten. Daraufhin sagten sie zu uns: ›Entweder ihr arbeitet für uns oder wir stecken euch in ein KZ.‹«

»So ein KZ, das wäre ja der Tod!« wirft die Frau unter Tränen ein.

»Du schweig«, sagt der Vorsitzende scharf. »Ihr habt also euer Leben gegen den Tod mehrerer polnischer Patrioten eingetauscht! Außerdem glaube ich nicht, daß ihr die volle Wahrheit sagt. Nach eurer Freilassung hättet ihr doch eigentlich aus Warschau verschwinden und irgendwo in der Provinz untertauchen können. Oder ihr hättet euch freiwillig nach Deutschland zur Arbeit melden können, da wäret ihr auch aus Warschau weggekommen. Ganz zu schweigen davon, daß es sicher zu schaffen gewesen wäre, falsche Papiere zu besorgen. Aber ihr habt euch eben für das leichte Leben eines Spitzels entschieden!«

»Nein! Wir haben die Wahrheit gesagt!«

Der Vorsitzende schlägt mit der Faust auf den Tisch, so daß die darauf liegenden Papiere in alle Richtungen fliegen.

»Jetzt reicht es aber! Wieviel haben euch die Deutschen bezahlt? Habt ihr pro Kopf eine Prämie bekommen, für jedes Todesurteil, für jede Aktion oder wie sonst? Wie heißt übrigens der Deutsche, dem ihr unterstellt ward?«

»Es war kein Deutscher«, sagt die Frau mit zitternder Stimme. »Er ist Pole.«

»Was, ein Pole?«

»Ja, von der polnischen Kriminalpolizei. Er arbeitet in der Wachstube in der Nähe des Ghettos.«

»Und wie heißt er?«

»Er hat den deutschen Namen Braun; aber er ist Pole, denn er hat immer polnisch mit uns gesprochen und auch mit den polnischen Polizisten. Vielleicht ist er Volksdeutscher.«

»Und wie habt ihr von ihm eure Aufträge erhalten?«

Beide schweigen.

»Ich warte!«

»Wir haben alles gesagt!«

»Oh nein, da fehlt doch noch etwas!«

»Wenn wir alles erzählen – können wir dann mit einer milden Strafe rechnen?«

Der Vorsitzende weicht einer direkten Antwort aus: »Die Frage der Strafe ist Sache des Gerichts.«

»Sie haben uns schon mehrmals gesagt, wir sollten beobachten, wo Menschen zusammenkommen, wo Flugblätter und Untergrundzeitungen verteilt werden. Und dann haben sie uns gesagt, das ginge wohl am besten, wenn wir uns als Bettler verkleideten. Und wenn wir dann als Bettler auf der Straße die Musik spielten, dann sammelten sich immer viele Leute, die zuhörten. Und bei jeder dieser Menschenansammlungen, sagte uns Braun, seien immer welche dabei, die Untergrundschriften verteilen würden. Und das haben wir dann auch oft bemerkt. Meine Frau hat ihre Beobachtungen dann dem von der Gestapo, der immer in der Nähe stand, zugeflüstert. Aber sie haben uns versprochen, sie verhaften die Leute nicht, solange wir in der Nähe sind, um uns nicht zu verraten.«

»Wie zuvorkommend von den Deutschen. Klar, sonst hätten sie euch ja nicht nochmals einsetzen können.«

»Ja, die Deutschen gingen ihnen dann immer nach. Die Zeitschriftenverteiler bemerkten gleich, daß sie verfolgt wurden und versuchten zu flüchten, ins nächste Haustor oder sonstwohin ...«

»Die Plätze, wo man euch hingeschickt hat, waren die immer im voraus schon festgelegt?«

»Nein. Wir wußten nie, wo wir am nächsten Tag spielen würden. Braun sagte es uns immer erst kurz vorher. Manchmal haben wir auch mehrere Tage an verschiedenen Plätzen gespielt, ohne daß irgend etwas passierte. Das ist wirklich die reine Wahrheit, was ich jetzt sage, das können wir beschwören!«

»Gebt uns eine genaue Beschreibung von diesem Braun. Ist er in Uniform?«

»Nein, er ist Zivilist.«

»Wie sieht er aus?«

»Er ist groß, schlank und hat blaue Augen. Das Haar hat er zurückgekämmt.«

»Wie groß?«

Der Mann denkt kurz nach. »Nun, vielleicht so – 1,80.«

»Ist er sicher Pole oder vielleicht doch ein Volksdeutscher?«

»Eher Pole, ich glaube aus Warschau. Er kennt sich in der Stadt ganz genau aus. Er hat uns auch immer unseren Weg ganz genau gesagt.«

»Wozu also dann die Telefonnummer?«

»Die Telefonnummer, ja, für den Fall, daß wir Schwierigkeiten haben. Wenn wir von der Gestapo oder der Schutzpolizei angehalten werden, so hat er uns gesagt, dann sollen wir nur sagen, sie sollten diese Telefonnummer anrufen und Herrn Braun verlangen.«

»Sozusagen eine Lebensversicherung. Wollt ihr eigentlich nicht jetzt Herrn Braun anrufen? Die Schwierigkeiten sind ja nun da.«

Die beiden schweigen. Die Aussichtslosigkeit ihrer Lage, in der sie sich befinden, ist ihnen bewußt geworden. Sie versuchen, Reue zu zeigen.

»Ja, wir haben falsch gehandelt. Wir bitten um Gnade!«

»Was habt ihr? Das ist wohl eine schwache Umschreibung für das, was ihr getan habt. Hättet ihr beispielsweise etwas gestohlen, dann könntet ihr den Schaden wieder gutmachen. Aber wie wollt ihr das, was ihr angerichtet habt, wieder gutmachen?«

»Bitte, haben Sie Erbarmen mit uns. Wir haben in Radom zwei Kinder«, fleht die Frau. »Sie sind bei meiner Mutter. Sie sind noch sehr klein, wollen Sie sie zu Waisen machen?«

»Und die, die ihr angezeigt habt? Was ist mit deren Kindern? Habt ihr daran gedacht, daß sie vielleicht auch eine Frau, eine Braut oder eine alte Mutter zurücklassen! Habt ihr euch überhaupt überlegt, daß ihr das Mieseste getan habt, was heutzutage ein Pole tun kann?«

Der Vorsitzende blickt seine beiden Beisitzer an. Beide nicken. Die drei Wachtposten nehmen Habachtstellung an, als der Vorsitzende aufsteht und den Urteilsspruch verkündet.

»Im Namen des polnischen Volkes verurteile ich euch wegen Zusammenarbeit mit dem Feind und wegen Denunziation polnischer Patrioten zum Tode. Aus eurer Verteidigung ging nicht hervor, daß ihr aus einer Zwangslage heraus so gehandelt habt. Daher fällt jeder mildernde Umstand weg.«

Beide beginnen zu weinen und zu schreien.

»Abführen«, befiehlt der Vorsitzende kurz.

Wieder werden den beiden die Augen verbunden. Die Wachen führen sie die Treppen hinauf und in die Scheune, wo sie wieder auf den Lastwagen klettern müssen. Dann treten sie ihren letzten Weg an.

Einige Tage später erhält Braun mit der Post die erste Warnung der polnischen Untergrundbewegung.

Der Untersturmführer hat die Kellner des Casinos um sich versammelt und geht mit ihnen noch einmal alle Vorbereitungen durch, die für den hohen Besuch getroffen worden sind, der für denselben Nachmittag bevorsteht. Es ist Mittwoch vormittag, in wenigen Stunden hätte Paul seinen freien Nachmittag.

»Heute nachmittag kann ich dich unmöglich entbehren, Paul«, sagt der Untersturmführer. »Aber meinetwegen kannst du dann gleich nach dem Besuch gehen. Sie bleiben wahrscheinlich ohnehin nicht lange, vielleicht nur eine Stunde oder ein bißchen mehr.«

Paul ist nicht gerade begeistert, aber er hofft, daß der

Besuch im Casino wirklich nicht lange dauern wird; denn Punkt sechs Uhr ist er heute mit Krystyna verabredet.

Die wichtigen Gäste sind der SS-Obergruppenführer Friedrich Wilhelm Krüger, sein Stab und die Polizeiführer der Distrikte, die Krüger zu einer Besprechung befohlen hat.

In den bis zum Eintreffen der Gäste verbleibenden Stunden werden die Räume des Casinos auf Hochglanz gebracht. Auch für Paul gibt es viel zu tun, doch daneben bleibt ihm Zeit, sich Gedanken über den bevorstehenden Besuch zu machen. Er hofft, daß die Gespräche ihm wichtige Informationen für Krystyna liefern werden.

Die Stunde des Besuchs rückt immer näher; vor allem der Untersturmführer wird langsam nervös, ständig erscheint er in der Küche, um Gläser und Bestecke zu kontrollieren und die vorbereiteten Getränke zu überprüfen; heute muß im Casinobetrieb alles klaglos funktionieren. Diese Herren, das weiß der Untersturmführer aus eigener Erfahrung, sind oft unberechenbar, eine Kleinigkeit kann sie schon aus der Ruhe bringen.

Die SS war ein Staat im Staate und wollte auch in wirtschaftlichen Belangen von der Verwaltung unabhängig sein. Zu diesem Zweck gründete die SS unter anderem im Generalgouvernement eigene Betriebe, die der Leitung des SS-Wirtschaftsverwaltungshauptamtes unterstanden. Um Arbeiter und Maschinen brauchte sich die SS dabei nicht zu kümmern. Maschinen und Betriebsausstattungen wurden einfach beschlagnahmt, gleich an Ort und Stelle, wo diese Dinge gebraucht wurden. Und als die SS Arbeiter benötigte, genügte die Mitteilung Krügers an Himmler, daß sich polnischer Widerstand bemerkbar mache – und schon bekam Krüger den Befehl, 30 000 oder 40 000 Polen, die ja potentielle Träger des Widerstandes sein konnten, in Konzentrationslager einzuliefern, an die die Wirtschaftsbetriebe der SS angeschlossen waren.

Die von der SS auf diese Weise verhafteten Polen waren aber in der Wirtschaft des Generalgouvernements, oft sogar in Betrieben der Wehrmacht tätig gewesen. Ihr Ausfall in diesen Betrieben führte zu vielen Beschwerden Franks, die dieser in Berlin vorbrachte. Diese Beschwerden häuften sich, und es war allen Eingeweihten klar, daß Krüger, der sich stark fühlte und am Höhepunkt seiner Macht glaubte, solche Beschwerden absichtlich herausgefordert hatte.

Als geradezu klassisches Beispiel, wie Krüger die Person und die Aufgabe des Generalgouverneurs ignorierte, ist die Aktion im Kreis Zamosc anzusehen. Diese Aktion begann mit der Räumung polnischer Dörfer, wo dann etwa 27 000 volksdeutsche Umsiedler untergebracht wurden. Weitere 70 000 Volksdeutsche aus Bosnien, Kroatien und Transnistrien waren bereits im Anmarsch.

Um solche Aktionen durchzuführen, war die Bevölkerung Polens nach rassischen Wertstufen in vier Gruppen geteilt worden: Die Gruppen I und II sollten eingedeutscht werden, die Gruppe III, in der die alten Leute zusammengefaßt wurden, sollte in sogenannten Rentnerdörfern angesiedelt werden, und die Gruppe IV schließlich sollte die noch in Betrieben arbeitenden Juden ablösen oder, wenn das nicht mehr erforderlich war, in Konzentrationslager gebracht werden.

Um die Jahreswende 1942/43 laufen Aktionen dieser Art bereits rund drei Monate. Jetzt wird der polnischen Bevölkerung drastisch vor Augen geführt, daß sie damit zu rechnen hat, nach den Juden das nächste Opfer des Nationalsozialismus zu sein. Sprunghaft steigt nun die Zahl der Polen im ganzen Distrikt Lublin, die nicht mehr abwarten, sondern in die Wälder gehen und sich den Partisanengruppen anschließen. Der ganze Distrikt Lublin gerät in Aufruhr. Darauf wissen die Deutschen keine andere Antwort als verstärkte Terrormaßnahmen, die darin gipfeln, daß unter dem Decknamen »Aktion Werwolf« im Distrikt rund 36 000 Polen festgenommen werden, die zuerst in Lagern gesammelt und dann als Zwangsarbeiter ins Altreich abtransportiert werden.

Doch mit solchen Aktionen ist der Aufruhr, die Unruhe im Distrikt Lublin, nicht aus der Welt geschafft. Die in die polnischen Dörfer eingezogenen Volksdeutschen aus Bessarabien beklagen sich bitter darüber, daß vor allem während der Nachtstunden Überfälle von polnischen Partisanen vorkommen, die einzelne Familien aus ihren Höfen vertreiben und die Gehöfte anzünden.

Daraufhin befiehlt Globocnik, Strafexpeditionen in

die Wälder der Umgebung zu unternehmen, an denen nicht nur die SS, sondern auch ukrainische und lettische Verbände teilnehmen. Die Erfolge der Deutschen sind jedoch mäßig. Jede Nacht geht ein anderes Gehöft in Flammen auf.

Auch beschwert sich jetzt die Wehrmacht über die Zustände im Distrikt, die Unsicherheit auf den Straßen durch Überfälle von Partisanen, besonders dort, wo wichtige Verbindungen Richtung Ostfront laufen, die die polnischen Partisanen durch Sabotage zu unterbinden trachten. Auf Straßen errichten die Partisanen Sperren, sie lockern aber auch Eisenbahnschienen und bringen so Züge zum Entgleisen, wobei sich die Partisanen oft der Güter bemächtigen können, die für die Ostfront bestimmt sind.

Darüberhinaus beklagt sich Generalgouverneur Frank bei Hitler und Himmler auch darüber, daß er über die Aussiedlungsmaßnahmen der polnischen Bevölkerung in diesen Gebieten von der SS weder befragt noch informiert worden sei.

Es kommt daher zu einem großen Kompetenzstreit. Himmler, der sich auf die Berichte Globocniks und Krügers stützt, teilt Hitler offiziell mit, daß die Aussiedlung der Polen die Kompetenzen des Generalgouverneurs überhaupt nicht betreffe, da diese Aktionen im Rahmen der »Festigung des deutschen Volkstums im Osten« durchgeführt würden. Und für diese Aktionen sei nur er, Himmler, verantwortlich. Der alte Streit zwischen SS und Generalgouverneur Frank gelangt damit zu einem neuen Höhepunkt.

Aus diesem Grund hat Krüger eine Sitzung der Polizeiführer der Distrikte in Warschau einberufen.

Es ist gegen vier Uhr nachmittag, als der Untersturmführer telefonisch vom knapp bevorstehenden Eintreffen seiner hohen Gäste verständigt wird. Die Kellner des Casinos nehmen Aufstellung und alsbald erscheint die SS-Prominenz.

Alle tragen die schwarze Uniform, mit sämtlichen Rangabzeichen und Orden geschmückt. Mit ausgestrecktem Arm erwidern sie den Gruß des Casinopersonals.

Nachdem sich alle in den Fauteuils niedergelassen haben, ordnet Hahn, der SS-Polizeiführer von Warschau, der sich gleichsam als Gastgeber fühlt, die Getränke an. Mit vollen Gläsern prosten die Herren einander ausgiebig zu. Und dann wird geplaudert, die unterbrochenen Gespräche werden fortgeführt, natürlich in viel lockererer Form als vorher während der offiziellen Konferenz bei Krüger. Als einer aus der Runde, ein SS-Oberführer, den Paul nicht kennt, Franks Beschwerden in Berlin erwähnt, blitzen Krügers Augen auf; schon die Erwähnung des Namens Frank ist für ihn so etwas wie ein rotes Tuch.

»Der hohe Herr in Krakau, der soll sich um seine eigenen Angelegenheiten kümmern«, sagt Krüger mit eisiger Stimme.

»Ich habe gehört, er studiert jetzt die Geschichte der polnischen Könige ...«

»Ja, er soll sich sogar einiges aus der polnischen Geschichte übersetzen lassen«, wirft Globocnik ein.

Auch er ist auf Frank nicht gut zu sprechen, dessen letzte Beschwerde ihm persönlich Schwierigkeiten gebracht hat; ist es doch dabei um die Aktion in der Umgebung von Lublin gegangen, das Gebiet, das er als sein Revier betrachtet. Höhnisch sagt er: »Wozu das wohl gut sein soll? Vielleicht will er ein selbständiges Polen wiedererstehen lassen? Doch dazu wird es nie kommen! Der ganze polnische Kram, den er auf seiner Wawel-Burg gehortet hat, der ist doch nur für den Misthaufen!«

SS-Brigadeführer Dr. Schöngarth wirft ein: »Ich denke, Frank schätzt einfach die Lage falsch ein. Ich habe ihm das schon einmal gesagt.«

»Vielleicht hat er aber etwas anderes vor«, sagt mit einem leichten Lächeln einer der anwesenden Adjutanten, »etwas, woran wir nicht denken.«

»Kurz und gut, ich traue ihm nicht«, erklärt Krüger. »Noch dazu hat er ziemlich ausgefallene Ideen. Und dann hält er Hof in Krakau, als wäre er ein Souverän. Sogar einen italienischen Botschafter hat er bei sich. Der träumt vielleicht sogar von einem Königreich Polen!«

»Hans I.«, hört man einen aus der Runde.

Paul, der gerade die Brötchen serviert, hat nicht erkennen können, wer das gesagt hat; jedenfalls hat dieser Witz die Stimmung aller Anwesenden merklich gehoben.

»Ausgezeichnet. Er wäre gerade der Richtige als Polen-König. Jetzt fehlt nur noch die Krönung, sein Bild in allen Ämtern und eine Briefmarke mit seinem Kopf …«

Krüger hat das ganz trocken gesagt, die Wirkung auf die Lachmuskeln seiner Zuhörer ist daher um so größer.

»Bei Frank wäre das wirklich möglich«, lacht Globocnik. »So eitel, wie er ist ... vielleicht wird er das dem Führer vorschlagen und dann sagen, daß man damit die Polacken gewinnen könnte, die ihn doch so lieben.«

Ein SS-Standartenführer aus der Begleitung Globocniks blickt mit einem verschmitzten Lächeln in die Runde und fragt: »Obergruppenführer, darf ich mir erlauben, etwas zu sagen?«

»Aber natürlich!«

»Der Vorschlag bezüglich der Briefmarke, wie Sie ihn jetzt scherzhaft machen, davon habe ich schon gehört, allerdings ganz im Ernst. Es war im Büro der SS in Krakau; die Leute dort erzählten mir, sie hätten gehört, Frank habe tatsächlich beim Reichsleiter Bormann vorgefühlt, um zu erfahren, wie dieser sich zu einer Marke mit seinem Bild stelle. Bormann soll Frank geantwortet haben, daß er die ganze Sache als Witz betrachte. Damit war die Angelegenheit beendet.«

Paul bemerkt mit einem schnellen Seitenblick, daß Krüger über diese Mitteilung keineswegs überrascht ist. Ist er möglicherweise schon von Himmler entsprechend informiert worden? Kann er es sich jetzt nur nicht verkneifen, die Geschichte für sich zu behalten, und versucht, sie in Form eines Scherzes unter die Leute zu bringen? Er kann ja sicher sein, daß nach einiger Zeit Frank darüber berichtet wird. Aus den Blicken Krügers glaubt Paul zu erkennen, daß ihm die Erzählung des Standartenführers gerade recht kommt.

»Mit einem solchen Vorschlag fliegt er beim Führer gleich mit der ganzen Tür samt Türstock hinaus«, sagt Krüger lachend; sichtlich stellt er sich die ganze Szene bildhaft vor.

Die Runde rückt näher zusammen, und Krüger senkt ein wenig die Stimme; Paul hört aber trotzdem deutlich, was er sagt: »Bei so einer Marke würden die Leute aber nicht auf die Rückseite spukken ...«

Schallendes Gelächter folgt dieser Bemerkung.

Dann wendet sich Krüger an Globocnik: »Gruppenführer, Sie machen weiter wie bisher und lassen sich von Frank nicht behindern. Der soll ruhig protestieren, der Reichsführer sorgt schon dafür, daß er nicht durchkommt.«

»Jawohl! Wir haben ja alles schon besprochen – und ich weiß, was der Reichsführer von mir erwartet.«

Krüger wiederholt auch die Anordnungen an die übrigen Polizeiführer, die er anscheinend schon während der Besprechung zuvor getroffen hat. Der Sinn ist jedoch für Paul nicht zu verstehen, da er zu wenig informiert ist. Über die Aktion Globocniks hat Paul aber genügend Kenntnis, sowohl aus Gesprächen mit Krystyna als auch durch das, was er im Casino gehört hat.

Die Runde macht sich bereit aufzubrechen. Sobald sie gegangen sind, wendet Paul sich an seinen vorgesetzten Unterstrumführer: »Darf ich mich jetzt abmelden?«

»Ja, sicherlich. Ich habe es dir ja versprochen. Du kannst gehen, die anderen machen hier noch sauber. Hast du es vielleicht eilig? Na, wahrscheinlich eine Flamme in der Stadt?«

Paul schweigt.

»Ja, jung wie du müßte man eben noch sein.«

»Unterstrumführer, darf ich jetzt gehen?«

»Ja, Heil Hitler!«

»Heil Hitler!«

Hinsichtlich der Verabredung mit Paul hat Adam Krystyna beauftragt, ganz bestimmte Fragen zu stellen. Adam ist nämlich der Meinung, es genüge nicht, von Paul nur das zu erfahren, was dieser zufällig im Casino aufschnappt. Man müsse ihn auf alles aufmerksam machen, was für die Untergrundbewegung von Interesse sein könnte.

Die Notizen, die Adam Krystyna gegeben hat, wird sie vernichten, sobald sie sich alles genau eingeprägt hat.

»Ich komme mir vor wie bei der Matura, da habe ich auch eine ganze Menge auswendig lernen müssen«, hat sie zu Adam gesagt.

»Aber es ist nicht ganz so wie früher, Krystyna. Deine Reifeprüfung mußt du jetzt jeden Tag ablegen.«

Immer, wenn in einem Gespräch das Wort »früher« fällt, hat Krystyna ein ganz sonderbares Gefühl. Sie ist geradezu allergisch gegen dieses Wort: »Früher« bedeutet für sie sehr viel, vor allem sehr viele schöne

Erinnerungen. Es bedeutet für sie die Zeit, als sie noch Studentin war, als sie noch mit ihren Eltern zu Hause lebte, als sie noch unbeschwert Feste feiern konnte und als ihr Vater hoch zu Roß in seiner schmucken Uniform die Parade seiner Ulanen abgenommen hat.

Sie hat früher in geordneten, ruhigen Verhältnissen gelebt und keine Probleme gehabt; zumindest waren die Probleme von damals nichts im Vergleich zu den Problemen, mit denen sie heute konfrontiert ist. Rückblickend erscheint Krystyna dieses »Früher« wie ein Traumland, und manchmal, wenn sie nicht einschlafen kann, fragt sie sich, ob es dieses Traumland überhaupt je gegeben hat – hat sie nicht alles Schöne nur in ihrer Phantasie erlebt?

Dieses »Früher« ist nun endgültig vorbei, das spürt Krystyna ganz deutlich. Und es wird auch nicht so leicht wiedererstehen können, nach alldem, was das polnische Volk durchgemacht hat – gar nicht zu reden von dem, was ihm vielleicht noch bevorsteht. Sicher, es wird irgendeine Art von »Später« geben, aber wie? Im Augenblick zählt jedenfalls nur das »Heute« – und da ist es oft besser, nicht daran zu denken.

Für Krystyna ist es überdies ein trauriger Tag gewesen. Auf dem Weg zu Adam hat sie eine ältere Freundin, die ebenfalls der Untergrundbewegung angehört, besucht. Diese Freundin war in Trauer; ihr einziger Sohn, der sich den Partisanen angeschlossen hatte, ist gefallen. Soeben ist sie von den Swientoskrzyski-Bergen zurückgekommen, wo sie sein Grab besucht hat.

»Weißt du, auf einem Wagen, mit Stroh zugedeckt, so haben sie ihn aus dem Wald gebracht. Was für ein Unglück, daß gerade ihn eine Kugel getroffen hat. Aber was zählt schon ein Menschenleben in unserer Zeit?«

Krystyna hat versucht, die Mutter zu trösten, die als Mitglied der Widerstandsbewegung schon für viele junge Männer, die in Gefahr gewesen sind, wie für ihren eigenen Sohn gesorgt hat. Sie hat schon manchmal um einen ihrer Schützlinge geweint, der den Deutschen in die Hände gefallen ist. Diesmal jedoch, diesmal handelt es sich um ihr eigenes Kind ...

Es gibt viele solcher Mütter in Polen, die still ihre Pflicht erfüllen. Und doch ist ihr Schmerz nur eine Träne in einem Ozean des Leids in dieser Zeit, wo tagtäglich Tausende Menschen auf bestialische Weise umgebracht werden.

Krystyna erzählt Adam davon, doch dieser weiß schon vom Tod des jungen Partisanen.

»Ohne solche Opfer gäbe es für uns keine Zukunft«, meint er.

Krystyna schweigt.

»Sicherlich wird es Menschen geben, die in den Taten dieses Mannes und in seinem Tod keinen Sinn sehen. Es ist wie im Sprichwort ›Mit dem Spaten gegen die Sonne‹. Und mancher wird fragen, wozu ist er in den Wald gegangen, was können schon ein paar Leute gegen eine ganze Armee ausrichten? Diese Fragen stellen wir ja alle ...«

Pünktlich, als wäre der hohe Besuch im Casino nicht dazwischengekommen, findet Paul sich am vereinbarten Treffpunkt ein. Er hat schon befürchtet, daß er heute zu spät kommen und Krystyna vielleicht nicht mehr antreffen wird. So ist er guter Laune, daß er es doch noch geschafft hat.

Als Krystyna erscheint, steht sie noch ganz unter dem Eindruck ihres Gesprächs mit Adam über den gefallenen jungen Partisanen. Paul erkennt sofort, daß sie niedergeschlagen ist.

»Ist etwas passiert, Krystyna?«

»Ein Junge aus einer Familie, die ich gut kenne, ist gefallen.«

»Im Kampf?«

»Ja, im Kampf.«

»Immer noch besser, als wenn er irgendwo sonst erschossen worden wäre.«

Krystyna blickt Paul an.

»Du sprichst jetzt schon wie einer von uns.«

»Ich denke auch so.«

Er gehört jetzt wirklich zu uns, denkt Krystyna und laut sagt sie: »Ich soll dir Grüße von Adam bestellen. Er hat mir den Kopf mit Fragen vollgestopft, lauter Fragen, die uns interessieren. Du könntest vielleicht mehr wichtige Sachen im Casino erfahren, wenn du weißt, was für uns von besonderem Interesse ist.«

Sie nennt Paul aus dem Gedächtnis die acht Fragen, die vor allem Militärtransporte an die Ostfront betreffen, Verlegungen von Rüstungsbetrieben, Namen und Nummern von an der Front eingesetzten Divisionen, aber auch die Lebensgewohnheiten einiger SS-Führer, die in Warschau stationiert sind. Paul beantwortet die Fragen, so gut er kann; auf manche weiß er allerdings keine Antwort.

»Wenn wir uns das nächste Mal treffen, werde ich hoffentlich mehr wissen. So manches kann ich ja von meinen Kameraden erfahren.«

»Gab es sonst noch etwas Interessantes bei euch?«

»Zuerst möchte ich dir ein Geschenk ...«

Krystyna macht eine abwehrende Handbewegung.

»Aber du weißt doch noch gar nicht, was es ist. Es ist eine kleine Broschüre von Frank.«

»Ach so, bitte zeig sie mir.«

Paul holt die Broschüre aus seiner Jackentasche und reicht sie Krystyna.

»Hier, lies!«

Krystyna liest in nicht sehr fließendem Deutsch laut vor sich hin: »Einige psychologische Hinweise zur deutschen Polen-Politik.«

»Herausgegeben von der ›Akademie für deutsches Recht‹«, ergänzt Paul. »Ich habe die Broschüre ganz gelesen und habe auch einige Sätze unterstrichen, die dich betreffen.«

»Mich? Wieso? Bin ich namentlich genannt?«

Paul lacht.

»Nein. Natürlich nicht. Aber es ist von den Polinnen die Rede.«

Er nimmt die Broschüre Krystyna aus der Hand.

»Ich werde dir diese Stellen vorlesen.«

Er blättert kurze Zeit, bis er gefunden hat, was er sucht:

»Die Polin ist eine gewaltige Gefahr. Im Spionieren

und Konspirieren, im nationalen Fanatismus kennt man sie als die erfahrenste, gefährlichste Frau Europas. Daher sollte es beschleunigt ermöglicht werden, daß die im Generalgouvernement Tätigen ihre Familien, zumindest ihre Frauen, mitbringen können.«

An Krystynas Gesichtsausdruck erkennt Paul, daß sie nicht alles verstanden hat; daher übersetzt er Wort für Wort.

»Na, was sagst du dazu?« fragt er abschließend.

»Ich habe nichts dazu zu sagen.«

»Aber ich. Denn ich bin stolz auf dich. Du hast jetzt eine amtliche Anerkennung als Polin und von niemand Geringerem als von unserem Generalgouverneur. Ich wußte nicht, daß Polinnen so gefährlich sind. Aber mich betrifft ja diese Broschüre gar nicht, denn ich bin Junggeselle, und mir können sie daher auch keine Frau aus dem Reich nachschicken.« Er lacht.

»Das ist eben die Lücke in dieser Broschüre. Aber ich muß dir noch etwas von Frank erzählen. Heute war Krüger bei uns, mit allen Spitzen der SS. Zuvor hatten sie bei ihm eine Besprechung gehabt und nachher waren sie im Casino. Das Ganze hing mit der Aktion gegen die Polen im Distrikt Lublin zusammen.«

»Ja, wir wissen, dort sind schreckliche Dinge vorgekommen. Unter Vorwänden hat man Tausende polnischer Familien verhaftet und ausgesiedelt – gegen ›asoziale Elemente‹ sind sie vorgegangen, sagen sie. Unseren Bauern hat man die Gehöfte weggenommen, mit dem ganzen Inventar, und dann haben sich Volksdeutsche aus Bessarabien dort angesiedelt.«

»Und wir haben nichts dagegen unternommen?«
Krystyna fällt das Wörtchen »wir« auf und sie freut sich darüber.

»Oh doch. Die jungen Bauern gingen in die Wälder. Und dann überfielen sie nachts ihre eigenen Häuser und zündeten sie an. Stell' dir das einmal vor!«
Sie macht eine Pause.

»In den Wäldern von Lublin waren immer schon viele Leute von uns versteckt. Aber jetzt sind es schon dreimal soviel. Die Deutschen haben sich Ukrainer und Letten zu Hilfe geholt, aber sie werden trotzdem mit unseren Partisanen nicht fertig ...«

»So ist das also! Jetzt verstehe ich auch, warum die hohen Herren heute Nachmittag so lange Gesichter gemacht haben. Ihrer Unterhaltung konnte ich entnehmen, daß Frank wahrscheinlich wieder einmal protestiert hat, weil die SS, ohne ihn zu fragen, Polen ausgesiedelt hat.«

»Adam hat mir erzählt, daß sich auch die Wehrmacht beschwert hat. Es gehen gerade durch dieses Gebiet Straßen und Eisenbahnlinien zur Front – und da sind natürlich größere Ansammlungen von Partisanen und Überfälle für die Wehrmacht besonders ärgerlich.«

»Jetzt verstehe ich die Zusammenhänge. Die Wehrmacht glaubt, Frank steckt dahinter; sie macht bei ihm Vorstellungen. Er ist jedoch von Krüger nicht einmal informiert worden und protestiert daher mit Nachdruck in Berlin; Berlin wieder fragt bei Krüger an … Sie haben sich heute in einer Weise über Frank ausgelassen, wie ich es früher noch nie gehört habe.«

Paul erzählt Krystyna alles, was er am Nachmittag gehört hat.

»Und was ist schließlich herausgekommen? Hast du irgend etwas darüber erfahren, wann die Aktion beendet werden soll?«

»Nein, sie sind alle gegangen, nachdem Krüger gewitzelt hat, Frank hätte vor, sich zum König der Polen ausrufen zu lassen; dann würde auch eine Briefmarke mit seinem Kopf herausgegeben werden. Das hat sie alle natürlich sehr amüsiert.«

Am nächsten Morgen findet sich Krystyna bereits zeitig in der Tischlerwerkstätte ein. Wie so oft, muß sie auch heute ein wenig warten, bis sie zu Adam in den Keller gehen kann.

»Ich habe Paul alles gesagt, was du mir aufgetragen hast. Einige Fragen konnte er beantworten; vor allem, was die SS-Führer betrifft, er kennt sie alle und zum Teil auch ihre Lebensgewohnheiten.«

»Sehr gut. Und was gibt es sonst?«

»Sonst? Ja, eine Sitzung aller Polizeiführer bei Krüger, gestern. Nachher waren sie alle im Casino, und Paul konnte ihre Unterhaltung zum größten Teil mithören.«

»Und?« fragt Adam interessiert.

»Sie haben hauptsächlich auf Frank geschimpft und sich über ihn lustig gemacht.«

Krystyna erzählt, was sie von Paul erfahren hat,

auch die Geschichte mit der Briefmarke und alle anderen Einzelheiten.

Ein maliziöses Lächeln umspielt Adams Mundwinkel.

»Ich glaube, das wäre etwas für unsere Leute von der Aktion ›N‹«, murmelt Adam, und er weiß: In zwei Tagen geht ein Kurier nach London!

ENGLAND ORGANISIERT DEN
PROPAGANDA-KRIEG

Schon während der Luftschlacht um England im Sommer 1940 kam es zu einem Dreier-Gespräch zwischen Churchill, Kriegsminister Anthony Eden und dem Minister für Kriegswirtschaft, Hugh Dalton. Bei dieser Unterredung entwickelte Churchill den Plan einer Kriegführung im Rücken der deutschen Fronten, die nur mit Hilfe und Unterstützung von Sabotage Aussicht auf Erfolg hatte.

Österreich, die Tschechoslowakei, Polen, Dänemark und Norwegen, Luxemburg, Holland, Belgien und Frankreich standen bereits unter deutscher Herrschaft. Aus geheimen Informationen wußte Churchill, daß in einigen dieser Länder Untergrundbewegungen mit Sabotagearbeit gegen die deutschen Besatzer begonnen hatten. Als zumindest gleichbedeutend aber bewertete Churchill einen anderen Effekt: Diese Untergrundorganisationen konnten in allen von den Deutschen besetzten Ländern Nachrichten und Informationen sammeln, die für die alliierte Kriegführung von unschätzbarem strategischen und psychologischen Wert waren. Daher schlug Churchill vor, in England eine eigene Organisation aufzubauen, deren Aufgabe sein sollte, Kontakte mit den kämpfenden Untergrundorganisationen in Europa aufzunehmen und deren Aktivitäten zu unterstützen. Gleichsam als Gegenleistung für die eng-

lische Hilfe sollten die Widerstandskämpfer wichtige Informationen nach London melden. Die neue Organisation erhielt zunächst den nichtssagenden Namen »Special Operations Executive«, abgekürzt »SOE«, und sollte von Kriegsminister Dalton geleitet werden. Am 22. Juli 1940 wurde die »SOE« vom britischen Kabinett gebilligt, ohne daß das englische Parlament vorher darüber informiert worden war. Die Zahl der Personen, die über den Charakter, die Aufgaben und die Aktionen der neuen Organisation Bescheid wußten, mußte unbedingt klein gehalten werden.

Die »SOE« hatte den Vorteil, daß sie auf einer bereits bestehenden Organisation ähnlichen Charakters aufbauen konnte, der »Military Intelligence Research (MIR)«. Die »MIR« wurde mitsamt ihrem Kommandanten Gubbins von der »SOE« übernommen, die sich daher auf viele Erfahrungen, Informationen und in Dossiers gesammelte Nachrichten stützen konnte. Der englische Brigadier Gubbins hatte vorausschauend bereits am 18. Oktober 1939 die Grundlagen für eine konspirative Arbeit im von den Deutschen besetzten Polen in einem Protokoll wie folgt festgelegt: »Es ist klar, daß im Moment eine Periode der Ruhe erforderlich ist, um die Organisation auf einer festen Basis zu gründen. Aus diesem Grund muß der Widerstand einen passiven Charakter haben, so daß der Feind nicht bemerkt, daß eine Organisation aufgebaut wird und er somit überraschend überwältigt werden kann, wenn die Zeit für eine Aktion kommt ...«

Die neugegründete »SOE« wollte Dalton nicht von einem Offizier, sondern von einer Zivilperson führen lassen; erster Chef der »SOE« wurde daher Sir Frank Nelson. Als dieser wegen seines schlechten Gesundheitszustandes im Mai 1942 von der Leitung der »SOE« zurücktreten mußte, folgte ihm Sir Charles Hambro, ein Bankier. Erst in der zweiten Hälfte des Jahres 1943 löste Gubbins Hambro ab und übernahm die Leitung der »SOE«.

Die »SOE« gliederte sich in mehrere nationale Abteilungen: je eine albanische, belgische, tschechoslowakische, dänische, norwegische, holländische, französische, griechische, jugoslawische, italienische, iberische, deutsche und schließlich eine polnische Abteilung. Gegen Ende des Krieges wurde auch noch eine ungarische Abteilung geschaffen. Mit der Zeit wuchs die Zahl der Mitarbeiter der »SOE« auf etwa 14 000, davon waren rund ein Viertel Frauen. Mitarbeiter waren aber nicht so sehr Verwaltungsbeamte, sondern zahlreiche Offiziere und Fachleute der verschiedensten Wissensgebiete, außerdem natürlich ausgebildete und erfahrene Agenten.

Als erste nahm die Abteilung F-Frankreich ihre Tätigkeit auf. Diese Abteilung war natürlich für die Engländer die wichtigste, lag doch ihr Tätigkeitsgebiet genau der britischen Insel gegenüber; und die Franzosen, die nach der Besetzung ihres Landes durch die Deutschen nach England geflüchtet waren, hatten ausgezeichnete Fachleute unter sich, die sofort ihre Arbeit innerhalb der »SOE« aufnehmen konnten.

Im Herbst 1940 schließlich begann die polnische Abteilung der »SOE« ihre Tätigkeit; zum Chef wurde Hauptmann H. B. Perkins ernannt, der vor dem Krieg als englischer Staatsbürger in Polen gelebt und in Bielitz eine kleine Textilfabrik besessen hatte. Perkins sprach ausgezeichnet polnisch und war mit den Verhältnissen des Landes bestens vertraut. Perkins unterstand Hauptmann P. A. Wilkinson, der in der Zentrale der »SOE« mehrere südosteuropäische Abteilungen leitete; Wilkinson wiederum war einer von Gubbins' engsten Mitarbeitern.

Erste Aufgabe der Personalabteilung der »SOE« war es, Leute mit entsprechender Bildung, mit Landes- und Sprachkenntnissen, die sich in den von den Deutschen besetzten Gebieten unauffällig bewegen konnten, ausfindig zu machen. Was die Arbeit der »SOE« für den Bereich Polen betraf, so hatte die französische Abteilung eine eigene polnische Unterabteilung; Grund dafür war die Tatsache, daß in Frankreich vor 1939 etwa eine Viertelmillion Polen lebte, die fast ausschließlich als Bergarbeiter im nordfranzösischen Industriegebiet tätig waren.

Schon zu Beginn der Gründung der polnischen Abteilung innerhalb der »SOE« wurde die Übereinkunft getroffen, daß diese Abteilung eng mit der Abteilung VI des polnischen Armeeoberkommandos in England zusammenarbeiten würde. Die polnische Sektion der »SOE« war die einzige nationale Abteilung, die über eine solche Verbindung zu einer außenstehenden Organisation verfügte. Auch wurden die Kuriere, Agenten, die Fallschirmspringer und alle anderen, die auf den verschiedensten Wegen zur Erfüllung ihrer Mission nach Polen geschickt wurden, für die »SOE« von der Abteilung VI des polnischen Generalstabs in England ausgewählt. Von dem Augenblick an, da die für solche Sonderaufgaben Bestimmten polnischen Boden betraten, wurden sie automatisch Angehörige der »AK« und unterstanden ab diesem Zeitpunkt ausschließlich ihrem Kommando. Überdies bedienten sich die Polen eines eigenen Codes bei ihren Funkverbindungen mit ihrem Land; dieser Code war lediglich den höchsten Führern der »AK« in Polen sowie dem polnischen Generalstab in England bekannt.

Die Kuriere und Agenten der »SOE«, die entweder über den See- oder den Landweg nach Polen gelangten, sahen sich mit Schwierigkeiten und großen Unbequemlichkeiten konfrontiert. Allein die Reise nach Polen dauerte etwa drei Wochen, manchmal länger. Meistens ging die Route über Ungarn. Aber es gab auch Verbindungen über Rumänien, Bulgarien und die Türkei, Wege, die in der Regel von den aus Polen kommenden Kurieren gewählt wurden. Mit dem Ausbau des regelmäßigen Funkkontaktes zwischen Polen und England beschränkten sich die Verbindungen über Kuriere immer mehr auf spezielle Missionen. Solche Missionen bestanden vor allem darin, Berichte nach England zu bringen, die die Situation der polnischen Bevölkerung zum Inhalt hatten, dazu Informationen über militärische Aspekte, die von strategischem Interesse waren. Diese Nachrichten wurden vor allem nach dem Überfall des

Dritten Reiches auf die Sowjetunion wichtig, da Polen zum Durchzugsgebiet Richtung Ostfront geworden war.

Die polnische Untergrundbewegung stellte sich darauf ein, Truppenbewegungen und Munitionszüge, Verwundetentransporte und Transporte aller Art, kurz alles, was mit dem Kriegsgeschehen zusammenhing, zu beobachten. Wichtige Beobachtungen wurden sofort per Funk an die polnische Abteilung der »SOE« durchgegeben. Berichte mit eher allgemeinem Inhalt, die vor allem die Stimmung in der Bevölkerung kennzeichneten, aber auch Mitteilungen über die deutschen Besatzer, über Streitereien und Konflikte zwischen Wehrmacht, Partei und SS oder auch nur Gerüchte enthielten, wurden regelmäßig per Kurier nach London geschickt. Solche Berichte wurden, auf Mikrofilm kopiert, in Füllfederhalter oder andere Verstecke eingerollt oder eingepreßt. Das gesamte Material wurde vom polnischen Generalstab in England sortiert und sowohl an den englischen Generalstab weitergegeben als auch von der »SOE« ausgewertet.

Mit der psychologischen Kriegführung während des Zweiten Weltkrieges eng verbunden ist vor allem der Name Sefton Delmer. Als weltweit bekannter Reporter des »Daily Express« hatte er sich durch seine Kommentare einen Namen als profunder Kenner der europäischen Politik gemacht. Als Sohn eines englischen Diplomaten war er in Deutschland geboren, hatte deutsche Schulen besucht, sprach ein hervorragendes Deutsch und kannte die deutsche Psyche. Eine Reihe höherer Nationalsozialisten war ihm aus dieser Zeit bekannt, darunter auch der Führer persönlich. Während des spanischen Bürgerkrieges war er als Kriegsberichterstatter auf der iberischen Halbinsel, als die Tschechenkrise ausbrach im Brennpunkt Prag.

So war es naheliegend, daß die britische Führung auf Delmer aufmerksam wurde und ihm im Rahmen der englischen Propagandaarbeit eine Stelle anbot, bei der er sowohl seine Kenntnisse als auch seine Fähigkeiten voll nutzen konnte. Er sollte eine Propaganda konzipieren, die unter den Deutschen Verwirrung stiften würde; er sollte Rundfunksendungen gestalten, die so aufgebaut waren, als seien sie von einer geheimen Gruppe in Deutschland in den Äther gefunkt worden, einer Gruppe, die zwar für Hitler und seinen Krieg, aber gegen Hitlers Gefolgsleute war.

Mit einer Propaganda solcher Art hatten eigentlich die Deutschen begonnen; sie nahmen einen Sender in englischer Sprache in Betrieb, der sich »The Worker's Challenge« nannte und der in einer ziemlich obszönen Sprache vom Gesichtspunkt eines linksorientierten englischen Arbeiters die Situation Großbritanniens beurteilte. Als man in britischen Regierungskreisen die überraschend starke Wirkung dieser deutschen Propaganda-Aktivitäten analysierte, faßte man den Beschluß, Deutschland mit gleicher Münze zurückzuzahlen. Der überwiegenden Einstellung des deutschen Volkes entsprechend schien es geboten, einen politisch rechtsgerichteten Rundfunksender vorzutäuschen. Delmer wurde nun beauftragt, im Rahmen des sogenannten »Research Unit« – einer Organisation, die später in die »Special Operations Executive« übernommen wurde – einen solchen Rundfunksender aufzubauen. Es war das Verdienst Delmers und seiner Mitarbeiter, daß ihre Tätigkeit innerhalb der »SOE« bald zu einer Legende wurde, die noch lange nach dem Krieg Widerhall fand.

Die Propaganda, die Delmer konzipierte, wandte sich an den Durchschnittsdeutschen; sie vermied jede ideologische Debatte oder anti-nationalsozialistische Gefühle. Solche Gefühle sollten in den Hörern der Propagandasendungen erst dann zu keimen beginnen, wenn sie zur Überzeugung gelangt waren, daß der Krieg verloren war, daß die Zeit gekommen sei, sich von Hitler zu trennen. Daher war es auch unbedingt notwendig, daß die von England ausgestrahlte Propaganda im Großdeutschen Reich nicht als Feindpropaganda zu erkennen war, sondern sich eines deutschen Superpatriotismus als Tarnung bediente.

Der englische Propagandasender »Gustav Siegfried 1« begann seine Tätigkeit etwa zwei Wochen, nachdem Hitlers Stellvertreter Rudolf Heß über Schottland abgesprungen war – ein Ereignis, das eine Sensation darstellte und das den Deutschen beim besten Willen nicht verheimlicht werden konnte. Der Start des Propagandasenders stand also unter einem guten Stern. Mit der Zeit erreichte er so große Popularität in Deutschland, daß man sich zuflüsterte, eine

Untergrundbewegung innerhalb der Wehrmacht betreibe diesen Schwarzsender.

Sefton Delmer hat in seinen Erinnerungen »Die Deutschen und ich« etliche der Irreführungen, wie sie sein Sender ausstrahlte, beschrieben. So gab man beispielsweise angeblich verschlüsselte Mitteilungen durch, um die Gestapo ein wenig zu beschäftigen: »Willi trifft Jochen Freitag, fünfte Parkettreihe, zweite Vorstellung, Union-Theater.« Natürlich gab es in Deutschland eine große Anzahl von Kinos, die sich »Union-Theater« nannten – und die Gestapo hatte nun die undankbare Aufgabe, in allen diesen »Union-Theatern« nach den zwei angeblichen britischen Agenten zu suchen.

Der Sprecher des Senders »Gustav Siegfried 1« war Deutscher, der die nicht gerade zimperliche deutsche Soldatensprache blendend beherrschte und der mit seinen saftigen Ausdrücken Hörer anlockte. Um sie nicht etwa auf den Gedanken zu bringen, einen feindlichen Propagandasender zu hören, flocht der Sprecher in seine Plaudereien auch Schimpfkanonaden über den »besoffenen alten Juden Churchill« ein. Umfragen, die nach dem Krieg durchgeführt wurden, ergaben, daß sich der Sender »Gustav Siegfried 1« und später der »Soldatensender Calais« unter den Deutschen großer Beliebtheit erfreuten und daß viele beide Sender für einen geheimen Wehrmachtssender gehalten hatten.

Es bestand also ab dem Jahr 1940 neben der sogenannten »weißen Propaganda« der BBC, die vom Leiter der »politischen Kriegsführung gegen die

Feindstaaten und ihre Satelliten«, Dick Crossmann, geführt wurde, die »schwarze Propaganda«, für die Sefton Delmer verantwortlich war; sein offizieller Titel lautete »Leiter der Sonderoperationen gegen die Feindstaaten und ihre Satelliten«. Ergänzt werden mußten die gesprochene »weiße« und »schwarze Propaganda« durch das gedruckte Wort – und so entstand die »schwarze Literatur«; auch ihre Herstellung leitete Sefton Delmer. »Schwarze Propaganda« gab es im von den Nationalsozialisten besetzten Europa in zwei Arten: als gedrucktes Material, das von Agenten unter die Leute gebracht oder von Flugzeugen abgeworfen wurde, und als in verschiedenen besetzten Ländern von den Untergrundbewegungen produziertes Schrifttum.

Diese Art der Propaganda mußte natürlich mit den Geheimsendern eng zusammenarbeiten; denn Nachrichten, die ausgestrahlt wurden und die nicht von allen gehört werden konnten, sollten zusätzlich in Form von Flugzetteln, Zeitungen usw. verbreitet werden. Was die polnische Untergrundbewegung mit ihrer Aktion »N« durch die kluge Voraussicht ihres Leiters Kowalik erreicht hatte, nämlich den Deutschen vorzuspiegeln, daß es sich bei ihren Druckerzeugnissen nicht um polnisches Untergrundmaterial, sondern um deutsche Produkte handele, das wurde später von London offiziell auch den anderen Widerstandsbewegungen im ganzen besetzten Europa empfohlen. Um die gewünschte Wirkung zu erreichen, war es wichtig, daß die Publikationen in ihrem Aussehen nicht gleich die fremde

Herkunft verrieten; Flugzettel, Zeitungen und ähnliches mußten jenes Bild haben, das glauben machte, sie wären in Deutschland gedruckt worden.

Auf diesem Gebiet konnten die »SOE« und Delmer Glanzleistungen erbringen. Die hervorragenden Arbeiten der englischen Propaganda waren aber vor allem einem großen Kenner und Fachmann auf dem Gebiet des Druckereiwesens zu verdanken. Delmer nennt ihn in seinen Erinnerungen Armin Hall; in Wirklichkeit hieß er jedoch Ellic Howe, und zu seinen Leidenschaften hatte es schon lange vor dem Krieg gehört, deutsche Druckerzeugnisse zu sammeln. Sein reichhaltiges privates Archiv versetzte Howe in die Lage, aus den von ihm für die »SOE« gelieferten Fälschungen deutscher Zeitschriften, Flugzettel, Verordnungen und Bekanntmachungen wahre Meisterstücke werden zu lassen. Die von Howe produzierten deutschen Lebensmittelmarken waren beispielsweise im Aussehen und auch im Wasserzeichen von den Originalen nicht zu unterscheiden. Diese ausgezeichneten Fälschungen zwangen die Deutschen nach einiger Zeit, die Rationierungskarten zu wechseln, da Unmengen dieser gefälschten Lebensmittelmarken von England aus, mit Ballons oder von Flugzeugen abgeworfen, nach Deutschland gelangt waren. Nach diesem durchschlagenden Erfolg fühlte sich Ellic Howe als eine Art Ernährungsminister des Dritten Reiches.
Schon im Jahr 1941 begann Howe mit dem Druck dieser Falsifikate, dieser besonderen Art einer

»schwarzen Literatur«. Mit der Zeit konnte Delmer in seinem Büro auf eine ganze Reihe von – wie er es nannte – »Warenmustern« verweisen, die er Besuchern von Angehörigen europäischer Untergrundorganisationen stolz präsentierte. Da gab es Klebezettel mit Anweisungen für Sabotageakte oder Tips, wie man Krankheiten simulieren könne. Dieses informative Büchlein hatte ganz das Aussehen einer deutschen Zigarettenpapierpackung; schlug man sie auf, fand man zunächst tatsächlich – Zigarettenpapier. Erst nach einigen Lagen stieß man dann auf die Ratschläge eines gewissen »Dr. Wilhelm Wohltat«, die von den besten englischen Fachärzten ausgearbeitet worden waren.

Weiters gab es eine astrologische Zeitschrift mit dem hübschen Titel »Zenith«. Dieses Blatt war von Ellic Howe der echten astrologischen Zeitschrift so täuschend nachgemacht, daß sie jedermann für das Original halten mußte. Der propagandistische Kunstkniff bestand darin, daß das falsche Exemplar zurückdatiert war und Prophezeiungen von Ereignissen enthielt, die bereits eingetreten waren – beispielsweise die deutsche Niederlage bei Stalingrad oder vor El Alamein.

Eines seiner gelungensten Meisterstücke, das viel Verwirrung im Generalgouvernement Polen anrichtete, war eine gefälschte Briefmarke mit dem Kopf von Generalgouverneur Frank. Nach Berichten aus Polen wußten die Engländer, daß zu jener Zeit unter den Mannen Himmlers ein Witz im Umlauf war, wonach der als eitel geltende Generalgouverneur sich als König von Polen sähe. Mit der gefälschten Marke sollte solchen Gerüchten neue Nahrung gegeben werden, was wiederum die Feindseligkeiten und Rivalitäten zwischen SS und Frank weiter anheizen mußte.

U. Brot 50 g	U. Brot 50 g	U. Brot 50 g	U. Brot 50 g	U. Brot 50 g	U. Brot 50 g	U. Brot 50 g	U. Brot 50 g	Margarine 5 g	Margarine 5 g	Margarine 5 g	Margarine 5 g	Margarine 5 g
U. Brot 50 g	U. Brot 50 g	U. Brot 50 g	U. Brot 50 g	U. Brot 50 g	U. Brot 50 g	U. Brot 50 g	U. Brot 50 g	Margarine 5 g	Margarine 5 g	Margarine 5 g	Butter 5 g	Butter 5 g
U. Brot 50 g	U. Brot 50 g	U. Brot 50 g	U. Brot 50 g	U. Brot 50 g	U. Brot 50 g	U. Brot 50 g	U. Brot 50 g	Margarine 5 g	Margarine 5 g	Margarine 5 g	Butter 5 g	Butter 5 g
U. Brot 50 g	U. Brot 50 g	U. Brot 50 g	U. Brot 50 g	U. Brot 50 g	U. Brot 50 g	U. Brot 50 g	U. Brot 50 g	Margarine 5 g	Margarine 5 g	Margarine 5 g	Butter 5 g	Butter 5 g

Reichskarte für Urlauber

Gültig im deutschen Reichsgebiet

Ausgabestelle [Ernährungsamt Hagen]

Diese Karte enthält Einzelabschnitte über insgesamt:

2000 g Brot	200 g Zucker
300 g Fleisch oder Fleischwaren	150 g Nährmittel
140 g Butter	80 g Kaffee-Ersatz
70 g Margarine	60 g Käse
175 g Marmelade	1 Ei

Die Einzelabschnitte sind wie Reisemarken zu behandeln und können auch in Gaststätten verwendet werden.

Name:
Wohnung:
Straße:

Ohne Namenseintragung ungültig! Nicht übertragbar! Sorgfältig aufbewahren! Abtrennen nur durch Empfänger der Abschnitte!

7 Tage

U. Brot 50 g	U. Brot 50 g	U. Brot 50 g	Marmelade 25 g	Kaffee-Ersatz 20 g	Zucker 50 g	Nährmittel 25 g	Nährmittel 25 g	Nährmittel 25 g	Butter 5 g	Butter 5 g	Butter 5 g	Butter 5 g
U. Brot 50 g	U. Brot 50 g	U. Brot 50 g	Marmelade 25 g	Kaffee-Ersatz 20 g	Zucker 50 g	Nährmittel 25 g	Fleisch od. Fleischwaren 50 g	Fleisch od. Fleischwaren 50 g	Butter 5 g	Butter 5 g	Butter 5 g	Butter 5 g
1 Ei	Marmelade 25 g	Marmelade 25 g	Marmelade 25 g	Kaffee-Ersatz 20 g	Zucker 50 g	Nährmittel 25 g	Fleisch od. Fleischwaren 50 g	Fleisch od. Fleischwaren 50 g	Butter 5 g	Butter 5 g	Butter 5 g	Butter 5 g

Gefälschte Lebensmittelmarken (verkleinert)

Verantwortlich für die Verbreitung der Frank-Marke in Polen war die Aktion »N« mit ihrem Leiter Hauptmann Tadeusz Zenczykowski, der den Decknamen »Kowalik« führte. Er ordnete an, die Marken gleichzeitig von Warschau, Krakau, Radom, Kielce, Tschenstochau und Lemberg zu verschicken, um so das Aufdecken ihres Ursprungs zu erschweren. Die Marke sollte auf Briefen verschickt werden, die ein von der polnischen Untergrundbewegung entworfe-

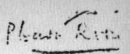

MOST SECRET.

To: Mr. Delmer.
Copy: Mr. Duncan Wilson.

From: Ellic Howe.   7th January, 1943.

H277   **Brandt-Rasputin Leaflet.**   I understand that Delmer will give me the manuscript soon.

H279   **Himmler Postage Stamp.**   This was submitted to S.O.E. for quantity order on December 15th.   They seem to be taking rather long to make up their minds.

H283   **German 'Leave' Ration Card.**   Printing starts this week-end.

H292   **Winterhilfsbriefmarken.**   Delivery today and tomorrow.   10,000 books.

H298   **Naples Letters.**   Seven have been sent to S.O.E. this week.

H299   **Passive Resistance Stickers.**   A reprint of 15,000 of each design will be delivered to S.O.E. at the end of this week.

H306   **Plague Booklet.**   5,000 were delivered to S.O.E. on January 7th.

H308   **Franck Stamp.**   A design should be ready pretty soon.

H311   **Die Front will Frieden Sticker.**   See note on H329 below.

H312   **Malingering Booklet (Ballistics edition).**   Advance copies should be ready in a day or two.

H315   **Zenith IV.**   5,000 delivered to S.O.E. on January 5th.

H317   **Die Soldatenfrau Leaflet.**   Submitted to S.O.E. for quantity order.

H319   **Reprint of HM(a) - Accident Leaflet.**   Delmer is doing a new edition of this.

H327   **Health Chart.**   Ready for submission to S.O.E., but awaiting Delmer's approval.

H329   **'Efka' Cigarette paper pack.**   Financial sanction for this production has been received (it is rather expensive), and a preliminary order of 5,000 will be ready in a month's time.   We will try packing H311 in this.

H330   **Zenith V.**   Advance copies ready today.

H331   **'Hot Hitler' Sticker.**   Proofs will be ready today.

H332   **Reprint of H257 - Schlag auf Schlag Sticker.**   S.O.E. have ordered a further 10,000.   These will be ready this week.

Bericht von Alec Howe über Propaganda-Fälschungen.
Frank-Marke unter H308.

nes Flugblatt enthielten, das den Anschein erweckte,
von den Volksdeutschen verfaßt zu sein. Das Flug-

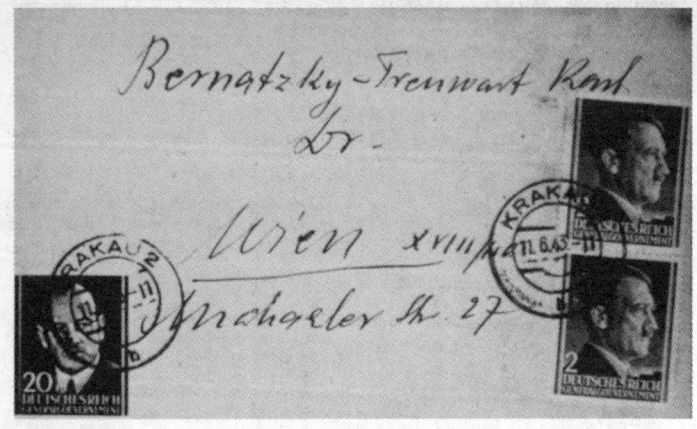

*Zwei Briefe mit der in England gedruckten Frank-Brief-
marke, die in Deutschland und Polen viel Verwirrung aus-
löste.*

blatt, das sich an die »Reichsdeutschen« wandte,
sprach von den deutschen Greueln gegenüber der
polnischen Bevölkerung und deren Auswirkungen

*Italienische
Briefmarke*

*Englische
Propaganda-Fälschung*

*Englische
Krönungsmarke*

Deutsche Fälschung

auf die Einstellung der Polen den Deutschen gegenüber, von der Liquidierung von 50 Dörfern, von der Vetternwirtschaft bei der Gestapo, der Polizei und anderen deutschen Dienststellen.

Da die Frank-Briefmarke nur einem Wert von 20 Groschen entsprach, das Briefporto jedoch 24 Groschen betrug, hatte sich die Aktion »N« noch einen zusätzlichen propagandistischen Gag ausgedacht: Neben Franks Kopf sollten zwei 2-Groschen-Marken mit Hitlers Kopf auf die Briefe geklebt werden. Als Versandtag für die Briefe war der 11. Juni 1943 vorgesehen – zwei Tage vorher sollten die Kuriere mit dem Propagandamaterial in die festgelegten Städte abreisen.

Aus der Hexenküche Ellic Howes stammt auch eine Fälschung einer italienischen Marke, die die Waffenbrüderschaft Hitlers mit Mussolini darstellte. Das Original zeigt den Duce und den Führer, dazu die Parole: »Due populi, una guerra« (»Zwei Völker, ein Krieg«). Howe wandelte die Inschrift ab in »Due populi, un Führer«; er veränderte auch die Mienen der beiden Staatenlenker; er produzierte einen verschlagen dreinschauenden Hitler und einen besorgt blickenden Mussolini. Diese Marken wurden über italienischem Gebiet abgeworfen – natürlich hatte dann die italienische Polizei alle Hände voll zu tun.

Nachgemachte deutsche Postsäcke mit gefälschten deutschen Plomben wurden auch am Ende der Bombardierung deutscher Bahnhöfe von alliierten Flugzeugen abgeworfen. Nachdem diese Postsäcke von deutschen Aufräumungskommanden gefunden worden waren, wurden sie der Post übergeben, und die leitete die Säcke mit den gefälschten Briefen, auf die schon abgestempelte gefälschte Marken geklebt waren, an die Empfänger im Reichsgebiet weiter. Dabei handelte es sich oft um Briefe, die an verschiedene Hoheitsträger der NSDAP oder der SS gerichtet waren, deren Anschriften alliierte Agenten ausfindig gemacht hatten. Auch in diesen Briefen befanden sich oftmals Warnungen wegen des terroristischen oder unmenschlichen Verhaltens der Angeschriebenen. Natürlich liefen die Empfänger mit den Briefen gleich zur Gestapo, die aber erst nach langen Recherchen feststellen konnte, daß die Briefe von alliierten Flugzeugen abgeworfen und von der deutschen Post weitergeleitet worden waren. In vielen Fällen hatte man zunächst vermutet, daß eine Untergrundbewegung in Deutschland selbst Absender der Briefe wäre. Auf jeden Fall, der Zweck, Verwirrung und Unsicherheit unter den Deutschen hervorzurufen, war erreicht worden.

Die Engländer verfolgten mit den Fälschungen deutscher Briefmarken rein propagandistische Zwecke, wobei zum Beispiel bei der sogenannten Himmler-Marke das Vertauschen der Köpfe Hitlers und Himmlers bei den Deutschen einen Reflex auslösen sollte, ähnlich: es kommt noch ärger. Himmler wird Hitler nachfolgen. Diese Himmler-Marke, die von den Engländern Anfang des Jahres 1943 gedruckt worden war, rief eine umfangreiche deutsche Gegenproduktion von Propagandamarken, die sich hauptsächlich gegen England richtete, hervor. Initiator dieser Gegenpropaganda war Himmler persönlich.

Für die polnische Untergrundbewegung war die Frage der Verbindung mit dem Ausland von größter Bedeutung. Es stellte sich nämlich bald heraus, daß eine Verbindung durch Kuriere, wie sie noch um die Jahreswende 1939/40 geübt wurde, nicht ausreichen würde. Für den Austausch der Nachrichten, vor allem mit der polnischen Exilregierung, mußte die Untergrundbewegung eine Sende- und Empfangsanlage errichten; außerdem mußte ein Code für die Verschlüsselung der Informationen und Befehle ausgearbeitet werden. Bald konnte nicht nur von Paris, wo zunächst die Exilregierung ihren Sitz aufgeschlagen hatte, sondern auch von den Basen in Budapest und Bukarest aus Funkverbindung mit der Widerstandsbewegung in Polen hergestellt werden. Natürlich war es sehr schwierig, gleichsam unter den Augen der deutschen Besatzer eine ausreichend leistungsfähige Sende- und Empfangstation in Polen selbst zu installieren. Vor allem die Beschaffung der technischen Ausrüstung und die Wahl der Position eines halbwegs abgesicherten Ortes, von dem aus man senden konnte, waren schwierig gewesen.

Hauptmann Konrad Bogacki, Radiotechniker aus Leidenschaft, kannte die von den Deutschen 1939 bombardierte Fabrik »Ava« sehr genau. Gemeinsam mit zwei Freunden untersuchte er die Ruinen auf dem Fabriksgelände und fand auch einen Eingang in Kellerräume; dort suchte er unter den zerstörten Einrichtungsgegenständen und technischen Geräten unversehrte Teile für zwei Sendeanlagen, und es gelang ihm tatsächlich, aus den gefundenen Gegenständen ein Funkgerät zusammenzubasteln. Noch vor Ende des Jahres 1939 konnte Bogacki in einem Kellerraum unter einer Selcherei, deren Besitzer Angehöriger der Untergrundbewegung war, das Funkgerät installieren.

Die polnische Exilregierung hatte nach der Überwindung vieler bürokratischer Schwierigkeiten im Pariser Hotel »Regina« ebenfalls eine Sendeanlage errichtet mit der Tarnbezeichnung »Regina«. Später wurde ein zweiter Sender in Angers in Betrieb genommen. Beide Sender konnten jedoch nur kurze Zeit arbeiten, da die deutsche Westoffensive 1940 nach wenigen Wochen mit der vollständigen Eroberung Frankreichs endete. Während der kurzen Zeit, in der die polnischen Sender auf französischem Boden in Betrieb waren, wurden mit Warschau rund 300 Radio-Depeschen ausgetauscht.

Auf englischem Boden gab es zunächst noch größere Schwierigkeiten mit dem Aufbau einer Sendeanlage, die der Verbindung zur polnischen Untergrundbewegung dienen sollte. England fürchtete 1940 jeden Augenblick eine deutsche Invasion. Die Polen fanden daher aus verständlichen Gründen zunächst keine Unterstützung bei ihrem Vorhaben. Erst als die akute Gefahr einer deutschen Invasion der britischen Insel halbwegs vorüber war, konnte eine Sendeanlage im Hotel »Rubens« in der Buckingham Palace Road in London eingerichtet werden. Diese Station erhielt den Codenamen »Marta«, während sich die Station in Warschau ab nun mit dem Namen »Wanda« meldete. Der Funkverkehr zwischen beiden Stationen wurde im August 1940 aufgenommen.

Die einzige Gefahr, mit der die polnische Exilregierung rechnen mußte, bestand für »Marta« in einem Bombardement des Hotels »Rubens« durch die Deutschen, wodurch die Funkstation hätte zerstört werden können. Anders die Gefahren für »Wanda«: Die deutschen Militärbehörden in Warschau hatten sehr bald die Existenz einer Sendestation der polnischen Untergrundbewegung aufgespürt. Mit Hilfe von Peilwagen, die kreuz und quer durch Warschau fuhren, konnten in kurzer Zeit die Orte, von denen aus gesendet wurde, festgestellt werden. Deutsche Techniker, in Zivilkleidung oder als Monteure getarnt, untersuchten die verdächtigen Häuserblocks; aber auch etliche Agenten wurden von den Deutschen eingesetzt, um geheime Sendeanlagen ausfindig zu machen.

Daher konnte die Sendestation »Wanda« tagsüber höchstens zehn Minuten lang in Betrieb sein. Da aber die Zeit von zehn Minuten für den Austausch der Funknachrichten zu kurz war, begannen die Verantwortlichen der Untergrundbewegung daran zu denken, mehrere Sendeanlagen in verschiedenen Teilen Polens zu errichten. Das brachte auch den Vorteil, daß immer ein Ersatzsender vorhanden war, sollte ein anderer durch Beschädigung oder Entdeckung durch die Deutschen ausgefallen sein.

In der Zwischenzeit war man auch in England nicht untätig; in Stanmore bei London wurde eine große

Sendestation gebaut. Überdies hatte ein polnischer Konstrukteur mit Namen Heftmann ein neues kleines Funkgerät konstruiert, das den Bedürfnissen und Aufgaben der Widerstandsarbeit gut angepaßt war. Als von England aus die Versorgungsflüge für die Untergrundbewegung in Polen aufgenommen wurden, wurde die Untergrundbewegung ausreichend mit diesen Funkgeräten ausgerüstet. Nach Anfangsschwierigkeiten konnte die Zentrale der »AK« mit ihrer Hilfe auch die Verbindung zwischen zahlreichen Stellen der Untergrundbewegung im Lande herstellen. In einigen Werkstätten der Untergrundbewegung wurde dieses Gerät sogar in eigener Produktion erzeugt und überdies leicht modifiziert.

Nach mühevoller Aufbauarbeit überzog ein Netz von Sendeanlagen das polnische Gebiet; die wichtigsten davon, die die Verbindung mit dem Ausland aufrechterhielten, waren außer in Warschau in Grojec, Gora Kalwarja, Tarczyn, Warka, Grodzisk und Zyrardow stationiert. Die Weitergabe der Funkdepeschen wurde je nach ihrer Wichtigkeit klassifiziert: Die wichtigsten Mitteilungen gingen vom Sender in Warschau direkt ab, weniger wichtige wurden von den anderen Sendeanlagen nach London gefunkt.

Die Deutschen hatten mit dem Aufspüren der geheimen Sender alle Hände voll zu tun; und tatsächlich gelang es ihnen auch, etliche dieser Sender zu entdecken. Die Untergrundkämpfer, meistens Techniker, die die Sendeanlagen betreut hatten, wurden sofort erschossen. Nicht zuletzt aus diesem Grund wurden die Sender, so gut es ging, in Gebiete verlegt, in denen polnische Partisanen operierten, in der Regel weit entfernt von Warschau, in den Wäldern von Malkinia oder im Swietokrzyski-Gebirge.

In der »SOE« hat man immer hervorgehoben, daß im Propagandakrieg am geschicktesten und kühnsten die polnische Untergrundbewegung war. Dabei darf wohl nicht vergessen werden, daß es möglich war, von Polen aus fast das gesamte Großdeutsche Reich zu bereisen und daß somit Briefe und Drucksachen, die Propagandamaterial enthielten, in deutschen Städten zur Post gegeben werden konnten, eine Chance, die jede Nachforschung nach dem Urheber der Propaganda-Literatur fast unmöglich machte.

Die »SOE« fälschte zum Beispiel Papiermaché-Matrizen, wie sie vom »Deutschen Nachrichtenbüro« an die Tageszeitungen gesandt wurden, und warf sie über Polen ab. Die Aktion »N« veranlaßte dann, daß diese Matrizen von Breslau oder irgendeiner anderen deutschen Stadt aus an die Redaktionen deutscher Zeitungen geschickt wurden. Oftmals wurde der Zweck solcher Aktionen erreicht, daß nämlich die Redakteure nicht genau hinsahen und Artikel, deren Verfasser eigentlich die »SOE« war, in den Blättern erschienen. Nur die Gestapo konnte in solchen Fällen einfach nicht glauben, daß diese Matrizen die Arbeit der alliierten Propagandastellen waren, und suchte fieberhaft nach einem »inneren Feind«.

Besonders tat sich die polnische Untergrundbewegung bei der Verbreitung der »schwarzen Literatur«

hervor wie auch bei Sabotageakten und den verschiedensten militärischen und geheimdienstlichen Aufgaben. Für die Leitung solcher Aktionen brauchte die »AK« Spezialisten. Diese Leute wurden in Großbritannien ausgebildet und dann per Fallschirm über Polen abgesetzt. Die für Polen zuständige Ausbildungsstation der »SOE« hatte die Nummer 38 und war in Briggens auf dem Besitz von Lord Aldenham untergebracht. Bei der Ausbildung wurden die verschiedensten Situationen geübt, in die ein Fallschirmspringer in Polen verwickelt werden konnte. Der abgesprungene Widerstandskämpfer mußte nicht nur darauf gefaßt sein, daß ihn die SS, die Gestapo, die Kripo, der SD und die Abwehr jagten, sondern auch eine Reihe anderer Hilfsverbände, etwa der Bahnschutz, die ukrainische, lettische oder litauische Polizei und auch die polnische Polizei. Ferner lief er Gefahr, von Agenten erkannt zu werden, die von den anderen Menschen auf der Straße nicht zu unterscheiden waren. Am gefährlichsten jedoch waren für den Untergrundkämpfer die Volksdeutschen, die die polnische Sprache akzentfrei beherrschten, hatten sie doch in der Regel polnische Schulen besucht. Von all diesen Organisationen, Behörden, Institutionen und Menschen mußte sich der Fallschirmspringer ein Bild machen können, um richtig zu reagieren, wenn er mit ihnen bei seiner späteren Untergrundtätigkeit zu tun bekam. Das Schwierigste natürlich war die psychologische Einstellung. In England waren die Fallschirmspringer in der Regel Soldaten in einem freien Land gewesen; sie mußten sich fortan in Zivilisten in einem von den Deutschen besetzten Land verwandeln, die sich von den Bewohnern des Landes in keiner Weise unterscheiden durften.

Besonders schützen mußte sich die »SOE« vor deutschen Agenten in England, die alle englischen Flugplätze kannten und überwachten. Aus diesem Grund und weil die Flugzeuge der »SOE« Spezialkonstruktionen waren, wurde ein ganz neuer Flugplatz gebaut auf einem Rennplatz in Newmarket. Von dort starteten die Whitlay- und Halifax-Maschinen in Richtung Polen.

Auch die Polen besaßen in Newmarket eine eigene Flugzeugstaffel, die die Nummer 138 führte. Das Wahrzeichen dieser Kampfstaffel war ein Emblem mit symbolischer Bedeutung: ein Schwert, das eine Fessel durchschnitt, mit der Aufschrift »For freedom«. Der Herzenswunsch aller polnischen Piloten war es, daß diese Staffel eines Tages in die Heimat fliegen werde; aber solche Flüge waren für einen Kampfverband zu schwierig und zu weit; daher flog die Staffel nur kürzere Strecken, etwa nach Norwegen und Frankreich.

Die Flüge nach Polen wurden in eigens konstruierten oder umgebauten Langstreckenflugzeugen unternommen. Vor allem das Warten auf den Start eines solchen Fluges war für die Fallschirmspringer mit einer großen nervlichen Belastung verbunden. Sie waren alle junge, unternehmungslustige Männer, gut vorbereitet für ihre künftigen Aufgaben in Polen. Aber wenn sie dann im »Vorzimmer Polens« auf

232

dem Flughafen in Newmarket auf ihren Abflug warteten, waren sie vom Ernst der bevorstehenden Aufgabe gezeichnet. Der Sprung in die Unfreiheit bedeutete für sie den Beginn eines neuen, gefährlichen Lebensabschnittes.

Das Gelingen eines Fluges hing – abgesehen von den Gefahren, die Flugzeug und Besatzung bei einem so langen Flug stets drohten – noch von zwei anderen Faktoren ab: von den sorgfältigen Vorbereitungen für den Flug in England und von der geglückten Landung, der geglückten Kontaktnahme der Fallschirmspringer mit der Untergrundbewegung. Beide Faktoren waren genau zu beachten, bevor ein Flugzeug starten konnte; und Zeitpunkt und Ort des Absetzens der Fallschirmspringer mußten minutiös abgestimmt werden. Manchmal kam in letzter Minute eine Funkmeldung aus Polen, daß die Gruppe der Untergrundbewegung, die die Fallschirmspringer empfangen sollte, von den Deutschen aufgedeckt worden war. In so einem Fall mußten eine andere Absprungstelle, ein anderer Zeitpunkt gefunden werden. Das kostete Zeit und Arbeit, und oft mußte der Flug überhaupt um Tage verschoben werden.

Später richtete es die polnische Untergrundbewegung so ein, daß stets auch eine Reserve-Absprungstelle vorbereitet war. In der ersten Zeit der Absprünge, als man noch keine so großen Erfahrungen gesammelt hatte, riskierten die Fallschirmspringer manchmal sogenannte wilde Absprünge, das heißt, sie sprangen in Gebieten ab, wo sie nicht erwartet wurden. Sie nahmen dieses Wagnis in Kauf, denn sie vertrauten ihrer Ausbildung und waren sicher, daß sie sich in dem Land, in dem sie geboren worden waren, zurechtfinden würden. Die Männer der »SOE« erinnern sich noch heute, daß die Polen immer die Ungeduldigsten waren und gern solche riskanten Flüge auf sich nahmen, ohne Rücksicht darauf, ob die Aufnahme in Polen von der Untergrundbewegung vorbereitet war oder nicht.

Es gab aber noch viele andere Unsicherheitsfaktoren für diese Flüge nach Polen. Beispielsweise die Wetterverhältnisse; manchmal flogen die Maschinen von England bei klarem Wetter ab, das sich jedoch während des Fluges laufend verschlechterte. Oft verlor dann der Pilot die Orientierung, und die Fallschirmspringer landeten nach ihrem Absprung nicht im Generalgouvernement, sondern in den an das Deutsche Reich angeschlossenen ehemaligen polnischen Gebieten. Das größte Pech hatte aber wohl jener Fallschirmspringer, der eines Tages ausgerechnet auf dem Dach eines Gebäudes der deutschen Polizei landete. Seine beiden Kameraden hatten sich mit ihren Fallschirmen in den Bäumen verfangen. Von diesen drei Untergrundkämpfern fielen zwei im Kampf, und einem gelang es, sich zum Kommando der Untergrundbewegung nach Warschau durchzuschlagen.

Die Organisation solcher Flüge von England nach Polen war im Vergleich zu ähnlichen Aktionen über französischem oder holländischem Gebiet ein sehr gefährliches und schwieriges Unterfangen. Bis Herbst 1943 konnten die Flüge nur von England aus durchgeführt werden, wobei die Flugroute von Schottland über Dänemark nach Polen führte. Später, als die eingesetzten Flugzeuge umgebaut worden waren, so daß sie mehr Treibstoff mitführen konnten, wurde die Flugroute abgeändert und führte nun über Südschweden nach Polen. Erst als die Alliierten in Italien gelandet waren, konnte die kürzere Flugroute von Brindisi nach Polen gewählt werden. Vor der dänischen Küste machte den Piloten vor allem das deutsche Sperrfeuer zu schaffen. Die Deutschen, die diese Flüge erwarteten, hatten spezielle Abhörapparate installiert. Um diese Geräte zu täuschen, mußten die Piloten besonders tief fliegen und alle Lichter abschalten, da die deutsche Fliegerabwehr gewöhnlich viel höher feuerte. Erst wenn die Küste in der Nähe von Danzig erreicht war, war die größte Gefahr vorbei, das Flugzeug konnte wieder Höhe gewinnen. Über Danzig ging es dann Richtung Süden zur vereinbarten Absprungstelle.

Die Kleidung der Fallschirmspringer und alles, was sie bei sich trugen, mußte den in Polen üblichen Dingen angepaßt sein. Zigaretten, Streichhölzer, Bleistifte, Briefe, Geld – nicht die geringste Einzelheit durfte ausländische Herkunft verraten. Selbstverständlich waren die verschiedenen Ausweise vorzüglich gefälschte Dokumente.

Da es oft zu Fehlabsprüngen kam, wurde auch dafür vorgesorgt, daß der Fallschirmspringer überleben konnte. Für den Absprung bekam er die übliche Ausrüstung eines Fallschirmspringers mit, eine eiserne Essensration, Waffen, aber auch eine Giftampulle, die in einem Anzugknopf versteckt war. Von den Fallschirmspringern, die in Polen landen sollten, wurde immer einer als Kurier bestimmt. Dieser bekam vor dem Flug einen Spezialgürtel überreicht, der Geld für die Widerstandsbewegung enthielt; für gewöhnlich Dollar in Noten und Gold, dann auch Reichsmark und polnische Zloty.

Wenn die Zeit des Anfluges gekommen war, wurde die vorgesehene Absprungstelle von den Männern der Untergrundbewegung gewöhnlich mit Lichtsignalen in der Form eines Pfeiles bezeichnet. Dieser Pfeil zeigte die Windrichtung an und bestand aus einer Reihe von Lampen; meistens verwendete man dazu die damals in Polen gebräuchlichen Stall-Laternen. Zum Empfang der Fallschirmspringer fanden sich rund 15 bis 20 Personen ein, unter ihnen auch ein Delegierter des Hauptquartiers der Widerstandsbewegung, der die Post aus London und das Geld entgegennahm.

Damit die ganze Aktion nicht auffiel, bestand die Empfangsgruppe in der Regel aus Mitgliedern der örtlichen Widerstandsbewegung; nur wenige Fremde waren dabei. Das war um so wichtiger, als die Flüge oft angesagt wurden, aber nicht durchgeführt werden konnten. Dann mußte die Gruppe oft tagelang auf den Absprung warten und sich Nacht für Nacht bereithalten. Die Absprungstellen befanden sich meist in ländlichen Gebieten. Wenn die Soldaten und das Material glücklich am Boden angelangt waren, wurden die Fallschirmspringer vorerst zu einem geheimen Ort nahe der Absprungstelle gebracht. Dort fand die Übergabe von Post und Geld statt. Das ebenfalls abgeworfene Material wurde eingesammelt und etliche Tage später nach Warschau gebracht. Mit der Zeit gab es eine immer größere Zahl von Absprungstellen, bald waren es weit über 100. Diese existierten nicht nur in der Umgebung von Warschau, sondern auch bei Kielce, Radom, Krakau und Lublin.

Bei jedem Flug nach Polen wurden Versorgungsbehälter, nach ihrer Form »Zigarren« genannt, mitgeführt und abgeworfen. In den Behältern waren leichte Maschinengewehre, Revolver, panzerbrechende Granaten, Handgranaten, plastischer Sprengstoff und außerdem Minen, die zur Sprengung von Eisenbahnschienen dienten. Den Stauraum füllte man mit Zigaretten, wobei man eine polnische Zigarettensorte kopierte, weiters mit Schokolade und Wäsche. Schließlich befanden sich auch kleine Sende- und Empfangsgeräte sowie Propagandamaterial in den Abwurfbehältern. Später wurden die 100 Kilogramm schweren »Zigarren«, die schwierig zu transportieren waren, durch ein Modell in der Form des Buchstabens H ersetzt. Es bestand aus fünf Blechkanistern, die von einem Stahlband zusammengehalten wurden, jedoch leicht auseinanderzunehmen waren. Wenn einige Tage nach dem Absprung des Fallschirmspringers oder dem Abwurf der Versorgungsbehälter die Deutschen von diesen nächtlichen Unternehmungen nichts gemerkt hatten, traten die Fallschirmspringer ihren Weg nach Warschau an. Begleitet wurden sie meistens von einem weiblichen

Kurier. Oft fuhren die drei Fallschirmspringer aus England im selben Zug Richtung Warschau, aber niemals im selben Waggon.

Um die Neuankömmlinge im besetzten Polen einzugewöhnen, wurden sie bei sogenannten »Tanten« untergebracht; in vielen Fällen waren diese »Tanten« Witwen ehemaliger polnischer Untergrundkämpfer, die den »Engländer« mit allem vertraut machten, was zum Alltagsleben in Polen gehörte. Jeder falsche Schritt bedeutete für den Fallschirmspringer – und nicht nur für ihn, sondern auch für seine Umgebung, für die »Tante« und auch für alle, die er besuchte – eine eminente Gefahr. Die »Tanten« im Untergrund hatten auch eine eigene Kommandantin, sie führte den Namen »Danka«. Viele von ihnen wurden durch Provokateure entlarvt und den Deutschen ausgeliefert. Sie wurden in die Gestapo-Gefängnisse geworfen, und obwohl man sie folterte, wurde nie ein Fall bekannt, daß eine »Tante« ihren »Untermieter«, der sie längst verlassen hatte, verriet oder irgendeine für die Deutschen brauchbare Information lieferte.

Krystyna macht sich fertig, um zu Adam zu gehen. Am Vortag hat sie mit Paul gesprochen; er hat ihr vieles zu erzählen gehabt. Wie es ihre Gewohnheit ist, hat sie sich einige Stichworte eingeprägt, die sie jetzt in Gedanken wiederholt.

Plötzlich hört sie draußen in unmittelbarer Nähe Schüsse. Das ist eigentlich in dieser Zeit in Warschau etwas ziemlich Alltägliches. Aber was ihr wenig später die aufgeregten Nachbarn erzählen, ist so entsetzlich, daß sie sich sofort auf den Weg macht, obwohl sie bis zu ihrer Verabredung mit Adam noch zwei Stunden Zeit hätte.

Krystyna kann sich später nicht mehr daran erinnern, wie sie in die Tischlerwerkstätte gekommen ist. Sie hat nichts gesehen, nicht nach links, nicht nach rechts geschaut, sie hat nur an die Berichte der Nachbarn gedacht und alles so plastisch vor sich gesehen, als wäre sie selbst bei allem dabeigewesen.

Adam spürt sofort, daß etwas Außergewöhnliches geschehen ist. Krystyna kann vorerst nicht sprechen, sie ringt nach Luft und schluckt. Er reicht ihr ein Glas Wasser. Erst als sie sich ein wenig gefaßt hat, kann sie trinken. Dann beginnt sie zu erzählen.

»Weißt du, was ich heute gehört habe, passiert ja wahrscheinlich jeden Tag irgendwo in Polen, aber ...«

»Ist es etwas Wichtiges? Dann erzähl' bitte rasch!«
Krystyna schüttelt den Kopf, sie fühlt sich erschöpft.

»Es ist wichtig, ja – aber nicht so, wie du meinst. Wir
werden schweigen, so wie bisher – ich verstehe das,
du brauchst es mir jetzt nicht noch einmal zu erklären. Für die Bewegung ist es wahrscheinlich nicht
wichtig, aber ...«

Sie bricht ab und beginnt lautlos zu weinen.

Adam läßt ihr Zeit.

Nach einigen Minuten hat sich Krystyna wieder gefaßt. Sie erzählt nun langsam und zusammenhän-
gend.

»Als die Deutschen einen Teil des Ghettos ausräu-
cherten, gelang es einer Frau, die in der Reihe der
zum Tod bestimmten Personen stand, ihr einjähri-
ges Kind in einem unbeachteten Augenblick einer
Polin zu übergeben, die am Gehsteig stand. Die
Frauen kannten einander nicht, aber die Polin nahm
das kleine Kind ohne zu überlegen.

Das alles geschah vor knapp drei Monaten. Das Kind
war seit dieser Zeit bei der Frau, die im selben Haus
wohnt wie ich. Wir alle wußten Bescheid und halfen
der Frau, so gut wir konnten, denn sie ist sehr arm.
Ihr Mann ist vor drei Jahren bei der Verteidigung
Warschaus gefallen, und sie hat schon für zwei eigene Kinder zu sorgen.«

Adam nickt Krystyna zu.

»Es war ein sehr hübsches Kind. Ich war ein paarmal
bei ihr in der Wohnung und spielte mit ihm. Es hatte
so schöne dunkle Augen.«

Adam legt seine Hand auf ihre Schulter. »Nun erzähl schon, was passiert ist«, sagt er so ruhig wie nur möglich.

»Heute vormittag nun erschienen zwei Gestapo-Agenten bei der Frau. Das kleine Kind saß auf dem Fußboden und spielte mit seiner Puppe. Die zwei Agenten fragten die Frau nach den beiden anderen Kindern. Sie sagte ihnen, daß sie draußen spielen. Dann fragte einer der beiden, wann sie denn nach Hause kämen, und sie meinte, bald, denn sie würden ja Hunger haben. Ein Agent murmelte dann etwas von ›Zeit haben‹ und ›warten können‹; sie setzten sich und beobachteten das spielende Kind.«

Krystyna muß mehrmals heftig schlucken, dann erzählt sie weiter:

»Nach einiger Zeit kamen wie erwartet die beiden Kinder der Frau zurück. Kaum hatten sie ihre Mutter begrüßt, da zogen die beiden Gestapo-Leute ihre Pistolen und erschossen die Kinder. Dann meinten sie zu der erstarrten Mutter, sie könne jetzt den jüdischen Balg ruhig aufziehen; drei Kinder seien ohnehin zu viel für sie gewesen. Daraufhin verließen sie die Wohnung.«

Adam ist bleich geworden.

»Als die Nachbarn die Schüsse hörten, rannten sie aus ihren Wohnungen, aber die beiden Agenten waren nicht mehr da. Die Kinder lagen tot am Boden, ihre Mutter war vor Entsetzen ohnmächtig geworden, und als ich dazukam, bemühten sich einige Nachbarn um sie. Während ich noch dabeistand, gelähmt vor Schreck – die ganze Zeit mußte ich die beiden toten Kinder anstarren –, da kam einer der beiden Gestapo-Leute zurück, packte das weinende jüdische Kind bei der Hand und nahm es mit.«

Krystyna atmet schwer; sie hat den Schrecken und das Entsetzen noch nicht überwunden.

»Adam, wie lange soll das noch so weitergehen? Können wir denn diese feigen Mörder nicht bestrafen? Wir sitzen hier und schreiben Berichte, und sie, sie morden ungestraft!«

Adam will antworten, aber Krystyna macht eine abwehrende Handbewegung.

»Bitte, sag nichts. Ich weiß ja, was du jetzt antworten willst. Und du hast natürlich recht. Aber ich kann es nicht mehr hören, dieses ewige ›Die Zeit wird kommen, noch ist die Zeit nicht reif‹. Ich weiß, wir sind zu schwach, und die Deutschen sind zu stark. Aber ich hoffe, daß sie eines Tages den Krieg verlieren werden und daß wir dann endlich zurückschlagen können. Denn wenn das nicht so ist, was für ein Leben erwartet uns nach einem Sieg der Deutschen?«

Krystyna macht eine Pause, und sie ist Adam dankbar, daß auch er schweigt.

»Ich weiß, daß sie nicht siegen können; ganz Europa ist gegen sie«, sagt sie nach einer Weile, »aber wenn es noch lange dauert, wird man nur noch unsere Gräber befreien können. Die Juden sind ja bald am Ende. Und nach ihnen sind wir dran.«

Adam nickt: »Ja, das stimmt. Denn alle, die jetzt mit der Ausrottung der Juden beschäftigt sind, werden nach getaner Arbeit neue Opfer suchen.«

»Und?«

»Für ein Losschlagen haben wir nicht genug Waffen, die Deutschen würden mit uns schnell und leicht fertig. Deswegen müssen wir zusehen, daß wir unsere Kräfte schonen und möglichst viel Waffen und Material sammeln.«

Nach einer Pause setzt Adam fort: »Als du von dem unglücklichen Kind erzähltest, da habe ich genauso wie du gefühlt, als wären es meine eigenen Kinder gewesen. Und wenn es wirklich meine Kinder gewesen wären – ich müßte genauso handeln, wie wir es jetzt tun. Selbstverständlich könnten wir die beiden Gestapo-Agenten ausfindig machen und töten. Aber dann würden die Deutschen für jeden von ihnen 30 oder 50 unserer Patrioten, die in den Gefängnissen sitzen, hinrichten.«

Krystyna ist dem Weinen nahe.

»Schau, Krystyna, die Deutschen wissen natürlich von unserer Existenz. Vielleicht wissen sie nicht genau, wie stark wir sind, aber sie wissen, daß unsere Waffen bessere Spielzeugwaffen sind – zumindest jetzt noch.«

Adam beginnt im Zimmer auf und ab zu gehen.

»Grot meint – und er weiß, wovon er spricht –, daß diese gesteigerte Terrorwelle der Deutschen, die von allen ihren Dienststellen gleichzeitig ausgeht, egal ob von Frank, von der SS oder von der Gestapo, möglicherweise nur den Grund hat, uns zu provozieren. Damit wir aus dem Untergrund heraustreten, bevor wir stark genug sind. Im Moment haben wir einfach keine Chance gegen sie. Angeblich glauben die

Deutschen, sie könnten uns in drei Tagen erledigen; vielleicht unterschätzen sie uns und es dauert länger, eine Woche oder sogar zwei – aber was hätten wir davon?«

Krystyna hat den Kopf gesenkt; sie ist verzweifelt.

»Mit Fäusten gegen Panzer werden wir nicht siegen. Aber wenn wir uns noch einige Zeit zurückhalten können, uns nicht provozieren lassen – und das müssen wir einfach –, dann wird unsere Zeit kommen … vielleicht schneller, als du denkst. Unser Volk wird nicht das Schicksal der Juden erleiden. Es werden noch viele von uns fallen bis zu diesem Zeitpunkt, aber dann, dann werden wir siegen!«

Krystyna schweigt.

Adam sucht auf seinem Schreibtisch. Da ist ein Bericht des »Wawer«, einer selbständig operierenden Gruppe, die vor allem in der Provinz mit einzelnen, besonders grausamen Deutschen abrechnet; es ist ein Bericht über die letzte gelungene Aktion. Adam glaubt, daß Krystyna jetzt etwas braucht, was ihr wieder ein wenig Hoffnung gibt.

»Hier habe ich etwas über eine Aktion des ›Wawer‹. Du weißt doch, die machen alles mit einer gesunden Portion Humor. Das trifft dann auch meistens besser als Brutalität oder Terror, wie ihn die Deutschen selbst praktizieren.«

»Aber die beiden erschossenen Kinder kann der ›Wawer‹ auch nicht wieder lebendig machen«, fährt Krystyna heftig auf. »Du hättest sie sehen sollen, wie sie tot am Boden lagen …«

Nach einiger Zeit hat sich Krystyna etwas beruhigt.

»Adam, bitte schicke mich irgendwohin, egal wohin, nur für ein paar Tage. Ich halte es hier in Warschau nicht mehr aus. Ich kann jetzt nicht nach Hause gehen. Stell dir vor, ich treffe die unglückliche Mutter. Was soll ich ihr jetzt sagen?«
Adam sieht, wie verzweifelt Krystyna ist.
»Du wolltest doch immer schon einmal beim Empfang von Fallschirmspringern dabeisein?« fragt er.
»Ja.«
»Gut. Ich werde sehen, was ich tun kann.«

Einer der Wachsoldaten gesellt sich zu Krystyna.
»Ich war schon dreimal bei diesen Empfängen für die Fallschirmspringer dabei. Es ist immer sehr aufregend.«
»Ich bin das erste Mal hier.«
»Sie werden die Fallschirmspringer nach Warschau begleiten?«
»Ja, das ist meine Aufgabe. Hoffentlich klappt es diese Nacht.«
Der Soldat bemerkt ein Signal von einer der vorgeschobenen Gruppen, die mit einem Funkgerät ausgerüstet ist.
»Bitte, gehen Sie jetzt zu den anderen, ich muß da hinüber. Ich glaube, wir werden bald die Lampen aufstellen müssen.«
Es dauert nicht lange, dann bemerkt Krystyna, wie die Soldaten mit den Petroleumlampen den besten Platz für den Absprung markieren. Zwei Lampen, die in der Nähe einer Straße stehen, signalisieren, daß keine Gefahr besteht.

Krystyna hört leises Motorengeräusch.

»Das kann nur das Flugzeug sein«, sagt einer. »Ich kenne das Dröhnen der Motoren.«

Jetzt ist es bald soweit. Immer besser kann man den Lärm der schweren Flugzeugmotoren vernehmen. Zu sehen ist aber nichts, denn der Pilot hat alle Positionslichter abgeschaltet.

Alle warten gespannt. Plötzlich ist ein Schatten am dunklen Himmel zu erkennen. Dann kann man hören, wie sich die schweren Klappen im Flugzeugrumpf öffnen. Die Fallschirmspringer lassen sich in die Tiefe fallen. Nach ihnen werden die Fallschirme mit den Behältern abgeworfen. Das Flugzeug zieht noch eine Schleife, es beginnt wieder zu steigen, und langsam wird der Motorenlärm leiser. Der Rückflug hat begonnen.

Krystyna läuft mit den anderen zur Absprungstelle. Auch sie hat erkennen können, wie sich die Fallschirme geöffnet haben und langsam zur Erde geschwebt sind. Als sie zu der Absprungstelle kommen, haben die Wachsoldaten bereits den ersten Fallschirmspringer aus dem Gewirr der Fallschirmleinen befreit. Andere tragen die numerierten Versorgungsbehälter zusammen; gleich anschließend werden diese Behälter in ein gut getarntes Versteck gebracht, das sich nahe der Abwurfstelle befindet. Das Nachschubmaterial wird in den nächsten Tagen aufgeteilt und auf verschiedenen Wegen nach Warschau gebracht werden.

Der Delegierte der Heimatarmee begrüßt die Fallschirmspringer. Er übernimmt vorschriftsmäßig die

Post, auch den Gürtel mit dem Geld, dann die Waffen der Fallschirmspringer; dies alles, nachdem er sich zuvor von der Richtigkeit der vereinbarten Parolen überzeugt hat.

Als sich die Empfangsgruppe auflöst, ahnt Krystyna nicht, daß einer der abgeworfenen Behälter 5000 Briefmarken enthält. Und daß mit dieser Sendung aus England ihr persönliches Schicksal verbunden ist.

Krystyna sitzt mit dem Delegierten der »AK«, einigen Wachsoldaten und den drei jungen Fallschirmspringern im Zimmer eines einsamen Gehöfts; sie fragt sich, welchen von den dreien sie wohl morgen nach Warschau begleiten wird. An diesem Abend wird darüber noch nicht entschieden. Die Fallschirmspringer müssen noch zu drei verschiedenen Bauernhöfen marschieren, wo sie übernachten können.

Am nächsten Morgen, als Krystyna von der Frau ihres Wirtes zum Frühstück geholt wird, sitzt schon einer der drei am Tisch.

»Wir sind also das Pärchen«, lacht er; dann stellt er sich vor.

»Es genügt mir, daß sie jetzt Pjotr heißen. Der Bruder einer Schulkameradin hieß auch so, und wir waren gute Freunde. Er wurde von den Sowjets verschleppt.«

»Ich wäre auch gern ein guter Freund von Ihnen.«

»Das sind Sie für uns alle.«

Nach dem Frühstück stellt Krystyna dem jungen Fallschirmspringer jene Fragen, die er vermutlich noch oft wird beantworten müssen.

»Ihren Ausweis! – Wo arbeiten Sie? – Was machen Sie hier? – Wohin fahren Sie? – Wo wohnen Sie?« Krystyna stellt alle Fragen, die ihr gerade in den Sinn kommen. Natürlich hat Pjotr die entsprechenden Antworten bereits in England geübt; aber wenn er auf der Reise nach Warschau ihr Gefährte sein soll, will sie wissen, woran sie ist.

»Ist in Ordnung«, sagt sie mit einem Lächeln, wobei sie den Tonfall der deutschen Beamten nachzuahmen versucht.

In zwei Rucksäcken sind Kartoffeln, Äpfel, ein kleines Stück Speck und Wurst vorbereitet, damit bei einer allfälligen Kontrolle ihre Reise nach einem Hamsterkauf aussieht. Das ist der sicherste Weg; im schlimmsten Fall nehmen die Polizisten den Ertappten die Sachen weg. In fast allen Fällen hat sich diese Spekulation als richtig erwiesen.

Ein Pferdewagen bringt die beiden zur Bahnstation; dort löst Krystyna zwei Fahrkarten nach Warschau.

Da die Eisenbahnzüge für die polnische Zivilbevölkerung in dieser Zeit nur stark eingeschränkt verkehren, sind sie immer überfüllt; so auch heute. Am Bahnhof erkennen sie die beiden anderen Fallschirmspringer von gestern abend, in Begleitung ihrer neuen »Freundinnen«, die Angehörige der örtlichen »AK« sind. Aus Sicherheitsgründen tun alle so, als ob sie einander nicht kennen. Krystyna und Pjotr drängen sich mühevoll in ein Abteil; der überfüllte Zug fährt mit Verspätung ab.

Während der Reise sprechen sie über belanglose

Dinge. Sie achten sorgfältig darauf, den Anschein von großer Vertrautheit zu erwecken. Sie müssen sich vor jedem Mitreisenden in acht nehmen, auch wenn er noch so vertrauenerweckend aussieht.

Pjotr ist 26 Jahre alt und etwas größer als Krystyna; er hat dunkles, zurückgekämmtes Haar, graue Augen und eine schöne, gerade Nase. Seine Bewegungen sind für einen Zivilisten, den er ja von nun an darstellen soll, zwar noch etwas eckig; aber hier im Abteil, wo die Menschen dichtgedrängt sitzen, fällt das nicht weiter auf.

Pjotr bemerkt, daß Krystyna ihn genau mustert und flüstert ihr zu: »Nun, wie ist die Begutachtung ausgefallen?«

Krystyna errötet.

»Nicht schlecht«, sagt sie schließlich.

Pjotr ist in Lomza geboren. Die Universität hat er in Warschau besucht, wo sein Onkel gewohnt hat, der Offizier war.

Unmittelbar bevor sie Warschau erreichen, kommt die Kontrolle; es ist ein Bahnpolizist, ein polnischer Polizist und ein Deutscher in Zivil. Sie haben offensichtlich am anderen Ende des Zuges begonnen, denn als sie zu ihnen ins Abteil kommen, scheinen sie schon recht müde und gelangweilt.

»Ausweis!«

Der Deutsche, der Krystynas Ausweis in der Hand hält, vergleicht das Photo genau mit ihr und prüft dann sorgfältig das Dokument.

»Wo arbeiten Sie?«

»Bei der Baufirma, die im Ausweis steht.«

»Zweck der Reise?«

Er hat diese Fragen schon so oft gestellt, daß er nur noch im Telegrammstil spricht.

»Ich habe eine Woche Urlaub gehabt und meine Tante besucht.«

»Was haben Sie zusammengehamstert?«

Krystyna zeigt den Rucksack vor. Anscheinend ist nicht genug darin, um das Interesse der Beamten zu erwecken.

Pjotrs Ausweis sieht der Deutsche nur beiläufig an, dann gibt er ihn sofort wieder zurück. Die erste Probe ist glücklich bestanden.

»Tante« Jadzia, die von der Ankunft der beiden schon verständigt worden ist, erwartet sie mit Ungeduld.

»Sie sind vier Jahre älter als mein Sohn. Hat Krystyna Ihnen erzählt, daß er gefallen ist?«

»Ja. Es tut mir sehr leid!«

»Und hat Krystyna Sie auch informiert, daß Sie sich in allen Dingen an meine Weisungen halten müssen, bis ich Sie freigebe? Sie wissen, das geschieht nur zu Ihrer Sicherheit. Sie werden keinen Tag länger bei mir bleiben als notwendig – obwohl ich gerade jetzt Gesellschaft wirklich gern habe. Aber dazu sind wir ja nicht hier ...«

Pjotr nickt. Er weiß, daß sein Leben im besetzten Polen nicht leicht sein wird.

Drei Tage später; Pjotr steht am Fenster und beobachtet die Straße, sieht dem Treiben zu. Die Menschen scheinen ihm hier anders, nicht nur ihre Kleidung, auch ihre Bewegungen, ihr Gehaben – anders als in England. Er weiß, bald wird er wieder einer von ihnen sein. Und je früher das der Fall ist, desto besser für die Arbeit, die er zu tun hat.

Natürlich wäre es viel einfacher, wenn er gleich kämpfen könnte. Schließlich ist er doch als Soldat ausgebildet worden – und nun, da er nach Polen gekommen ist, hofft er, daß man ihn nicht in diesem städtischen Dschungel Warschau lassen, sondern gleich in die Wälder schicken wird, wo er offen, mit der Waffe in der Hand, gegen die Deutschen kämpfen kann.

Pjotr denkt an die langen Nächte, als er in Schottland auf den Alarm gewartet hat. Immer wieder hat er gehofft, daß dieser Alarm einen Flug Richtung Polen ankündigen wird und nicht nur wieder einen Teil der Ausbildung. Traurig blickt Pjotr durch das Fenster und sieht die graue Menschenmasse in den Straßen auf ihrem Weg zur Arbeit, zum Einkaufen. Er sieht die vollen Straßenbahnen und die an den Ein- und Ausstiegen hängenden Menschentrauben. Er sieht und hört förmlich die schweren Schritte der Polizisten, die immer wieder durch die Straßen patrouillieren. Und nun soll er also seinem Auftrag gemäß einer von dieser Masse werden. Wohl etwas viel verlangt von einem jungen Menschen, der bei Ausbruch des Krieges wohl zur Armee eingezogen, aber nicht einmal zur Front gekommen ist, weil seine Kompanie eine von jenen vielen war, die vor dem anrückenden Feind die Grenze nach Rumänien überschritten hat. Von dort sind sie dann mit einem Schiff nach

Frankreich transportiert worden. Und in Frankreich ist er einer der neu formierten polnischen Divisionen zugeteilt worden, die aber, kaum aufgestellt, schon wieder von einem Hafen in der Bretagne nach England verfrachtet wurden, weil der deutsche Blitzkrieg gegen Frankreich ihnen weder Zeit noch Möglichkeit für den Kampf gelassen hat. In England wurden sie dann neu formiert, standen zunächst in Bereitschaft, um bei einer deutschen Invasion der Insel gegen den Feind zu kämpfen. Er hat sich bei der ersten Gelegenheit zu jener Gruppe gemeldet, aus der Soldaten für spezielle Aufgaben im besetzten Polen ausgewählt wurden. So ist er zu den Fallschirmspringern gekommen, hat die Schulung und die gründliche Ausbildung mitgemacht, hat von all dem, was in Polen vor sich ging, gehört, und weiß nun, daß seine Landsleute den Kampf gegen die Unterdrücker nicht aufgegeben haben.

Schon hat die Niederlage bei Stalingrad die Deutschen schwer getroffen. Die deutsche Ostfront zieht sich kämpfend zurück. Deutsche Soldaten kämpfen weit entfernt vom Heimatboden, sie verbrennen fremde Häuser, sie verwüsten fremde Felder und klammern sich an jeden Baum, an jede Bodenerhebung. Die Polen ahnen, daß diese Verwüstungen bald auch über ihr Land kommen werden; und so, wie sich die Deutschen jetzt in der Ukraine festkrallen, um den Feind abzuwehren, werden sie es bald auch in Polen tun. Die Deutschen werden sich im Kampf zurückziehen, quer durch die polnische Heimat.

Und dann wird es zum Aufstand kommen! Für diese Zeit muß man gewappnet sein! Das ist der Plan, den sich die »AK« mit Zustimmung der polnischen Exilregierung ausgedacht hat; so wird man die Deutschen angreifen, von allen Seiten. Die deutschen Armeen werden vor der gewaltigen russischen Dampfwalze zurückweichen, und auf ihrem Rückzug wird sie die »AK« – in den Wäldern und in den Städten – überfallen. Pjotr fragt sich, ob die Zeit wohl für Polen arbeitet – viele werden die Befreiung nicht mehr erleben ...

Schon aus den ersten Gesprächen mit Jadzia erfährt Pjotr, was in Polen los ist. Er erfährt in drei Tagen mehr Einzelheiten und Details als in England in drei Jahren. Die Wirklichkeit ist viel ernster und bedrückender, als man sich das in England je gedacht hat.

Seine »Tante« berichtet ihm nicht nur von den polnischen Patrioten, die den Kampf nicht aufgegeben haben und die auf einen allgemeinen Aufstand in Polen warten; sie erzählt ihm auch von jenen Polen, vor denen er sich in acht nehmen muß, von Provokateuren, die für eine Flasche Schnaps oder für Geld bereit sein würden, ihn ans Messer zu liefern. Die »AK« ist zwar sehr vorsichtig und kämpft auch gegen diese Spitzel, aber wer kennt sie schon alle und wer weiß, wo sie sitzen?

Pjotr hört geduldig zu; er stellt viele Fragen und erhält viele Antworten. Aber nicht alle Antworten befriedigen ihn. Er will mehr wissen, als Jadzia ihm sagen kann – vor allem, wie lange er noch bei ihr bleiben muß, zur Untätigkeit verurteilt.

»Sie werden nicht länger als notwendig bei mir bleiben«, gibt sie ihm stets zur Antwort.

Eines Tages kommt Krystyna, um sich zu erkundigen, ob alles in Ordnung sei. Pjotr scheint etwas verlegen. Und auch Krystyna glaubt zu bemerken, daß die »Tante« ihren Besuch mißdeutet.

»Sie sehen, die Deutschen konnten der Schönheit unserer Mädchen keinen Abbruch tun. Sie sind vielleicht etwas ernster und trauriger, aber noch immer so schön, wie sie die polnische Erde hervorgebracht hat.«

Sie lachen und kommen damit über ihre Verlegenheit hinweg.

»Morgen machen wir den ersten Ausgang. Dann werden wir sehen, wie sich unser junger Freund auf der Straße bewegt. Hoffentlich gibt es nicht gleich eine Kontrolle.«

»Ist es notwendig, daß Sie überallhin mitgehen?« fragt Pjotr seine »Tante«; dabei blickt er in Richtung Krystyna. Doch diese tut, als bemerke sie es nicht. Und »Tante« Jadzia antwortet, als ob sie den Sinn der Frage nicht ganz verstanden habe: »Nun, vorerst trage ich noch die volle Verantwortung für Sie. Später können Sie tun und lassen, was Sie wollen, es sei denn, das Kommando bestimmt für Sie eine Begleitung.«

Pjotr ist ungeduldig. Er hat nur ein Ziel vor Augen: den Feind treffen und gegen ihn kämpfen. Es ist nicht das Abenteuer, das er sucht, sondern der brennende Wunsch, seinem Volk im Kampf gegen die Unterdrücker beizustehen.

»Tante« Jadzia wendet sich an Krystyna: »Diese jungen Leute – er ist ja nicht der erste – glauben immer, daß sie über der Front abgesprungen sind. Fallschirm weg, Pistole in die Hand und dann ins Kampfgetümmel. Wozu hat man euch monatelang geschult? Was wir brauchen, das sind lebende Helden, keine toten!«

Und etwas versöhnlicher fügt sie hinzu: »Der erste Ausgang ist also morgen – mit mir.«

Pjotrs Papiere, die die Leute der »AK« für nicht ganz einwandfrei befunden haben, sind durch neue ersetzt worden. Ein Mitglied der Widerstandsbewegung, das beim Magistrat in Warschau arbeitet, hat seinen Namen auch in die einschlägigen Aufzeichnungen eingetragen, so daß selbst durch einen Rückruf eines mißtrauischen Polizeibeamten nichts zu befürchten ist. Auch an Pjotrs »Arbeitsplatz« ist alles geregelt worden. Und er trägt eine Bescheinigung über drei Tage Urlaub in der Tasche. Bessere Vorsorge hat man nicht treffen können.

So spazieren sie durch die Straßen Warschaus. Pjotr schaut sich in der Stadt um und betrachtet die Vorübergehenden. Was ihm besonders auffällt, ist die Vorherrschaft der Farbe Grau: grau sind die Kleider, grau die Gesichter. Auch die Häuser sind grau; niemand hat sich die Mühe gemacht, die Firmenschilder, von denen viele den Kampfhandlungen im Jahr 1939 zum Opfer gefallen sind, zu reparieren oder zu lackieren; in den Fenstern gibt es auch keine Blumen. Das einzige, was etwas Leben, etwas Farbe ins

Bild bringt, sind die grellgeschminkten Mädchen, die an den Straßenecken auf Bekanntschaften warten.

Nicht, daß es früher in Warschau keine Dirnen gegeben hätte; aber jetzt sind es mehr ... der beste Beweis für das herrschende Elend.

Plötzlich berührt die »Tante« Pjotrs Arm; er blickt sie rasch an, und sie deutet mit dem Kopf auf eine Gruppe ausgemergelter Menschen in zerlumpter Kleidung, die in einiger Entfernung durch die Straße marschiert.

»Das sind Juden, aus dem Ghetto.«

Pjotr schaut in die angegebene Richtung. So sehen sie also aus, die Ausgestoßenen, die Todgeweihten. Es ist ihnen anzusehen, daß sie alle unterernährt sind; sicher sind sie zu keiner schweren Arbeit mehr fähig. Schon in England hat Pjotr vom schweren Los der Juden gehört. Nun sieht er, daß die Berichte, die er in Zeitungen gelesen hat, daß die Photos, die er gesehen hat, nicht übertrieben haben; im Gegenteil, dieses Bild, das er jetzt vor sich hat, ist schrecklicher als alles, was er sich hat vorstellen können.

»Ich hatte einen jüdischen Freund. Wir waren zusammen im Gymnasium und auch später hier in Warschau; eine Zeitlang wohnten wir sogar zusammen. Wir kannten uns von Kindheit an, schon unsere Eltern waren befreundet. Wo könnte ich erfahren, was mit ihm geschehen ist? Henryk hieß er; vielleicht lebt er ...«

»Sprich leiser! Man weiß nie, wer hinter einem geht. Daran mußt du dich gewöhnen. Und was deinen

Freund betrifft, so ist es schwer, so etwas in Erfahrung zu bringen. Aber vielleicht hatte er außer dir noch andere Bekannte, die etwas von ihm wissen.«
»Ja, natürlich, Tadek – er hat in Warschau gewohnt. Er ist sicher auch einer von uns; Tadek war immer schon ein glühender Patriot. Und er würde auch Henryk helfen, wenn er nur irgendwie könnte. Henryk hatte übrigens auch noch einen älteren Bruder, der war schon verheiratet. Ihr Vater war Holzhändler, und sie waren ziemlich wohlhabend.«
Der Gedanke an Henryk läßt Pjotr den ganzen Tag über nicht mehr los. Immer wieder muß er sich seinen Freund vorstellen in so einer Menschenreihe, wie er sie auf der Straße gesehen hat.
Vier Tage später sitzt Pjotr Tadek in dessen Wohnung gegenüber.
»Ich hätte nie geglaubt, daß wir uns noch einmal wiedersehen würden, Pjotr. Krieg, Besetzung ... ich wußte, daß du im Ausland warst. Ich bin sehr glücklich, daß du jetzt hier bist. In der Zeit, in der du weg warst, ist dir viel erspart geblieben ... es fällt mir schwer, dich jetzt mit Pjotr anzusprechen, aber das muß ja sein ...«
Eine Weile sitzen beide schweigend da und blicken einander an.
»Was ist mit Henryk? Hast du ihn gesehen? Lebt er?«
»Ja, ich habe ihn gesehen, noch vor einem Jahr. Aber er lebt nicht mehr. Es ist eine Tragödie. Du weißt doch, wie jüdische Familien zusammenhalten. Von Lomza brachte man sie in das Ghetto in Warschau.

Als dann im vorigen Jahr die Aussiedlungen begannen, konnte sich Henryk mit seinem Bruder, dessen Frau und ihren zwei Kindern auf die ›arische‹ Seite retten. Sie waren bei anständigen Leuten untergebracht, und ich habe ihnen gute Papiere verschaffen können. Sie hatten noch etwas Geld und wären auch ganz gut durchgekommen. Aber eines Tages begegnete Henryks Bruder, der jüdischer aussah als er, einem Bekannten von früher. Dieser erpreßte ihn. Er kam fast jede Woche. Dann wurde Henryk selbst von irgend jemandem erkannt, wir wissen bis heute nicht, wer es war. Und der erzählte einem ›Szmalcownik‹ davon. Du weißt ja, was das für Typen sind ... «

»Ja, ich habe von ihnen gehört. Diese Schweine kommen zu einem und sagen: ›Gib mir dein Smalec, dein Fett!‹«

»Genau. Dieser Bandit kam in Henryks Wohnung und forderte immer wieder Geld. Von diesem Zeitpunkt an kamen sie abwechselnd, und es dauerte nicht lange, da hatte die Familie kein Geld mehr. Henryk nahm sich das Leben, auf der Straße, um der Familie, bei der sie wohnten, keine Schwierigkeiten zu machen. Er trug ja immer eine Giftampulle bei sich, um nicht von den Deutschen umgebracht zu werden.«

Tadek hält in seiner Erzählung inne; Pjotr ist erschüttert.

»Und sein Bruder und seine Familie? Vielleicht kann man ihnen helfen?«

»Ihnen kann nicht mehr geholfen werden. Eines Tages, als der letzte Groschen ausgegeben war, nicht lange nach Henryks Selbstmord, gingen sie alle zur Polizei. Sie sagten, daß sie Juden seien, und baten, man möge sie umbringen. Sie wollten einen schnellen Tod für sich und ihre Kinder.«

»Woher weißt du das so genau?«

»Im selben Haus wohnte einer unserer Leute; und auch auf der Polizeiwache haben wir einen Verbindungsmann sitzen.«

»Und? Was geschah? Haben die Deutschen sie erschossen?«

»Nein, viel schlimmer. Zuerst haben sie sie geprügelt, beide. Die Deutschen wollten wissen, wo sie gewohnt haben, um auch die Vermieter verhaften zu können; doch sie brachten nichts aus ihnen heraus. Irgend jemand sagte, man habe sie ins Ghetto transportiert, aber ich glaube nicht daran.«

Pjotr sitzt fassungslos da. Nach einer Weile fragt er: »Können wir denn gar nichts tun?«

»Wir schreiben laufend in unseren Zeitungen darüber. Und ein paar Verräter haben wir auch schon liquidiert. Auf Plakaten und Flugzetteln haben wir der Bevölkerung über den Tod dieser Lumpen berichtet, mit genauer Angabe der Gründe, warum sie verurteilt worden sind.«

»Und?«

Tadek zuckt traurig mit den Schultern.

»Was soll ich dir sagen? Daß die Zahl dieser Banditen zurückgegangen ist? Sie ist nicht zurückgegangen. In jedem Volk gibt es Lumpen, die auf leichte Weise Geld verdienen wollen. Sie sind die größten Verbrecher, ärger als die Nazis!«

Wenige Schritte vor seinem Haustor bemerkt Pjotr, daß ihm jemand folgt. Er bleibt stehen – auch der andere bleibt stehen und tut so, als ob er etwas in seinen Taschen sucht.

Nicht beunruhigt öffnet Pjotr das Haustor und geht durch den Flur zum Stiegenhaus. Als er emporsteigt, hört er wieder Schritte unten im Flur; noch immer macht er sich keine Gedanken, im Haus wohnen ja viele Menschen.

Pjotr hat zu seinem Zimmer einen eigenen Eingang. Er sperrt die Tür auf und betritt sein Zimmer. Eben will er die Türe hinter sich schließen, als derselbe Mann, den er schon zuvor auf der Straße bemerkt hat, seinen Fuß dazwischenstellt.

»Nicht absperren! Ich komme mit rein.«

Ehe Pjotr noch etwas dagegen tun kann, ist der Mann schon im Zimmer.

»Was ist? Wen suchen Sie?«

»Na, dich natürlich. Ich gehe dir ja schon eine ganze Weile nach.«

»Wieso duzen Sie mich? Haben wir vielleicht zusammen Schweine gefüttert?«

»Mach keine Geschichten. Du weißt schon, was ich von dir will. Gib her!«

Der Mann streckt die Hand aus, als warte er, daß Pjotr ihm etwas in die Hand gibt.

»Was willst du mit deinen schmutzigen Händen?«

Pjotr ist über das freche Benehmen des Fremden empört.

»Was ich will? Was bist du für ein komischer Kauz!

Ihr seid ja sonst nicht so und wißt immer sofort, um was es geht!«

»Du mußt schon deutlicher werden«, sagt Pjotr, der fühlt, wie langsam die Wut in ihm hochsteigt.

Der Fremde grinst hämisch.

»Gib schon her – dein Fett!«

»Ach so – mein Fett willst du …«

Pjotr spricht langsam, um überlegen zu können, ob er den Erpresser nicht einfach mit einem Handkantenschlag unschädlich machen soll, so wie man es ihn in Schottland während seiner Ausbildung gelehrt hat.

»Du gestattest doch«, meint er schließlich, »daß ich die Tür zuschließe. Wenn du mein Fett willst, muß ich es erst holen. Und ich will nicht – du verstehst schon …«

Pjotr lächelt listig.

Der Erpresser steht sprungbereit, für den Fall, daß Pjotr plötzlich die Wohnung verlassen will. Er geht sogar ein paar Schritte in Richtung Tür, aber Pjotr macht keine Anstalten davonzulaufen.

»Weißt du, das, was du suchst … ich möchte nicht, daß jemand weiß, wo es liegt.«

Pjotr schließt die Türe ab.

Der Erpresser wird ungeduldig.

»Also, warum gehst du nicht zum Schrank?«

»Moment, nicht so schnell. Bevor ich dir was gebe, mein Fett, das heißt, du meinst ja wohl mein Geld – du bist doch offensichtlich ein ›Szmalcownik‹, der auf leichte Beute aus ist –, da möchte ich schon wissen wofür?«

»Wofür? Was soll das. Du bist doch Jude, und wenn du mir jetzt nicht bald was gibst, dann liefere ich dich der Gestapo aus!«

»Ach so ist das. Du bist also ein Agent der Gestapo?«

»Ja, natürlich!«

»Dann zeig mir doch einmal deinen Ausweis. Vielleicht bist du nur ein einfacher Erpresser, der nichts tun kann ...«

»Ich glaube, du verkennst deine Situation. Weißt du nicht, wie einfach das geht? Ich gehe zum nächsten Schupo oder Kriminalbeamten oder auf das nächste Kommissariat, ich sage, ich kenne einen Juden, und dann bist du geliefert. So schnell kannst du gar nicht weg, wie die dann da sind.«

»Und weiter?«

»Bist du so dumm oder hältst du etwa mich für dumm? Was willst du noch wissen? Dann kommst du zu den Leuten, die man jeden Tag vom Ghetto zum Friedhof führt. Sicherlich ist deine Familie schon dort.«

»Ja, schon richtig«, sagt Pjotr. »Das stimmt ja alles. Aber wie kann ich wissen, daß du mich nicht verpfeifst, nachdem du mein Geld genommen hast? Oder daß du mir nicht deine Kumpane auf den Hals hetzt?«

»Du scheinst mich ja wirklich für blöd zu halten. Kumpane soll ich haben, um das Geld mit ihnen teilen zu müssen? Und verpfeifen? Du bist doch meine Geldquelle! Mir genügt es, wenn ich drei Juden habe, die mir jede Woche etwas geben. So kann ich leben, ohne arbeiten zu müssen ...«

»Was? Du hast schon drei?«

»Das geht dich nichts an. Wenn ich weiß, wo einer wohnt … ich nehme ihm nicht alles weg. Er gibt mir etwas, und in der nächsten Woche gibt er mir wieder etwas. Je länger, desto besser …«

»Woher weißt du denn überhaupt, daß ich Geld habe?«

»Ihr Juden, ihr habt alle Geld. Denn wenn du kein Geld hättest, wärest du ja im Ghetto. Nur die reichen Juden oder die, die Freunde haben, sind nicht im Ghetto und haben bei den Polen ein Versteck.«

»Polen? Was ist mit Polen? Bist du überhaupt einer?«

»Natürlich! Aber was soll diese Frage?«

»Haben denn nicht die Polen und die Juden einen gemeinsamen Feind, der sie beide terrorisiert?«

»Versuch nur ja nicht, mich mit irgendwelchen Mätzchen abzulenken. Was die Deutschen jetzt mit euch Juden machen, das hätten wir schon lange selbst tun sollen. Die Deutschen nehmen uns die Arbeit nur ab.«

»Soso«, sagt Pjotr. Er überlegt; der Erpresser hält ihn also für einen Juden und nicht für einen, der erst vor kurzem nach Polen eingeschleust worden ist. Dennoch erkennt Pjotr deutlich die gefährliche Situation, in der er sich befindet. Physisch fühlt er sich diesem Individuum überlegen – doch vorerst interessiert ihn zunächst die Mentalität des Schurken.

»Und wenn ich nun gar kein Jude wäre?«

»Ist natürlich möglich. Die Juden haben oft gute Papiere; aber die Polizei wird das schon feststellen, ob dein Ausweis echt ist. Solltest du wirklich kein Jude sein, dann muß ich mich wohl bei dir entschuldigen; so etwas kann natürlich passieren. Die Juden haben lange in Polen gelebt, jeder von ihnen hatte polnische Dienstboten, die hat er dann gevögelt, und die Kinder, die hatten dann eine jüdische Visage. Du brauchst dir ja nur unsere Polen auf der Straße anzusehen … Übrigens habe ich ja auch schon blonde Juden gesehen, die so aussehen, daß sie niemand als Jude erkennen würde.«

»Und wie hast du mich erkannt? Sehe ich denn jüdisch aus?«

Die Frage ist für Pjotr auch für die Zukunft von Interesse.

»Was habe ich denn Jüdisches an mir? Sag mir!«

»Ich sehe, du willst mich in ein Gespräch verwikkeln …«

»Und warum denn nicht?«

»Gut, du bist meine Kundschaft, also kann ich dir auch eine Antwort geben. Ich habe unter Juden gelebt; ich kenne sie, ich rieche sie; schon nach den ersten paar Worten erkenne ich einen Juden. Und du bist einer … und wenn du keiner bist, warum hast du es mir nicht gleich gesagt?«

»Soll ich dir vielleicht zeigen, daß ich nicht beschnitten bin? Aber ich brauche mich vor dir ja nicht zu legitimieren! Und wenn ich Jude bin, aber kein Geld habe – habe ich dann vielleicht kein Recht zu leben? Nur wegen solcher Leute wie du ist unser Vaterland zugrunde gegangen. Was hast du 1939 gemacht? Warst du Soldat? Ist meine Aussprache vielleicht auch jüdisch?«

»Genug, genug. Es ist bald Polizeistunde, und ich habe keine Lust, mit dir noch weitere Diskussionen zu führen. Gib mir Geld, und ich verschwinde! Nächste Woche komme ich dann wieder. Ich werde dich auch beschützen, damit du vor den anderen Ruhe hast.«

»Tante« Jadzia klopft leise an die Verbindungstüre. Dem Erpresser ist es bisher nicht aufgefallen, daß das Zimmer noch einen zweiten Eingang hat. Pjotr geht zur Türe und sagt: »Tante, ich habe hier eine wichtige Unterredung. Wenn ich fertig bin, komme ich zu dir.«

Dann bemerkt er, daß sie die ganze Zeit über gestanden sind.

»Willst du dich nicht setzen?« fragt er den Erpresser.

»Ich bin nicht zu dir gekommen, um zu sitzen. Wenn ich dich einmal ins Kaffeehaus einlade, können wir dort zusammen sitzen. Wenn du mir Geld gibst, dann können wir uns morgen im Kaffeehaus treffen ... wir können auch Bekannte von dir besuchen, die vielleicht auch versteckt sind. Das ist für dich sehr wichtig, denn wenn du eines Tages nicht mehr zahlen kannst, dann gehe ich zu deinen Bekannten und die werden für dich weiterzahlen, so eine Art Provision für dich. Das ist bei uns so üblich, falls du das auch noch nicht wissen solltest.«

Pjotr ballt die Faust. Es ist ihm egal, ob der Erpresser bewaffnet ist oder nicht. Lebend wird er ihn nicht mehr weglassen. Er erinnert sich an alles, was ihm erzählt worden ist; bis jetzt hat er sich einfach nicht vorstellen können, daß es wirklich Polen gibt, die so etwas tun. Aber nun muß er selbst diese Erfahrung machen. Sicherlich ist auch Henryk das Opfer eines solchen Verbrechers geworden.

Nun, denkt Pjotr, es ist nicht Zeit, über diesen Mann Gericht zu halten. Wir sind hier allein – daher: er oder ich. Also er.

Pjotr hat wohl in seinem Zimmer eine Pistole; aber hier einen Schuß abgeben? Jetzt, am Abend? Nein, das kommt nicht in Frage. Aber in Schottland hat er auch Nahkampf trainiert.

Er blickt dem Erpresser ins Gesicht. Ohne Vorwarnung versetzt er ihm einen Kinnhaken, so daß er gleich zu Boden geht. Pjotr reißt ihn empor und setzt ihn mit Gewalt auf den Stuhl. Jetzt gibt es kein Zurück mehr! Der Erpresser blickt benommen auf; in Pjotrs Augen sieht er tödlichen Haß.

Pjotr steht sprungbereit vor dem »Szmalcownik«; er weiß, wenn es dem Kerl gelingt, lebend die Wohnung zu verlassen, dann ist nicht nur er geliefert, sondern auch Jadzia und auch die anderen sind in Gefahr. Selbst wenn sich der Kerl nicht selbst zur Polizei hintraut – ein anonymer Brief würde schon genügen.

Pjotr hat jetzt keine Zweifel mehr daran, daß er den Verbrecher töten muß.

»Ein großartiger Pole bist du, der mit den Unterdrückern zusammenarbeitet! Oder handelst du auf eigene Faust und verrätst die Juden erst dann

der Gestapo, wenn du sie völlig ausgepreßt hast?«
Der Erpresser, vom Kinnhaken benommen, hat sich wieder etwas erholt.

»Nun ja, nehmen Sie es bitte nicht so tragisch. Gut, Sie sind kein Jude. Ich habe mich geirrt. Sie sind Pole, und ich werde natürlich schweigen wie ein Grab.«

Pjotr blickt den Kerl so eisig an, daß diesem das Lächeln auf den Lippen erstirbt; er spürt, daß Pjotr zu allem bereit ist.

»Hi …« Er versucht, um Hilfe zu rufen, doch Pjotrs Hände schließen sich um seinen Hals.

»Schrei noch einmal, dann drücke ich sofort zu, und du brauchst mir gar nicht mehr zu antworten. Jetzt aber möchte ich noch einiges von dir erfahren.«

Der Mann zappelt, aber er gibt keinen Laut von sich.

»Es ist schon Polizeistunde, und du kannst ohnehin nicht mehr hinaus. Jetzt sag mir nur eines: Wieviele Menschen hast du auf dem Gewissen?«

Pjotr lockert ein wenig seinen Griff, doch der Erpresser schweigt.

Pjotr ist sich bewußt, daß er jetzt ein Urteil wird vollstrecken müssen, wie es auch ein Gericht der Widerstandsbewegung oder ein Gericht eines neu errichteten polnischen Staates fällen würde. Aber da der Erpresser Pole ist, will er von ihm mehr erfahren als in der gleichen Situation von einem Deutschen.

»Ich kann deine Arbeit recht gut beurteilen; sie verlangt Zeit und ein gewisses Talent, ich würde fast sagen: Einfühlungsvermögen. Klar, man muß nach Verdächtigen Ausschau halten, auf der Straße beobachten, wo einer dauernd hinter dem Vorhang steht; oder man trifft einen, der wie ein Jude aussieht, und dann fragt man ihn: ›Wo haben Sie denn ihre Armbinde?‹ Und wenn er dann unwillkürlich auf seinen linken Arm blickt, dann weiß man, daß er Jude ist. Ein einfacher Trick, aber wirkungsvoll. Man hat mir davon erzählt. Und es gibt sicherlich noch andere Tricks. Und dann beginnst du mit deiner Erpressung und hast, zumindest für eine gewisse Zeit, eine gute Einnahmequelle.«

Der Erpresser sagt kein Wort; er atmet schwer.

»Du schweigst? Meine Hände liegen nur um deinen Hals, damit du weißt, daß ich es ernst meine. Du kannst ruhig reden, wenn du etwas zu sagen hast, womit du dich verteidigen kannst. Aber du bleibst stumm ... was glaubst du eigentlich, was wir mit dir und deinesgleichen machen werden, wenn die Deutschen erst einmal den Krieg verloren haben. Die sind ja die einzige Lebensversicherung für euch, ihr Schweine!«

Der Erpresser zittert am ganzen Körper. Pjotr achtet nicht darauf; plötzlich ist ihm klargeworden, daß die Deutschen ohne die Hilfe solcher Kreaturen weit weniger Erfolg hätten.

»Glaubst du an Gott?« fragt er.

Der Erpresser schweigt noch immer. Pjotr spürt, daß der Kerl kein Wort herausbringen wird, auch wenn er seinen Griff lockert, solche Angst hat er.

»Wenn du an Gott glaubst, so knie nieder und sprich dein letztes Gebet. Und wenn du es vergessen hast, so werde ich dir eines vorsagen.«

Der Erpresser hat nun die Absichten Pjotrs deutlich erkannt; seine Augen zeigen Todesangst.

»Bitte, Herr ...«, röchelt er.

»Ach, auf einmal bin ich dein Herr? Vorher, als du geglaubt hast, ich wäre Jude, da hast du mich einfach geduzt!«

Pjotr drückt den Verbrecher zu Boden, so daß er in die Knie geht.

»Hast du vielleicht daran gedacht, was aus denen geworden ist, die du erpreßt hast? Arbeiten können sie ja nicht, sie müssen in ihrem Versteck leben. Und du hast ihnen einfach alles weggenommen, von dem sie leben konnten. Du hast ihnen das Leben genommen!«

Pjotr erinnert sich an Henryk, an Henryks Familie. Es ist alles so, wie es ihm Tadek erzählt hat. Vielleicht war er es, denkt er, der meinen Freund in den Tod getrieben hat. Aber das spielt jetzt keine Rolle, denn dieser Mann hat sicherlich viele Menschen auf dem Gewissen.

Pjotr drückt zu, wie er es während seiner Ausbildung gelernt hat. Der Erpresser röchelt ein wenig und stößt mit den Beinen; aber Pjotr hält eisern fest, bis der Körper leblos nach vorne fällt.

Die Leiche des Erpressers bedeutet eine ernsthafte Komplikation. Wie soll sie weggeschafft werden? An diesem Abend findet sich keine Gelegenheit mehr; aber am nächsten Morgen muß das sofort geschehen.

»Tante« Jadzia hat im Nebenzimmer alles mitangehört. Nachdem der Erpresser den letzten Atemzug getan hat, klopft sie an die Verbindungstür. Pjotr öffnet, und sie sieht über seine Schulter hinweg in den Raum.

»Sie haben ihn umgebracht?«

»Hat er nicht den Tod verdient? Hundertmal …«

»Ja, sicher. Aber …«

»Er ist tot, damit wir leben. Er hätte uns die Gestapo auf den Hals gehetzt. Und wenn die Deutschen einmal Verdacht schöpfen, dann …«

»Ja, Pjotr, schon richtig; aber was nun? Wie bringen wir ihn jetzt von hier weg? Und was ist, wenn er Komplizen gehabt hat? Wenn jemand gesehen hat, wie er in dieses Haus gegangen ist?«

»Dieses Risiko müssen wir eingehen, das andere wäre viel größer gewesen. Was den Abtransport betrifft, so werde ich mich morgen früh darum kümmern. Irgendwie muß es gehen.«

Es findet sich sehr schnell eine Möglichkeit. Als der Abtransport geregelt ist, sagt »Tante« Jadzia zu einer neugierigen Nachbarin:

»Stellen Sie sich vor, gestern abend hat uns ein Onkel aus der Provinz besucht, weil er heute früh zu einem Arzt in Warschau gehen wollte. Er fühlte sich schon den ganzen Tag nicht gut, und heute früh … ich lief gleich zum Arzt, aber als er kam, konnte er nur mehr seinen Tod feststellen. Nun haben wir ein Begräbnis. Können Sie mir nicht vielleicht etwas Schwarzes borgen? Schwarze Strümpfe? Ein schwarzes Kleid habe ich …«

Und währenddessen tragen Leichenträger, die in Wirklichkeit Angehörige der Widerstandsbewegung sind, einen Sarg die Treppen hinunter. Diesmal wird der Leichenwagen im Sarg tatsächlich einen Toten führen.

DER WARSCHAUER GHETTO-AUFSTAND UND DAS MASSAKER VON KATYN

Das Verhältnis zwischen Polen und Juden war in der polnischen Geschichte stets vielschichtig. Die Juden lebten fast 1000 Jahre im Land. Als man sie aus Deutschland im 11. Jahrhundert vertrieb, nahm König Kasimir sie freundlich auf, weil er sich durch sie eine Belebung der Wirtschaft versprach. Gleichberechtigt waren die Juden aber nur in der Theorie, in den Augen der einfachen polnischen Bevölkerung waren sie höchstens toleriert. Wie in manchen anderen Ländern wollte man auch in Polen nicht, daß sie sich assimilierten. Daher lebte der überwiegende Teil der Juden abgeschlossen und geistig isoliert. Die wenigen, die sich assimilieren konnten, hatten es nicht leicht; denn es gab im polnischen Alltag keine »Polen mosaischen Glaubens«, wie in manchen anderen Ländern, wo die Juden integrierter Bestandteil der Gesamtbevölkerung waren. In Polen blieben die Juden stets nur Staatsbürger des gleichen Staates – auch wenn sie, etwa während der polnischen Aufstände gegen die russischen Besatzer im 19. Jahrhundert, an der Seite der Polen für die Freiheit des Landes kämpften.

Nach dem Erreichen der Selbständigkeit im Jahre 1918 gab es sogar polnische Pogrome gegen Juden in Lemberg und in Wilna. Oft kam es zu Anpöbelungen und zu handgreiflichem Vorgehen gegenüber jüdischen Studenten an den polnischen Universitäten. Der »kalte Antisemitismus« sorgte dafür, daß Juden trotz offiziell bestehender Gleichberechtigung niemals gewisse öffentliche Ämter bekleiden konnten.

Die Achillesferse des polnischen Staates war die große Zahl nationaler Minderheiten. Im Gegensatz zu allen anderen Minderheiten, den deutschen, ukrainischen und litauischen Bevölkerungsgruppen des Landes, hatte allein die jüdische Minderheit keinerlei territoriale Besitzansprüche. Mit dem Anwachsen des Faschismus in Europa verschärfte sich auch in Polen die Situation; vor allem rechtsradikale Gruppen befanden sich im ständigen Kampf gegen die nationalen Minderheiten, besonders gegen die Juden. In den Jahren nach dem ersten Weltkrieg gewann auch in Polen der Antisemitismus an Boden, und die Regierungspartei, die »Sanacja«, sah sich außerstande, die Juden in Polen vor den Antisemiten zu schützen; mehr noch, sie übernahm eine Reihe von Forderungen der Rechtsradikalen gegenüber den Juden, vor allem auf dem wirtschaftlichen Sektor, in ihr Regierungsprogramm.

Dieser Antisemitismus, die ständige Bedrohung durch rechtsradikale Elemente, trieb einen Teil der jüdischen Intelligenz den Kommunisten zu; sie erhofften sich das Ende des Antisemitismus in Polen durch den Sturz der bestehenden Gesellschaftsordnung. Die jüdischen Kommunisten wurden wiederum als Herausforderung von Gruppen der »Nationalen« betrachtet. In dieser Zeit entstand das Schimpfwort »Judeo-Kommune« als Parole der

Rechtsradikalen. Manche von ihnen sind heute brave Kommunisten und zeichneten sich besonders bei den antisemitischen Ausschreitungen in Polen im Jahre 1968 aus.

Die Machtergreifung durch Hitler in Deutschland war dem rechten Flügel der polnischen Nationaldemokraten und der nach faschistischem Muster gegründeten Organisation »Falanga«, die vor allem viele junge Menschen anzog, Wegweiser und Hinweis, wie man nicht zuletzt mit Hilfe antisemitischer Parolen an die Macht gelangen könne. Diese Nachahmer des deutschen Nationalsozialismus in Polen schlugen eine breite Bresche ins Lager der Intelligenz des Landes und konnten einen beträchtlichen Teil der akademischen Jugend für ihre Ideen gewinnen. Es wurde die Organisation »Oboz Narodowo Radykalny (ONR)«, die Sammlung der NationalRadikalen, gegründet, deren Führer Boleslaw Piasecki war. Dieser führte bei seiner Organisation sogar den Hitler-Gruß ein. Die Parole der »ONR« hieß: »Polen ohne Juden.«

Die Leute Piaseckis begnügten sich aber nicht mit bloßer Propaganda, sondern gingen auch zu direkten Aktionen gegenüber der jüdischen Bevölkerung über. Sie veranstalteten Pogrome oder ließen jüdische Studenten an »Tagen ohne Juden«, die sie öffentlich proklamiert hatten, nicht in die Universitäten. Angesichts dieser krisenhaften Stimmung war die Polizei des Landes oft machtlos, und manchmal gab die Regierung in Warschau auch Anweisung, sich nicht einzumischen, um nicht als Beschützer der

Juden angesehen zu werden. Alle diese antisemitischen Krawalle in Polen geschahen zu einer Zeit, als das Deutsche Reich aufrüstete und als von Berlin die ersten Gebietsansprüche an Polen gestellt wurden. In jenen Tagen hatte das polnische Parlament keine anderen Sorgen, als monatelang über die Erlaubnis oder das Verbot des rituellen Schächtens für koscheres Fleisch zu diskutieren.

Die allgemeine antisemitische Stimmung ging so weit, daß die polnische Regierung im Oktober 1938 die Pässe der im Ausland lebenden polnischen Juden für ungültig erklärte. Von dieser Maßnahme waren 17000 Juden im Deutschen Reich betroffen. Hitler ließ darauf die staatenlos Gewordenen zusammenfangen und mit Zügen und Lastwagen an die polnische Grenze bringen. Polen war auf diesen Schritt nicht vorbereitet. Die Vertriebenen, die von ihrer Habe nur das mitnehmen konnten, was sie mit sich tragen konnten, mußten auf freiem Feld übernachten. Zunächst waren diese Menschen auch für die polnische Regierung nur Staatenlose, und erst nach vielen Interventionen und mit großer Mühe gelang es, daß sie von Polen aufgenommen wurden.

Als dann Polen vom Deutschen Reich überfallen und schon nach kurzer Zeit durch die deutsche Stahl- und Feuerwalze niedergestreckt worden war, glaubten manche polnische Faschisten, daß sie sich nun mit den Deutschen arrangieren könnten. Aber die Deutschen hatten mit Polen andere Pläne; so wurde auch Piasecki von ihnen kühl abgewiesen. Im Jahre 1945 wurde Piasecki von den in Polen einrükkenden Sowjets verhaftet, zum Tode verurteilt, später aber freigelassen; in sowjetischen Diensten stehend, baute er die polnische »Pax«-Bewegung auf, deren Ziel es war, die polnischen Katholiken zu spalten und sie dem Vatikan zu entfremden. Piasecki wurde Mitglied des Präsidiums des polnischen Parlaments in Warschau.

Die polnische Tragödie war zugleich die Tragödie der Juden. Die deutschen Maßnahmen gegen die Polen richteten sich ja vor allem gegen seine Intelligenzschicht; die übrige Bevölkerung sollte – wenn auch nur als Arbeiter im Reich – doch überleben. Für die jüdischen Einwohner sahen die deutschen Pläne jedoch von Anfang an deren Vernichtung vor. Von kleinen Ortschaften wurden sie in die Städte transportiert, dort in Ghettos zusammengepfercht, in den Lagern bei schlechter Ernährung zu schwerer Zwangsarbeit herangezogen, ausgehungert und endlich als arbeitsunfähig liquidiert. Außerdem wurde von den Nazis ein Ausleseverfahren eingeführt, das die Zahl der Juden durch ständige Exekutionen verminderte.

Der Plan zur Vernichtung der Juden entstand bei Hitler noch vor dem Kriege. In seinen im Gefängnis in Nürnberg geschriebenen Erinnerungen erzählt Frank über Hitler: » ... dann sagte er in einer müden Abendstunde 1938 in der Reichskanzlei: ›In den Evangelien riefen die Juden dem Pilatus zu, als dieser sich weigerte, Jesus zu kreuzigen: Sein Blut komme über uns und unsere Kinder. – Ich muß vielleicht diesen Fluch vollstrecken.‹«

Im September 1941, als schon eine halbe Million Juden im Ghetto in Warschau eingepfercht war, sagte Frank zu seinen Mitarbeitern: »Man hat uns in Berlin gesagt: Weshalb macht man solche Scherereien? Wir können im Ostland oder im Reichskommissariat auch nichts mit ihnen anfangen. Liquidiert sie selbst! – Meine Herren! Ich muß Sie bitten, sich gegen alle Mitleidserwägungen zu wappnen; wir müssen die Juden vernichten, wo immer wir sie treffen und wo immer es irgend möglich ist.«

Das eigene Leid machte einen Großteil der polnischen Bevölkerung, deren alte Vorurteile durch die ständige antisemitische Propaganda der Nazis neu belebt waren, unempfindlich für das Leid der Juden. So kam es immer wieder zu Denunziationen von Juden gegenüber den Deutschen. Außer den berüchtigten »Szmalcowniks« gab es noch andere, die für eine Kopfprämie Juden an die Nazis verrieten. Später öffneten sich manchen Polen die Augen. Auch die polnische Untergrundbewegung trug dazu bei, indem sie eine eigene Abteilung zur Rettung der bedrohten Juden ins Leben rief. Denunziation jüdischer Mitbürger wurde unter schwere Strafe gestellt, und einige Fälle kamen auch vor das Gericht der Untergrundbewegung – leider aber nur in erschreckend niedriger Zahl. Die Gruppe der Polen, die Juden unterstützt und geholfen haben und dabei ihr Leben riskierten, war klein im Vergleich zu der Anzahl von Lumpen, die auf Kosten der jüdischen Mitbürger leicht leben wollten.

Nach dem Krieg wurde den überlebenden Juden –

und zwar vor allem denen in Polen – vielfach der Vorwurf gemacht, daß sie während der nationalsozialistischen Besetzung des Landes keinen Widerstand geleistet hätten. Diese Kritiker ließen bei ihren Vorwürfen jedoch die spezifische Situation der Juden in Polen außer acht. Als psychologische Voraussetzung des Untergrundkampfes ist es ja für jeden einzelnen Kämpfer wichtig zu wissen, daß er in der Bevölkerung eine Stütze findet; die Gesamtheit des Volkes ist es, die ihn mit allen im Widerstand notwendigen Dingen – Informationen, Nahrung, Verstecke – versorgen muß. Aber gerade diese für eine erfolgreiche Untergrundtätigkeit so wichtige psychologische und strategische Basis fehlte den Juden in Polen.

Und schließlich bewiesen sie während des Warschauer Ghetto-Aufstandes, daß auch sie sich – trotz der Hoffnungslosigkeit ihrer Lage – heroisch zu wehren wußten. Die Deutschen hatten vorerst den Beginn der Liquidierung des Warschauer Ghettos für den 17. April 1943 festgesetzt, diesen Termin aber aus bisher nicht geklärter Ursache um zwei Tage verschoben. Am 19. April begann die SS dann mit dem Sturm auf das Ghetto. Die verbliebenen 60 000 Juden beantworteten die drohende Vernichtung – mittlerweile waren bereits rund 300 000 jüdische Mitbürger abtransportiert worden – nach einem verzweifelten Kampf um ihr Leben. Es war ein Aufstand, bei dem sie unmöglich siegen konnten und mit dem sie zeigten, daß sie es vorzogen, als freie Menschen im Kampf zu sterben. Tatsächlich überlebten von den rund 60000 kämpfenden Juden nur rund 10000.

Die Deutschen, die zunächst glaubten, daß sie den Aufstand binnen einiger Stunden niederschlagen könnten, mußten sich wegen der gewaltigen Gegenwehr der Ghetto-Insassen zunächst zurückziehen. Und es dauerte keine zwei Tage, bis die ganze Welt aufgrund der klaglos funktionierenden Funkverbindung der polnischen Untergrundbewegung mit London vom Kampf des Restes des polnischen Judentums gegen seine Unterdrücker erfahren hatte.

Abteilungen der »AK« und auch Gruppen der kommunistischen »Gwardja Ludowa« versuchten, den Juden im Ghetto militärische Hilfe zu leisten. Aber ihre Absicht, die Ghettomauern zu stürmen und somit die Deutschen abzulenken, scheiterte. Unter Verlusten mußten sie sich zurückziehen. Auch in der Gegend des jüdischen Friedhofs in Warschau versuchten Untergrundkämpfer der »AK«, die dort patrouillierenden deutschen Einheiten anzugreifen, konnten aber ebenfalls keinen entscheidenden Erfolg erringen. Diese militärisch nicht bedeutenden Entlastungsangriffe konnten das Schicksal der Ghettokämpfer nicht abwenden; sie waren eher Ausdruck der Sympathie eines sich auf den Endkampf gegen den Nationalsozialismus vorbereitenden Polen für diejenigen, die die Niederlage des Dritten Reiches nicht mehr erleben würden.

Außer SS-Verbänden, Artillerie-Einheiten und Kampfflugzeugen setzten die Deutschen im Kampf gegen die Juden des Warschauer Ghettos auch ukrainische und lettische Verbände und Abteilungen der polnischen Polizei ein. Die Deutschen mußten jedes Haus im Ghetto einzeln stürmen. Schließlich zündeten sie die Häuser an. Noch in den Flammen wehrten sich die Juden. Der ungleiche Kampf dauerte fast bis Ende Mai. Dann rührte sich nichts mehr im Ghetto. Die bei der Durchkämmung der Häuser aufgegriffenen Juden wurden deportiert und ließen ihr Leben in den Gaskammern von Treblinka.

Unter Schwierigkeiten, die nicht zu beschreiben sind, gelang es einer kleinen Gruppe von Ghettokämpfern, durch Kanäle auf die »arische« Seite Warschaus zu gelangen, wo sie von der polnischen Untergrundbewegung aufgenommen wurden. Ein Teil von ihnen blieb in der Stadt, der Rest ging in die Wälder, um sich Partisanengruppen anzuschließen und den Kampf gegen die Deutschen fortzusetzen.

Viel wurde über die mangelnde Hilfe der polnischen Heimatarmee für das kämpfende Ghetto nach Beendigung des Krieges geschrieben, und der »AK« wurden heftige Vorwürfe gemacht, daß sie diesen jüdischen Widerstand zuwenig oder zumindest nur unzureichend unterstützt habe. Kreise des kommunistischen Untergrunds, der in Polen angeblich so stark war, haben aber bisher noch niemals dokumentiert, inwieweit sie, die Kommunisten, und ihre »AL«, die »Volksarmee«, an der Unterstützung dieses Aufstands im Ghetto beteiligt gewesen sind. Die kommunistischen Historiker, die den Widerstand in Polen untersuchten, zogen sich auf ihre Weise aus der Affäre, indem sie die jüdischen Ghettokämpfer nachträglich als Kommunisten darstellten und so den Aufstand des Ghettos als Werk von Kommunisten werteten. Die Wirklichkeit sah jedoch anders aus. Es gab zwar unter den Kämpfern im Ghetto, die aus allen politischen Gruppierungen kamen, auch Kommunisten; ihre Zahl war aber nicht besonders groß. Fast wie eine Groteske mutet es daher an, wenn die kommunistischen Historiker die Bombardierung Warschaus durch die Sowjets in der Nacht vom 13. auf den 14. Mai 1943 als Unterstützung des Kampfes im Ghetto bezeichnen. Damals waren nämlich nur noch kleinere Kampfhandlungen im Ghetto in Gang. Und die angeblichen Verluste der Deutschen von 2000 Mann stimmen nicht; denn tatsächlich wurden in dieser Nacht durch die Bombardierungen 14 Deutsche und 150 Polen getötet. Von militärischen Objekten wurde einzig eine Entlausungsbaracke getroffen. Auch gibt es keinen Beweis, nicht einmal eine sowjetische Verlautbarung aus jenen Tagen, daß dieser Flugzeugangriff in irgendeinem Zusammenhang mit dem Kampf im Warschauer Ghetto stand.

Der Aufstand der Juden löste bei Generalgouverneur Frank eine sehr gedrückte Stimmung aus. Am 20. April 1943, einen Tag nach Beginn des Aufstandes, schrieb Frank dem Chef der Reichskanzlei Lammers: »In der heutigen, aus Anlaß des Führer-Geburtstages abgehaltenen Sitzung der Regierung des Generalgouvernements beherrschte die Entwicklung der Sicherheitslage das Bild. In der Tat entwickelt sich diese unter dem Einfluß verschiedenster

Umstände in geradezu gefährlichster Weise. Seit gestern haben wir in Warschau einen bereits mit Einsatz von Geschützen zu bekämpfenden wohlorganisierten Aufstand im Ghetto. Die Morde an Deutschen nehmen in furchtbarer Weise zu. Züge werden überfallen, Transportwege unsicher gemacht. Die Bandenbildung entwickelt sich in grassierender Weise. Ich sehe zur Zeit die Verantwortung für das Leben der Deutschen im Generalgouvernement Gott allein anvertraut.«

Einige Monate später jedoch, am 2. August 1943, schien sich Frank von seinen trüben Gedanken gelöst zu haben, als er im Thronsaal der Krakauer Burg zu 30 Reichsrednern sprach und dabei sagte: »Hier haben wir mit dreieinhalb Millionen Juden begonnen, von denen sind heute nur noch wenige Arbeitskompanien vorhanden; alles ist, sagen wir mal, ausgewandert.«

Sechs Tage vor dem Sturm der SS auf das Warschauer Ghetto meldete der deutsche Rundfunk eine grausige Entdeckung: den Fund der Massengräber von Katyn, in denen die Leichen von rund 4000 polnischen Offizieren gefunden worden waren. Die Deutschen waren sich bewußt, daß sie damit einen Sprengsatz in ihren Händen hatten, der Tausende polnischer Familien, die ihre Männer oder Söhne in sowjetischer Kriegsgefangenschaft glaubten, und darüber hinaus das gesamte polnische Offizierskorps, soweit es sich in Polen oder auch im westlichen Ausland befand, zu heftigen antisowjetischen Reaktionen veranlassen würde.

282

Bis heute ist noch nicht geklärt, warum die Deutschen erst am 9. April 1943 offizielle Vertreter aus dem Generalgouvernement, darunter auch polnische Mediziner sowie einige Ausländer, nach Katyn einluden, und warum der deutsche Rundfunk erst am 13. April 1943 die Entdeckung der Massengräber meldete. Die Mitglieder der Kommission konnten durch Befragungen an Ort und Stelle feststellen, daß die vollständige Aufdeckung der Massengräber bereits sechs bis sieben Wochen vorher stattgefunden hatte. Tatsächlich waren die Gräber bereits im Februar 1943 erkundet worden, und schon damals mußten die Deutschen gewußt haben, daß sie die Leichen ermordeter polnischer Offiziere enthielten.

Dem Autor erscheint folgende Erklärung dafür denkbar: Anfang April wurde von deutscher Seite beschlossen, die noch im Warschauer Ghetto lebenden Juden »auszusiedeln«, das heißt: zu liquidieren, um Warschau judenrein zu machen. Durch Agenten waren die Deutschen aber davon informiert, daß sich die Juden des Ghettos auf einen Kampf vorbereitet hätten und sich wehren würden.

Bereits am 18. Jänner 1943 hatte es ja im Ghetto von Warschau bewaffneten Widerstand gegen die Deutschen gegeben, in dessen Verlauf zahlreiche kämpfende Juden den Tod fanden. Die deutsche antisemitische Propaganda machte nun im Zusammenhang mit dem Morden von Katyn die Juden für diese Verbrechen mitverantwortlich. Möglicherweise wollten die Nazis damit die polnische Bevölkerung von irgendwelchen Sympathien für die kämpfenden

Juden des Ghettos abhalten, sie mit antisemitischen und antisowjetischen Parolen ablenken, um hinter dieser »Nebelwand« einer gezielten Propaganda die Juden müheloser liquidieren zu können.

Wie geplant, setzte eine kolossale deutsche Propagandawalze mit Wochenschauen in den Kinos, mit Photographien in den Zeitungen, mit Plakaten ein. Besonders in den Sendungen in polnischer Sprache lärmte Tag und Nacht der deutsche Rundfunk und berichtete von jüdischen Kommissaren, die polnische Offiziere liquidiert hätten. Die gesamte deutsche Presse und auch die in polnischer Sprache im Generalgouvernement herausgegebenen Zeitungen waren voll von Beschreibungen der Massengräber von Katyn. In allen Berichten wurde von deutscher Seite hervorgehoben, daß die in Katyn Ermordeten zur Elite des polnischen Volkes gehört hätten, zu einer Elite, an deren Ausrottung die Juden schuld wären.

Die Synchronisation zwischen der Verlautbarung über die Massengräber von Katyn und dem Plan der Deutschen, das Ghetto in Warschau zu liquidieren, kam noch während der Kämpfe im Ghetto zum Ausdruck, als der Gouverneur von Warschau, Fischer, in einer Bekanntmachung am 13. Mai 1943 darauf hinwies, daß »die Mörder von Katyn aus derselben Volksgruppe kommen wie die Einwohner des Warschauer Ghettos«. Und während des Aufstandes berichtete die in Polen erscheinende offizielle deutsche Presse tagtäglich über Katyn mit der feststehenden Floskel, daß »die Juden an allem schuld« seien.

Zu Beginn betrachteten die Polen die Sache Katyn als eine erlogene deutsche Propaganda-Geschichte. Die polnische Exilregierung sah sich veranlaßt, sich an das Internationale Rote Kreuz mit der Bitte zu wenden, die gesamte Angelegenheit zu überprüfen. Die Einladung, an dieser Überprüfungskommission teilzunehmen, betrachteten die Sowjets als Beleidigung und brachen daraufhin die Beziehungen zur polnischen Exilregierung ab.

In der Zwischenzeit hatte auch die polnische Untergrundbewegung einen ihrer Mitarbeiter nach Katyn entsandt. Dieser erklärte, daß vor allem die von den Deutschen angegebene Zahl von etwa 10 000 Ermordeten übertrieben sei; »nur« etwa 4000 Erschossene seien gefunden worden. Zugleich brachte er aber Beweise, die die Identität der polnischen Offiziere bestätigten.

Was war geschehen? In einem Wäldchen im Gebiet von Katyn, Bezirk Smolensk, stöberten Wölfe in einer Novembernacht des Jahres 1942 auf der Suche nach Nahrung Knochen auf. Bauern bemerkten einige Tage später die Spuren der Wölfe und verständigten die deutsche Nachrichteneinheit 537, die in der Nähe des Wäldchens ihren Lagerplatz hatte. Soldaten stellten fest, daß es sich um menschliche Knochen handelte, einzelne der Gebeine steckten noch in Resten von Kleidungsstükken.

Die Nachrichteneinheit gab Meldung an den Stab, und so gelangte die Mitteilung zum Oberkommando der Wehrmacht in Berlin. Dieses wieder verständigte das Reichssicherheitshauptamt, das über eine Liste und einen genauen Plan aller Massengräber verfügte, in denen die von den Deutschen während des Krieges im Osten Erschossenen verscharrt worden waren. Nachdem ein Massengrab in Katyn in dieser Kartei nicht aufschien, fand das Reichssicherheitshauptamt den Vorfall interessant genug, der Sache an Ort und Stelle nachzugehen.

Die Bauern erzählten bei der Einvernahme durch die Deutschen, daß im April 1940 Lastwagen des sowjetischen NKWD in den Wald gefahren seien; später seien auch Schüsse zu hören gewesen. Somit war der Beweis erbracht, daß das Grab die Opfer sowjetischer Exekutionen enthielt. Doch erst Mitte Februar 1943 begannen die Deutschen mit Grabungen und entdeckten ein riesiges Massengrab mit fast 4000 Opfern. Die halbverwesten Leichen waren noch mit polnischen Uniformen, zum größten Teil Offiziersuniformen, bekleidet.

Da die Deutschen kurz vorher die schwere Niederlage bei Stalingrad erlitten hatten, sahen sie in der Auswertung ihrer Entdeckung bei Katyn eine große Propagandasache – sie warteten nur auf einen geeigneten Zeitpunkt, sie zu nützen.

Wer waren die Opfer? Unter den im Jahre 1939 von den Russen gefangengenommenen polnischen Soldaten befanden sich etwa 15 000 Offiziere, die während der Wintermonate 1939/40 in drei Gefangenenlagern untergebracht waren: im Lager Kozielsk etwa 5000, im Lager Ostaschkow 6000 und im Lager Starobielsk 4000 Offiziere. Von den im Wäldchen bei

Katyn gefundenen 4000 Opfern der Exekution konnten rund 2900 aufgrund von Notizbüchern, Kennmarken, Ausweisen und Photographien identifiziert werden.

Schon in den Jahren 1940 und 1941 hatten die Familien der gefangenen polnischen Offiziere sowohl im deutsch besetzten Polen als auch in den Gebieten, die an die Sowjetunion gefallen waren, versucht, mit ihren Angehörigen in den Gefangenenlagern Kontakt aufzunehmen. Im April 1940 brach jedoch der Kontakt ab, und Briefe kamen an die Absender zurück. Auch die Vermittlung des Internationalen Roten Kreuzes brachte zu dieser Zeit keinen Erfolg; Briefe kamen mit der Bemerkung nach Genf zurück, die Gesuchten befänden sich nicht mehr in diesen Lagern. Nach Aufnahme der polnisch-sowjetischen Beziehungen im Jahr 1941 stellte sich heraus, daß es nur etwa 400 Überlebende aus den drei Lagern Kozielsk, Ostaschkow und Starobielsk gab.

Die Frage der polnischen Kriegsgefangenen in der Sowjetunion war eine der wichtigsten, die die polnische Exilregierung auf ihrer Besprechungsliste mit den Sowjets notiert hatte. Als die Beziehungen zwischen beiden Staaten wieder aufgenommen wurden, besuchten der polnische Premierminister Sikorski und General Anders im Dezember 1941 Stalin und überreichten diesem eine Namensliste von 3848 polnischen Offizieren, die in den erwähnten drei Lagern nachweislich festgehalten worden waren. Stalin versprach, nach diesen Offizieren suchen zu lassen. Einige Monate später, im März 1942, konnte Gene-

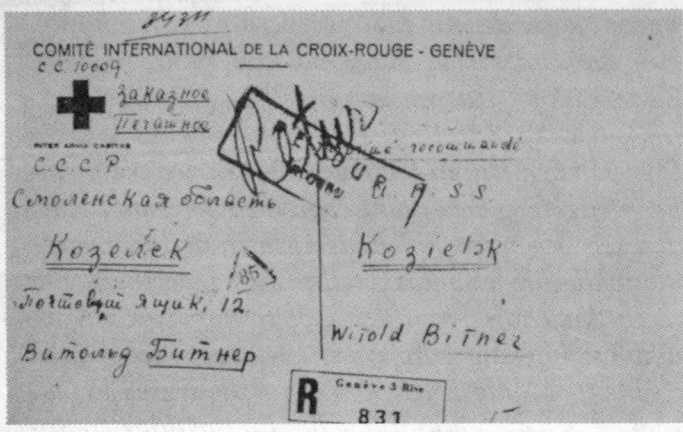

Briefe, die zurückkamen.

Internationales Rotes Kreuz, Genf, rekommandierter Brief an Witold Bitner im Lager Kozielsk. Abgegangen am 14. XI. 1940. Zurückgesandt nach Genf am 20. XI. 1940. Poststempel Moskwa – Postamt. Angekommen in Genf 28. XI. 1940. Brief Vorder- und Rückseite: Stempel RETOUR Inconnu – zurück unbekannt.

Kein Vermerk des Lagers.

Deutsche amtliche Mitteilung über Massengrab Katyn. Position 3367: Leutnant Bitner Witold, Reserveleutnant.

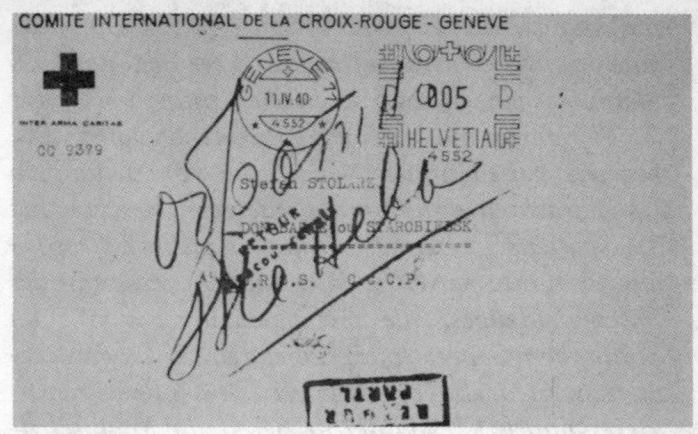

Internationales Rotes Kreuz, Genf, an Stefan Stolarz
im Lager Starobielsk. Abgegangen am 11. IV. 1940.
Zurückgesandt nach Genf. Poststempel Lager Starobielsk
vom 30. IV. 1940.
Brief-Vorderseite: handschriftlicher Vermerk: Oborot
Genew – zurück nach Genf.
Rückseite: Adressata njet – Adressat nicht da.
Deutsche amtliche Mitteilung über Massengrab in Katyn.
Position 469: Oberstleutnant Stefan Stolarz. Aufzählung der
beim Toten gefundenen Dokumente und Gegenstände.

ral Anders, der zu jener Zeit in der Sowjetunion eine polnische Armee aufstellte, diese Liste auf 4500 Namen ergänzen, und schließlich enthielt sie sogar 9000 Namen mit genauen Personenangaben. Die Sowjets haben immer wieder die von den Polen vorgebrachten Ziffern in Abrede gestellt. Dabei hat die sowjetische Armeezeitung »Krasnaya Svesda« am 13. Oktober 1939, also nach Beendigung des Polen-Feldzuges, die Gefangennahme von zehn polnischen Generälen, 52 Obersten, 72 Oberstleutnanten, 5131 aktiven Offizieren, 4096 Reserveoffizieren und 181 223 Unteroffizieren und Mannschaften der polnischen Armee offiziell bekanntgegeben. Diese Ziffern schoben die Sowjets später einfach beiseite. Um Zeit zu gewinnen, verlangten sie immer wieder neue Listen und Unterlagen, die sie »prüfen werden«.

Die Morde von Katyn stellte Moskau sofort als eine deutsche Tat dar. Bei dieser Version bleibt die Sowjetunion bis zum heutigen Tag. Nachdem die Sowjets nach dem deutschen Rückzug 1944 Katyn wieder in ihre Hand bekommen hatten, stellten sie eine ärztliche Kommission zusammen, die nach eingehenden Untersuchungen »bestätigte«, daß die Toten nicht im April 1940, sondern im Herbst 1941 ermordet worden seien.

Dagegen ist einzuwenden, daß die letzten Eintragungen in den Tagebüchern der Ermordeten mit dem 5. April 1940 datiert waren, also noch über ein Jahr vor dem deutschen Überfall auf die Sowjetunion. Den polnischen Kommunisten war die Angelegenheit Katyn äußerst unangenehm. *Noch im Jahre 1945 wollten deshalb der polnische Generalstaatsanwalt Jerzy Sawicki und Justizminister Swiatowski in Warschau einen Prozeß durchführen und bei diesem Gerichtsverfahren die Schuld natürlich den Deutschen anlasten. Beide fuhren in die Sowjetunion, um Beweismaterial zu holen. Doch Moskau winkte ab.*

Die nach dem Jahre 1968 in den Westen geflüchteten Polen, die zum Teil in hohen Funktionen des kommunistischen Parteiapparates tätig waren, wußten zu berichten, daß Chruschtschow vor dem XX. Parteitag der KPdSU, auf dem er mit dem Regime Stalins abrechnete, das polnische Politbüro konsultierte, da er gewillt war, auch die Sache Katyn mit auf das Schuldkonto Stalins zu setzen. Diesmal lehnten jedoch die Mitglieder des polnischen Politbüros den Vorschlag Chruschtschows ab.

In seinen Erinnerungen beschrieb auch der polnische Parteichef Wladyslaw Gomulka im Jahre 1973, wie er sich weigerte, Chruschtschow zuzustimmen: »Schon im Jahre 1957 bei einer unserer Begegnungen hat mir Chruschtschow vorgeschlagen, die Frage Katyn öffentlich zu behandeln und offiziell zuzugeben, wer für diese Verbrechen verantwortlich ist und sie natürlich auf Stalin zu schieben. Stalin könne es schon egal sein, sagte er mit Humor, denn sein Konto wäre schon so mit Verbrechen belastet, daß er dieses auch noch verkraften könne. Es wüßten ohnehin schon alle, wer das gemacht habe, und da wir es offiziell nicht zugeben wollten, sei auch unser Konto belastet. Eigentlich hatte er recht, und es tut mir

heute leid, daß ich damals seine Anregung nicht aufgenommen habe.«

Nach dem Ende des Zweiten Weltkrieges, als in ganz
Europa an Stätten, wo sich Massengräber der von
Deutschen Ermordeten fanden, Denkmäler errichtet und Gedenkfeiern veranstaltet wurden, fragten
sich die Polen, warum kein Denkmal auf den Grä-
bern in Katyn an die Tragödie der polnischen Soldaten erinnerte. Nur ein kleiner Stein mit verwitterter
Inschrift gibt in Katyn Kunde davon, daß hier einige
polnische Patrioten von Deutschen ermordet worden seien.

Zur Ablenkung fanden die Sowjets aber noch eine
andere Lösung: In Weißrußland war ein Dorf namens Chatyn im Rahmen einer deutschen Strafexpe-
dition liquidiert worden; 149 Menschen waren dabei
umgekommen. Nun klingt für einen Ausländer der
Name »Katyn« phonetisch genauso wie »Chatyn«.
Für dieses weißrussische Chatyn schufen die Sowjets ein großes Denkmal und eine Statue, die einen
Vater mit seinem toten Sohn auf den Armen dar-
stellt. Auf diese Weise konnten die Sowjets mit anderen Völkern »gleichziehen«; sie wählten nicht den
kleinen Ort Katyn, sondern bedienten sich bei der
Ehrung der Ermordeten einer Täuschung.

Der Schock von Katyn und der Abbruch der Beziehungen zwischen der polnischen Exilregierung und
der Sowjetunion führten bei der Bevölkerung Polens
generell und bei seiner Untergrundarmee insbeson-
dere zu einer großen Bewußtseinskrise. Für sie waren nun nicht nur die Nationalsozialisten Mörder

des polnischen Volkes, sondern auch ihr Verbünde-
ter, die Sowjetunion. Was die Deutschen jetzt mit
den Polen taten, das – so war die allgemeine Auffas-
sung – würden nach einem Sieg über das Dritte Reich
die Sowjets mit den überlebenden Polen tun.

Als Krystyna auf den Bahnhof kommt, fährt eben ein Urlauberzug ab; ein langer Eisenbahnzug, der von Rotkreuzschwestern und BDM-Mädchen, die auf dem Bahnhofsperron herumstehen, betreut worden ist. Überall dampfen noch die Kübel mit dem Ersatzkaffee, den sie an die Soldaten ausgeteilt haben.

Krystyna blickt dem Zug nach; er fährt in Richtung Ostfront. Der nächste Zug für Zivilisten wird erst in einer Stunde abgehen. Sie weiß, daß sie diesmal eine besonders gefährliche Mission zu erfüllen hat: Adam hat sie beauftragt, Briefe der Aktion »N« mit dem an Reichsdeutsche adressierten Flugblatt und der Frank-Briefmarke an die zuständigen Kontaktpersonen nach Lemberg zu bringen, die dort für die Verteilung sorgen sollen. Anschließend soll Krystyna für ein paar Tage zu ihrer Tante nach Zloczow fahren, hat Adam vorgeschlagen; das werde sie nach all den schrecklichen Erlebnissen der letzten Zeit wieder ins Gleichgewicht bringen.

Ein Feldwebel der deutschen Wehrmacht erscheint auf dem Bahnsteig; er hätte mit jenem Zug fahren sollen, der soeben die Station verlassen hat. Der Transportoffizier, den er fragt, erklärt ihm, er könne mit dem nächsten Zug den eben versäumten in Lemberg einholen.

Nachdem der Feldwebel diese günstige Auskunft erhalten hat, setzt er sich auf die Bank, auf der bereits Krystyna Platz genommen hat. Mit einem interessierten Seitenblick mustert er das Mädchen. Er scheint an ihr Gefallen zu finden, nach einiger Zeit fragt er:

»Wohin geht denn die Reise?«

Krystyna zögert mit der Antwort. In ihrer Lage, mit dem Päckchen in ihrem Koffer, ist sie eigentlich froh über den Annäherungsversuch, denn am Bahnsteig wimmelt es nur so von Polizisten. Im übrigen wirkt der Feldwebel recht freundlich, und so antwortet sie: »Nach Lemberg.«

»Ach! Dahin fahre ich auch. Stellen Sie sich vor, ich habe meinen Zug versäumt. Aber ich habe Glück, in Lemberg werde ich ihn einholen.«

»Da haben sie tatsächlich Glück.«

»Da fahren wir zusammen – darf ich mich Ihnen vorstellen?«

Krystyna weiß nicht, was sie antworten soll.

»Sie brauchen vor mir keine Angst zu haben. Ich weiß, Ihre Landsleute sehen es nicht gerne, wenn jemand mit einem Deutschen spricht. Aber Krieg ist halt Krieg – daran kann ich nichts ändern und Sie auch nicht.«

Krystyna überlegt; bei einer Kontrolle kann ihr diese Begleitung vielleicht nützen. Wenn Adam hier wäre, würde er ihr sicherlich raten, das Angebot anzunehmen. Also beschließt sie, das Gespräch fortzusetzen.

Krystyna erfährt, daß der Feldwebel Adolf heißt –

worauf er sehr stolz ist – und nun schon seit zwei Jahren in Rußland kämpft. Jetzt ist er vier Wochen in der Heimat gewesen, auf Urlaub, den er in Darmstadt verbracht hat. Auf dem Weg zur Front hat er seine Schwester besucht, die jetzt in der Nähe von Warschau lebt. Der Schwager ist Landwirt – und Adolf zeigt auf seinen Rucksack, womit er andeuten will, daß er viel mitgebracht hat. Lächelnd lädt er Krystyna ein, später im Zug von dem Geselchten zu kosten.

Wenig später fährt der Zug in die Station ein. Bald hat Adolf den Waggon mit der Aufschrift »Nur für Deutsche« entdeckt, nimmt Krystyna, die nur ihren Koffer zu tragen hat, bei der Hand und zieht sie in den Waggon.

Ein Coupé ist ganz leer. Auch die anderen Abteile füllen sich bald mit Deutschen, die alle in Zivil sind. In ihr Abteil kommt niemand; die übrigen Fahrgäste sehen einen Feldwebel mit seinem Mädchen und geben sich verständnisvoll.

Krystyna ist es zufrieden, daß Adolf sich so gerne reden hört und sie nicht mit Fragen behelligt; sie lächelt, nickt von Zeit zu Zeit und läßt ihn reden. Nur als sie die Brote mit Geselchtem ißt, verspürt sie ein leises Schuldgefühl.

Später fragt Adolf, ob er sie Christa nennen dürfe. Sie gestattet es ihm, wehrt jedoch alle weiteren Annäherungsversuche energisch ab; sie bittet auch, die Türe des Abteils offen zu lassen.

»Jetzt im Sommer ist frische Luft angenehm.«

Adolf macht sich offensichtlich nichts aus Frischluft; er meint, er habe in Rußland schon genügend frische Luft geatmet.

Um ihn auf andere Gedanken zu bringen, geht Krystyna auf seine Bemerkung ein und bittet ihn, ihr von der Front zu erzählen.

»Haben es die Soldaten sehr schwer?«

Adolf läßt sich nicht lange bitten; er erzählt von der Kompanie, der er angehört, und von den schweren Kämpfen, vor allem mit den Partisanen.

»Bald nach Lemberg kommen wir in ein mit Partisanen verseuchtes Gebiet«, meint er. »Sie natürlich nicht«, fügt er hinzu, »Sie fahren ja nur bis Lemberg.«

Krystyna nickt. Unwillkürlich muß sie an ihren Auftrag denken. Bisher hat sie sich sehr geschickt verhalten, sie kann zufrieden sein.

»Nach Lemberg werden dann zwei offene Loren mit Sand vor die Lokomotive gespannt«, erzählt Adolf weiter. »Es kommt ja oft vor, daß diese Banditen die Strecke verminen; und dann fliegen die beiden Loren in die Luft und nicht die Lok.«

Es fällt Krystyna schwer, ihre Genugtuung über diese Partisanenaktionen zu verbergen.

»Als ich vor ein paar Wochen in Richtung Heimat fuhr, stieß der Zug in der Gegend von Kiew auch auf eine Mine«, berichtet Adolf weiter. »Es gab großen Schaden. Wir mußten mitten im Wald stehenbleiben, und unsere Begleitmannschaft schwärmte aus, um die Partisanen zu stellen. Doch sehr weit kamen wir nicht. Es gab ein Feuergefecht; und dann fanden wir einen verwundeten Russen, den seine Kameraden nicht hatten mitnehmen können. Ein Oberleutnant meinte, es wäre nicht das Richtige, ihn zu erschießen; lieber sollte er gehenkt werden. Was dann auch geschah. Übrigens haben einige Kameraden auch Aufnahmen davon gemacht. Ich habe auch eine. Wollen Sie sie sehen?«

Krystyna schüttelt den Kopf.

»Nein danke«, sagt sie hastig.

Der Zug schleppt sich langsam dahin. Adolf betätigt sich als Alleinunterhalter, und wenn Krystyna auch seine Erzählungen nicht besonders genießt, so ist sie doch froh, daß sie selbst zu der Unterhaltung nichts beitragen muß. So kann sie ihren Gedanken nachhängen, während er redet. Außerdem wüßte sie ohnedies nicht, worüber sie mit ihm sprechen sollte. Sie könnte dem Deutschen nicht gut von ihrer Arbeit in der Widerstandsbewegung erzählen – und das wäre wohl das einzige, was ihn interessieren könnte ...

Adolf redet und redet. Krystyna versteht zwar nicht alles, aber sie wundert sich, daß sie überhaupt so viel deutsch versteht. Später dann nimmt Adolf die Feldflasche aus seinem Tornister, um seine ermüdeten Lebensgeister wieder etwas zu wecken; er nimmt einen kräftigen Schluck. Krystyna lehnt sein Angebot, ebenfalls zu trinken, dankend ab.

Nun beginnt Adolf zu sinnieren.

»Eigentlich ist es ja gar nicht schön, jetzt wieder dorthin zurück zu fahren. Überall lauert der Tod, hinter jedem Baum, jedem Stein. Die Partisanen haben sehr viel Nachschub aus den russischen Dörfern.«

»Ja, ja, ich habe davon gehört.«

»Die russischen Bauern wollen einfach nicht einsehen, daß wir es waren, die sie vom Bolschewismus befreit haben. Und wenn man gesehen hat, in welch stinkenden Löchern sie früher gelebt haben, glaubt man doch, daß sie eigentlich froh sein müßten. Nach dem Endsieg wird man Ordnung machen, und die Russen werden dann auch zufrieden sein. Aber sie sind so ungeduldig; sie hören immer nur auf ihre verdammten Kommissare, diese jüdischen Bolschewiken. Und daher nimmt die Partisanenplage von Tag zu Tag zu. Kaum gibt es eine für die Russen günstige Nachricht von der Front, schießen die Partisanen aus dem Boden wie Pilze nach dem Regen.«

Krystyna ist weiter eine geduldige Zuhörerin, die Adolf immer wieder durch ihre scheinbare Anteilnahme zum Weiterreden ermuntert.

»In Darmstadt hatte ich eine besonders unangenehme Aufgabe zu erledigen. Ich mußte eine Mutter besuchen, deren Sohn gefallen war. Sie wußte ja schon von seinem Tod, aber sie wollte von mir Einzelheiten erfahren. Der Arme hatte einen Bauchschuß abgekriegt und lag an einer Stelle, an die wir nicht herankonnten. Er schrie, sein Bauch war aufgerissen, und er blutete sehr stark. Als endlich die Sanitäter zu ihm hingekrochen waren und ihn dann zurückgeschleppt hatten, starb er auf dem Weg ins Lazarett. Aber das alles sagte ich ihr natürlich nicht. Und dann erzählte sie mir auch, daß sie nach der Verständigung, daß ihr Sohn für ›Führer, Volk und Vaterland‹ gefallen sei, in der Zeitung eine Traueranzeige aufgegeben habe. ›In tiefer Trauer‹, hatte sie formuliert. Und was stand in der Zeitung? ›In stolzer Trauer‹! Aber Stolz scheint sie gar keinen empfunden zu haben ...«

Die Stunden vergehen. Bald packt Adolf zum dritten Mal seine Wegzehrung aus und bietet Krystyna davon an, aber sie hat keinen Appetit.

Vor Przemysl gibt es dann die Kontrolle; ein Feldgendarm, ein Bahnpolizist und ein polnischer Gendarm gehen durch den Zug und nähern sich laut redend dem Abteil.

Krystyna wird blaß.

Adolf bemerkt es: »Haben Sie Angst?«

»Angst nicht; aber manchmal nimmt man den Leuten weg, was sie sich von den Verwandten auf dem Land geholt haben. Und ich habe für meine Tante ein Stück Speck bei mir; es wäre sehr schade, wenn sie es mir wegnehmen würden.«

Adolf lacht: »Geben Sie her, es kommt in meinen Rucksack. Da ist es sicher.«

Krystyna gibt ihm das sorgfältig verschnürte Päckchen. Adolf stopft es in seinen Rucksack. Er ist zufrieden, daß er Krystyna einen Dienst erweisen kann.

»Marschbefehl? Urlaubsschein?« fragt der Feldgendarm.

Adolf gibt ihm die Papiere.

»Ich habe in Warschau den Zug verpaßt«, erklärt er. »Der Transportoffizier sagte mir aber, ich würde den Zug in Lemberg einholen, weil er dort einen längeren Aufenthalt hat.«

Der Feldgendarm zuckt die Achseln und gibt Adolf die Papiere zurück. »Schon möglich«, meint er.

Inzwischen hat der Bahnpolizist Krystynas Papiere kontrolliert. Dann greift er in ihren Koffer und durchwühlt ihre Sachen; damit ist die Kontrolle beendet.

Adolf nimmt das Päckchen aus seinem Rucksack und gibt es Krystyna zurück.

»Sehen Sie, es ist ja alles gutgegangen.«

»Ich danke Ihnen.« Krystyna ist ein Stein vom Herzen gefallen.

Die Zeit vergeht nur langsam. Adolf hat während der Fahrt noch mehrmals einen Schluck aus seiner Feldflasche genommen; nun lehnt er seinen Kopf gegen das Fenster – nach wenigen Minuten ist er eingeschlafen.

Krystyna blickt aus dem Abteilfenster und betrachtet die Landschaft; Felder, Vieh, Menschen bei der Feldarbeit. Sie läßt ihren Gedanken freien Lauf. Die Welt ist so schön, denkt sie, und gleichzeitig überfällt sie große Traurigkeit.

Krystyna denkt an Lemberg; sie denkt an ihre Jugend, an die schöne Zeit mit ihren Eltern, aber auch an die schreckliche Zeit unter den Russen, die Schwierigkeiten innerhalb der Untergrundbewegung, das ständige gegenseitige Mißtrauen ... dennoch blickt sie Lemberg erwartungsvoll entgegen.

Nach einiger Zeit wacht Adolf auf.

»Nun, Mädchen, werden wir uns wiedersehen?«

»Geben Sie mir Ihre Adresse, ich schreibe Ihnen.«

»Warum nicht umgekehrt?«

»Ich wohne in Untermiete, und nach dem Krieg muß ich erst meine Familie zusammensuchen. Ich werde sicher nicht dort wohnen bleiben, wo ich jetzt bin.«

Adolf schreibt seine Adresse auf ein Blatt seines Notizbuchs, reißt es heraus, faltet es zusammen und gibt es Krystyna. Sie steckt den Zettel in ihre Handtasche.

Der Zug läuft in Lemberg ein. Blitzschnell drückt Adolf Krystyna zum Abschied einen Kuß auf die Wange, dann packt er seine Sachen und springt aus dem noch rollenden Zug. Nun läuft er den Bahnsteig entlang, um seinen Urlauberzug zu erreichen.

Lemberg scheint sich nicht verändert zu haben; auch die Leute im Wartesaal sehen noch genauso aus wie früher. Krystyna eilt zur Toilette. Dort nimmt sie das Päckchen aus ihrem Koffer, verstaut es in ihrer Reisehandtasche. Den Koffer gibt sie bei der Gepäckaufbewahrung ab.

Sie besteigt eine Straßenbahn, die in Richtung Lyczakow fährt. Als sie die Geldmünzen für den Fahrschein aus der Tasche holt, gerät ihr der Zettel mit Adolfs Adresse zwischen die Finger; sie zerreißt ihn und wirft ihn fort.

Von der Straßenbahnhaltestelle muß sie noch etwa 200 Meter zu Fuß gehen. Bevor sie das Haustor öffnet, dreht sie sich noch einmal um und mustert die Straßenpassanten. In etwa 50 Meter Entfernung bemerkt sie einen Wagen, der wie ein Militärfahrzeug aussieht; allerdings sind dort einige Geschäfte, und der Besitzer des Wagens hat wahrscheinlich dort zu tun.

Krystyna betritt den Hausflur und schließt das Tor hinter sich. Im Haus ist es totenstill.

Ohne weiter darüber nachzudenken, geht sie nicht sofort die Treppe hinauf, sondern nimmt das kleine Paket aus ihrer Tasche und steckt es zwischen zwei Ziegelsteine unter der Kellerstiege. Wenn sie erst einmal oben ist und gesehen hat, daß die Luft rein ist, wird sie das Päckchen holen. Man kann nicht vorsichtig genug sein! Und die Wahrscheinlichkeit, daß gerade in diesen wenigen Minuten jemand in den Keller gehen und gerade in dem engen Spalt das Päckchen entdecken wird, ist gering.

Die Wohnung liegt im zweiten Stock und gehört einem polnischen Ingenieur, der in Lemberg bei einer deutschen Firma beschäftigt ist. Der Mann ist bei den Behörden gut angeschrieben und hat noch nie irgendwelche Schwierigkeiten gehabt; bei einem derart heiklen Auftrag ist ein solcher Kontaktmann natürlich von unschätzbarem Wert.

Lemberg ist ein heißer Boden. Die Widerstandsbewegung hat dort kein leichtes Spiel. Viele Angehörige der ukrainischen Polizei, die während der 21 Monate sowjetische Herrschaft im Dienst der Russen standen, sind beim Einmarsch der Deutschen nicht mit den Sowjets geflüchtet, sondern in Lemberg geblieben und zum Rückgrat der von den Deutschen aufgestellten ukrainischen Hilfspolizei geworden; sie sind ortskundig und hassen die Polen, aber noch mehr die Juden. Der Gestapo dienen die Ukrainer als williges Werkzeug.

Zu Beginn der deutschen Okkupation erhofften sich die Ukrainer die Gründung eines eigenen Staates; doch die Deutschen hatten ganz andere Pläne. Sie ließen den Ukrainern freie Hand, ihren Haß gegenüber den Juden auszutoben und mit ihren alten Feinden, den Polen, abzurechnen. Dann aber begannen die Deutschen, auch Ukrainer »freiwillig« zur Arbeit ins Reich einzuziehen. Und nun ziehen es manche Ukrainer vor, in die Wälder zu flüchten, wo sie sich zu Partisanengruppen zusammenschließen, die einen Zweifrontenkrieg sowohl gegen die Deutschen als auch gegen die Russen führen.

Die Polen sind im Gebiet um Lemberg eine Minderheit; zudem ist ihr Anteil an der Gesamtbevölkerung durch die Deportationen der Sowjets noch geringer geworden. Sie sind nach den Juden die zweite Gruppe, die die volle Wucht der deutschen Terrormaßnahmen zu spüren bekommt.

Eigentlich hat Krystyna hier nicht viel zu tun; sie muß lediglich das Päckchen übergeben, einen Bericht entgegennehmen und den Leuten nochmals einschärfen, die Briefe mit den Frank-Marken am 12. Juni in die Postkästen zu werfen. Danach ist ihre Aufgabe beendet, und sie kann zu ihrer Tante nach Zloczow fahren.

Während sie die Stiegen hinaufläuft, überlegt sie, was sie tun soll, wenn eine ihr fremde Person die Wohnungstüre öffnet; den Ingenieur hat sie nur einmal während einer Besprechung in Warschau gesehen, aber sie ist sicher, daß sie ihn ohne Schwierigkeiten wiedererkennen kann. Er ist klein, blond und trägt einen rötlichen Schnurrbart, auch hat er auffallend blaue Augen. Falls wirklich eine fremde Person die Türe öffnen sollte, wird sie eben nach einer Frau Kowalska fragen, der Name ist häufig in Lemberg, und es gibt sicher irgendwo in der Nachbarschaft eine Frau mit diesem Namen.

Krystyna drückt auf die Klingel, und sofort nähern sich eilige Schritte. Die Türe öffnet sich, und bevor Krystyna ein Wort sagen kann, wird sie in die Wohnung gezogen. Sie sieht sich zwei Männern gegenüber, denen sie zuvor noch nie begegnet ist.

Krystyna hat keinerlei belastendes Material bei sich; denn außer dem Päckchen sollte sie ja nur eine mündliche Botschaft überbringen. Rasch faßt sie sich und sagt: »Ich glaube, ich bin an die falsche Wohnungstüre gekommen. Ich suche eine Frau Kowalska.«

In einer Ecke erkennt sie den Ingenieur und einen weiteren, ihr fremden Mann. Beide sind mit Handschellen gefesselt. Zwei weitere Zivilisten sind gerade damit beschäftigt, die Wohnung genau zu durchsuchen.

»Sicher eine Cousine von Ihnen, das Fräulein«, sagt einer der beiden Männer, die Krystyna an der Türe empfangen haben, zu dem Ingenieur; er spricht polnisch.

»Ich kenne das Mädchen überhaupt nicht. Ich sehe sie zum ersten Mal in meinem Leben.«

»Na, das wird sich ja noch herausstellen«, meint der Zivilist.

Der zweite Agent hat in der Zwischenzeit Krystynas

Identitätskarte angesehen und reicht sie nun dem ersten: »Soso. Krystyna Jaworska. Ja – und Sie haben das Mädchen noch nie gesehen? Vielleicht stimmt das wirklich. Und wenn nicht, dann werden wir Sie schon zum Reden bringen.«

Auch Krystyna werden Handschellen angelegt. Aus dem Verhalten der beiden Mitgefangenen kann sie erkennen, daß beide weiterhin jede Bekanntschaft mit ihr abstreiten werden; schon um ihre eigene Situation nicht weiter zu verschlechtern.

Sie weiß nicht, was man den beiden vorwirft und aus welchem Grund die Gestapo-Leute die Wohnung durchsuchen. Auf jeden Fall achten die Beamten darauf, daß die Verhafteten untereinander nicht verständigen können. Sie werden so abgeführt, daß sie nicht einmal Blicke wechseln können. Krystyna ist froh darüber, denn auch mit Blicken könnte sie sich verraten.

Die Wohnung wird versiegelt; die magere Ausbeute der Durchsuchung, ein paar Schriftstücke, werden mitgenommen. Eine genauere Durchsuchung soll noch folgen, wie Krystyna den in deutscher Sprache geführten Gesprächen der Gestapo-Leute entnehmen kann.

Auf der Straße erwartet sie das Auto, das Krystyna vorher schon bemerkt hat. Im Wagen sitzen zwei Uniformierte; die drei Verhafteten und die vier Gestapo-Leute steigen ein.

Die Fahrt ist nur kurz; unterwegs arbeitet Krystynas Gehirn fieberhaft. Sie hat von ihrem fiktiven Arbeitsplatz, einer Baufirma, die Wehrmachtsaufträge ausführt, drei Tage Urlaub, worüber sie auch eine Bestätigung bei sich trägt. Also braucht sie eine telephonische Rückfrage nicht zu fürchten, diesbezüglich ist vorgesorgt. Und eine entfernte Verwandte von ihr mit dem Namen Kowalska hat tatsächlich vor dem Krieg in dieser Straße gewohnt, wenn auch in einem anderen Haus. Auf jeden Fall wird sie aussagen, sie habe ihre Tante Kowalska ausfindig machen wollen, um mit ihr darüber zu sprechen, wie sie doch noch eine Spur ihres in der Sowjetunion verschollenen Vaters finden könne.

Kaum hat sich Krystyna diese Geschichte zurechtgelegt, da passiert der Wagen auch schon das große Tor des Gefängnisses in der Lonzki-Straße. Die unbequeme Fahrt ist beendet, aber Krystyna fühlt sich keineswegs erleichtert.

Die drei Verhafteten werden sofort in das Gebäude geführt. Der Beamte, der Krystyna vernehmen soll, hat, als sie das Zimmer betritt, ihren Ausweis bereits vor sich auf seinem Schreibtisch liegen. Er richtet kein Wort an sie, sondern klingelt; daraufhin erscheint ein Uniformierter, dem er befiehlt, eine Aufseherin zu holen.

Diese kommt nach wenigen Minuten und befiehlt Krystyna, sich auszuziehen. Krystyna bemerkt, daß der Beamte keinerlei Anstalten trifft, den Raum zu verlassen oder auch nur in eine andere Richtung zu blicken. Sie fügt sich …

Die Aufseherin untersucht ihre Kleidungsstücke, sie betastet jede Naht; plötzlich fühlt sie im Saum der Jacke eine Verdickung. Krystyna erschrickt, sie bemerkt, welch großen Fehler sie begangen hat. Die Kuriere der »AK« haben immer eine Zyankali-Kapsel in ihrer Kleidung eingenäht, und es ist die Weisung ergangen, bei einer Verhaftung davon Gebrauch zu machen. Das liegt nicht nur im Interesse der »AK«, für die die Preisgabe eines Geheimnisses natürlich katastrophale Folgen haben kann, sondern auch, so unmenschlich das klingen mag, im Interesse des Kuriers. Die Deutschen sind bei ihren Verhörmethoden nicht zimperlich …

Krystyna hätte die Kapsel schlucken können; während der Fahrt mit dem Polizeiauto, als niemand ihr besondere Beachtung geschenkt hat. Aber da sind ihre Gedanken mit anderem beschäftigt gewesen. Plötzlich fühlt sie, daß sie noch nicht sterben will! Sie will leben, leben – solange es nur geht!

Mit geübtem Griff schält die Gefängnisaufseherin die kleine Kapsel aus der Saumnaht und legt sie vor den Beamten auf den Tisch.

»Ach so«, sagt dieser, »eine Judenpille! Ja, Mädchen, was für eine Geschichte wolltest du uns da erzählen? Wen wolltest du eigentlich in der Lyczakowska-Straße besuchen? Vielleicht andere Juden, die dort Unterschlupf gefunden haben?«

Er klingelt erneut, und wieder erscheint der Uniformierte.

Der Beamte befiehlt ihm, daß auch die beiden anderen Gefangenen darauf untersucht werden sollen, ob sie nicht etwa Juden seien: »Hosen runter, natürlich!«

Krystyna hat ihre Kleider zurückbekommen und darf sich wieder anziehen.

Der Vernehmungsbeamte fragt sie nicht nach ihren Daten, er fragt sie auch nicht, was sie in dem Haus gesucht hat. Für ihn ist der Fall klar: eine Jüdin, die sich falsche Papiere beschaffen konnte und die, wie so viele andere auch, für den Fall, daß sie verhaftet wird, Zyankali bei sich trägt. Mit einem Wort, eine klare Sache, ohne lange Vernehmungen und ohne den üblichen Papierkram. Gefunden hat man bei ihr nichts – er wird nicht viel Arbeit mit ihr haben.

Der Beamte läßt sich mit SS-Oberscharführer Oskar Waltke verbinden, der sein Büro im selben Haus hat. Waltke ist der berüchtigte Leiter der ebenso berüchtigten Judenabteilung des Gefängnisses in der Lonzki-Straße. Mittelgroß, rothaarig, mit einem ständigen zynischen Lächeln, gilt er als »Judenspezialist«. Wer in seine Fänge gerät, kann vom Leben Abschied nehmen – aber nicht zu schnell, denn Waltke liebt es, ein kunstvolles Spinnengewebe auszulegen, um dann zuzusehen, wie sich die Fliege darin verfängt. Er genießt es, am Ende immer der Sieger zu sein.

Waltke bringt seine Opfer immer zum Sprechen. In seinem Zimmer befinden sich zahlreiche Marterwerkzeuge, die aus einer mittelalterlichen Folterkammer stammen könnten. In einer Vitrine liegen zahlreiche Peitschen säuberlich aufgereiht, und in einer Ecke ist ein drehbares Kreuz mit Lederfesseln errichtet.

Die Juden im Lemberger Ghetto kennen Waltke; er ist an vielen Verbrechen, die im Ghetto begangen wurden, beteiligt gewesen. Mit Schaudern erinnern sie sich daran, wie Waltke den Judenrat im Ghetto hat hängen lassen; und wie der Obmann des Rates, Dr. Landesberg, zweimal hintereinander vom Galgen gefallen ist. Waltke hat ihn ein drittes Mal hängen lassen ...

»Ich schicke eine rauf; eine mit einer Judenpille. Ein klarer Fall, ein Kinderspiel ...«

»In Ordnung. Nur her mit ihr.«

Waltke legt den Telephonhörer auf.

Krystyna ist nicht sicher, ob sie alles richtig verstanden hat. Anscheinend hält man sie wegen der Zyankali-Kapsel für eine Jüdin.

Die Aufseherin und der Uniformierte bringen Krystyna in Waltkes Zimmer.

»Woher kommst du?«

»Aus Warschau.«

»Natürlich. Verständlich. Wir haben jetzt mehrere Jüdinnen aus Warschau hier, weil wir das Ghetto dort ausgeräuchert haben. Ja, früher sind sie alle von Lemberg nach Warschau geflüchtet; jetzt geht das Ganze wieder zurück.«

Er lacht.

Krystyna hat nichts zu sagen.

»Na, hast du dir nicht eine schöne Geschichte zurechtgelegt, die du mir jetzt auftischen willst? So eine Geschichte kann dein Leben beträchtlich verlängern, denn ich liebe es, diese Geschichten zu zerpflücken. Ich habe jede Menge Zeit – und du läufst mir nicht davon. Würdest du mir gleich sagen, daß du eine Jüdin bist mit gefälschten Papieren, dann wäre der ganze Spaß dahin. Leg dir also was Schönes zurecht; du hast Zeit nachzudenken, denn vor dir warten noch etliche andere.«

Krystyna schweigt weiter; sie zeigt keine Reaktion auf Waltkes Worte.

»Du verstehst doch deutsch, oder? Alle Juden verstehen deutsch, auch wenn sie es schlecht sprechen; denn euer Jiddisch ist ja auch eine Beleidigung unserer Sprache! Aber ihr versteht uns. Und diese Beleidigung wird bald ein Ende haben, wenn es nämlich niemanden mehr geben wird, der Jiddisch spricht!«

Waltke mustert Krystyna. Nach einem Moment des Nachdenkens läutet er.

»Abführen!« befiehlt Waltke, als ein Gefängniswärter erscheint. Und nach einem Blick auf den Zellenplan fügt er hinzu: »Einzelhaft. Das wird ihr guttun, und sie wird dann Zeit zum Nachdenken haben. Ich lasse dich holen, wenn es soweit ist ...«

Der Leiter der Aktion »N«, Kowalik, reibt sich vor Freude die Hände; soeben hat er erfahren, daß die Gestapo in jedes Postamt im Generalgouvernement einen ihrer Leute beordert hat, um aus den aus den Postkästen ausgehobenen Briefen jene mit der Frank-Marke herauszusuchen. Zunächst haben diese Gestapo-Leute den Postbeamten nicht sagen wollen, wonach sie suchen. Schließlich haben sie jedoch eingesehen, daß sie auf die Mitarbeit der Postbeamten angewiesen sind und sind mit der Wahrheit herausgerückt.

Zwei Tage nach der ersten Meldung weiß Kowalik, daß im gesamten Generalgouvernement, in jedem kleinsten Postamt, Gestapo-Agenten die Post so lange zurückhalten, bis alle Briefe genau kontrolliert sind. Das verzögert natürlich eine schnelle Postbeförderung und außerdem nimmt diese Prozedur die Kräfte der Gestapo voll in Anspruch; in diesen Tagen kann sich die Gestapo ihren anderen Aufgaben nicht widmen.

Unterdessen erscheinen an den Schaltern der Post eifrige Briefmarkensammler und verlangen die Frank-Marke. In vielen Fällen werden diese Philatelisten, sowohl Deutsche als auch Polen, von der Polizei angehalten, die erfahren wollen, woher die Sammler von der Frank-Marke wissen. Diese reden sich dann auf Briefmarkenhändler heraus, die wiederum selbst nichts Genaues wissen, sondern auch nur vage Gerüchte gehört haben.

Ein solches Gerücht besagt, Frank habe eine Marke drucken lassen, die dann auf Weisung Hitlers eingezogen worden sei. Für Briefmarkensammler eine besondere Kostbarkeit; sicher gibt es, meinen sowohl Briefmarkensammler als auch die Gestapo, viele Händler, die diese Marken horten, um sie dann um einen hohen Preis verkaufen zu können.

Die Gestapo beschließt nun, nach der Liste der im Generalgouvernement konzessionierten Briefmarkenhändler überfallartig eine Razzia durchzuführen. Diese Aktion wird in derselben Nacht um zwei Uhr in allen Städten des Generalgouvernements angesetzt, um zu vermeiden, daß ein Händler den anderen warnen kann. Aber trotz intensivster Bemühungen gelingt es der Gestapo nicht, auch nur eine einzige ungebrauchte Marke mit dem Kopf Franks zu finden. Die Jagd von mehreren hundert Agenten auf ein kleines Stückchen Papier bleibt ohne jeden Erfolg ...

Paul hört aus dem aufgeregten Stimmengewirr einige Male das Wort »Unerhört« heraus. Er bedient zwar an einem anderen Tisch, aber das Gespräch der SS-Leute interessiert ihn.

SS-Standartenführer Schwarz und einer der Adjutanten von Bierkamp, dessen Namen er nicht kennt, betreten den Raum und setzen sich zu der erregt diskutierenden Gruppe. Nachdem Paul die anderen Tische versorgt hat, geht er hinüber. Es ist dies zwar das Revier seines Kollegen, aber es ist klar, daß hohen SS-Führern mehr Aufmerksamkeit entgegengebracht wird als anderen. Und es ist üblich, daß sich die Kellner um diese Tische scharen, wenn sie nicht gerade woanders gebraucht werden.

Paul bemerkt sofort, daß drei Briefe in der Runde von Hand zu Hand gehen; wobei sich die Herren mehr mit den Umschlägen beschäftigen als mit dem Inhalt der Briefe.

»Unerhört«, wiederholt Schwarz. »Als ich zuerst davon hörte, dachte ich, unsere Voraussage über die Pläne des ›Polen-Königs‹ sei tatsächlich eingetroffen. Aber der Inhalt der Briefe – klar, daß es sich um Feind-Propaganda handelt. Wieder einmal diese polnischen Banditen ...!«

»Verblüffend, wie sie das gemacht haben«, meint ein anderer. »Schwer zu glauben, daß sie hier in Warschau über die technischen Einrichtungen für einen derartigen Druck verfügen. Die Marken sehen genauso aus wie die laufende Serie.«

»Eine Anfrage bei der Post hat ergeben, daß eine solche Marke dort unbekannt ist«, ergänzt ein anderer. »Die Marken werden schon Monate vor ihrer Ausgabe entworfen und dann in Wien bestellt.«

»Und was sagen die Leute von der Post noch?« fragt der Adjutant Bierkamps.

»Die haben natürlich jetzt alle Hände voll zu tun. Ständig kommen Anfragen von allen möglichen Stellen. Alle glauben, daß es sich um eine neue Ausgabe handelt, und wollen nun bestellen. Und einige Beamte waren dumm genug zu sagen, sie warteten noch auf die Sendung aus der Reichsdruckerei!«

»Eine schöne Schweinerei! Aber vielleicht war es doch unser ›Polen-König‹?« meint einer der Adjutanten.

Schwarz lacht auf: »Der wird sich hüten; denn das würde ihm das Genick brechen. Solche Sachen duldet der Führer nicht. Nein, nein, das waren die Polen. Was sagt übrigens das Laboratorium?« »Die sagen, eine gute Arbeit; sicher nicht hier gedruckt. Raster-Tiefdruck, genauso wie die laufende Serie. Sie haben auch Professor Dachauer in Wien gefragt; Ergebnis natürlich negativ. Er wollte unbedingt eine ungebrauchte Marke sehen.«

»Das würden wir auch gerne«, meint Schwarz ärgerlich.

Wieder machen die Briefe die Runde. Paul stellt eben ein neu gefülltes Glas vor einen der Adjutanten und kann dabei einen Blick auf einen der Briefumschläge werfen. Da prangt das Konterfei Franks auf einer Marke, und daneben kleben zwei der üblichen Hitler-Marken, ganz ordnungsgemäß mit einem Poststempel entwertet. Innerlich fühlt Paul eine gewisse Befriedigung; nicht zu Unrecht betrachtet er dieses Werk der Aktion »N« als Teil seiner Arbeit. Zwar hat er bis zum jetzigen Augenblick davon nichts gewußt – aber er begreift die Zusammenhänge sofort.

»Aus Breslau wurden uns solche Briefe von der Stapo zugeschickt und angekündigt wurden sie aus allen Städten des Reiches, vor allem aus Berlin und Wien. Einige tragen auch Aufgabestempel wie Radom, Krakau, Tschenstochau. Gott weiß, was sonst noch!«

»Was haben Sie veranlaßt, Standartenführer?«

»Wir müssen sehen, daß wir möglichst rasch die Herkunft der Marken finden; ich meine den Ort, wo die Marken sind, die noch nicht auf die Briefe geklebt wurden. Nur, wenn wir irgendwo nicht gebrauchte Marken entdecken, haben wir einen sicheren Hinweis auf die Drahtzieher. Nur so können wir weiteres Unheil verhindern ...«

Aus der Bestürzung, die das winzige Stückchen Papier hervorgerufen hat, kann Paul erkennen, daß dieser Hieb gesessen hat. Nun versteht er auch den Ausspruch Adams, der gemeint hat: »In unserer Zeit kann ein Witz die Wirkung eines Sprengkörpers haben.«

Als Paul am Abend über die Ereignisse des Tages nachdenkt, wird ihm klar, daß die Marke ja nicht nur in Warschau, sondern auch in allen anderen Städten bei Gestapo und SS große Verwirrung hervorrufen wird. Bestimmt gibt es viele, die die Marke für echt ansehen und daher glauben, Frank habe sie in Druck geben lassen.

Paul hofft, von Krystyna mehr darüber zu erfahren, wenn sie zurück ist. In der Zwischenzeit wird er hier im Casino die Ohren spitzen, um möglichst viel über die Reaktionen der deutschen Dienststellen zu erfahren. Und Krystyna wird auf seinen Bericht gespannt sein; vielleicht gibt es auch wieder eine Möglichkeit, mit Adam zusammenzutreffen.

Krystyna hat ihm erzählt, sie werde in Lemberg versuchen, eine Spur ihres verschollenen Vaters zu entdecken; und dann wolle sie eine Tante in Zloczow besuchen. In drei Tagen, sagte sie, werde sie zurücksein.

Waltke hält Krystyna also für eine Jüdin. Mit Jüdinnen wird kurzer Prozeß gemacht, das weiß Krystyna. Aber sie ist jung, 22 Jahre alt. Sie hat ihr Leben noch vor sich – und sie glaubt vor allem an die Niederlage des Dritten Reiches und an die Wiedererrichtung Polens!

Manchmal fragt sie sich auch, ob sie noch weiterleben wollte, wenn sich herausstellen sollte, daß sie sich geirrt hat. Und daß Deutschland doch siegreich bleibt.

Aber das kann ja gar nicht sein. Jeder vernünftige Mensch muß das erkennen. Man kann nicht gegen die ganze Welt gewinnen!

316

Diesen Tag will sie erleben.

Schließlich ist bei ihr ja nichts Belastendes gefunden worden. Und selbst wenn irgendjemand das Päckchen mit den Marken unter der Kellerstiege gefunden haben sollte, so führt noch immer keine Spur zu ihr. Vielleicht würde der Fund auch gar nicht der Polizei bekannt werden, vielleicht würde der Finder die Marken für echt halten, sie wegwerfen, sie auf Briefe kleben, sie verkaufen … oder er würde sie Kindern zum Spielen geben.

Aber da waren ja noch die Flugzettel und die Adressen! Die mußten doch einen Finder mißtrauisch machen.

Krystyna überlegt. Wenn sie darauf beharrt, daß sie keine Jüdin ist, wird man ihre Papiere sorgfältig überprüfen und auch bei ihrem fiktiven Arbeitsplatz genaue Erkundigungen einziehen. Die Gestapo in Warschau wird mit ihren Nachforschungen beginnen und dann geraten noch andere, die bei der »Firma« beschäftigt sind, in Gefahr … Die Nazis werden nicht zögern, eine ganze Reihe von Leuten zu verhaften, wenn sie sich davon einen Erfolg erhoffen.

Sicher wird man auch das Arbeitsamt in Warschau verständigen. Ob der Krummbeinige noch dort ist? Aber was soll sie sagen wegen des Zyankalis? Wenn sie keine Jüdin ist? Sie werden doch daraus folgern, daß sie von Geheimnissen weiß. Und dann wird die Folter beginnen …

Nur das nicht! Dann schon besser eine Jüdin …

Und wenn sie von ihrem Vater erzählt, dem polnischen Offizier in sowjetischer Gefangenschaft, der wahrscheinlich nicht mehr am Leben ist ... oder von ihrer Tante, die sie in Lemberg hat aufsuchen wollen, um mit ihrer Hilfe eine Spur zu finden ... wird Waltke diese Geschichte nicht mit einer Handbewegung wegwischen?

Es bleibt keine andere Wahl, als eine glaubhafte jüdische Geschichte zu erfinden. Wenn Krystyna nun behauptet, Jüdin zu sein und falsche Papiere zu haben, dann bleibt nur noch eine Frage: Von wem hat sie diese Papiere bekommen?

Krystyna hat von jüdischen Männern und Frauen gehört, denen es angeblich gelungen ist, Gestapo-Leute zu bestechen, um auf diese Weise Fragen zu entgehen. Aber: Womit soll sie Waltke bestechen? Falls er überhaupt bestechlich ist?

Und noch etwas: Von wem hat sie das Zyankali erhalten? Viele, viele Fragen werden auf sie niederprasseln. Und nicht nur Fragen ...

Krystyna muß diese Fragen beantworten können, um zumindest ruhig sterben zu können, ohne Adam und die anderen verraten zu müssen. Nur so kann sie das Geheimnis mit ins Grab nehmen – vermutlich in ein Massengrab.

Die Klappe in der Tür öffnet sich. Krystyna hat keinen Hunger, aber sie nimmt die Schale mit der Wassersuppe, die durchgereicht wird, und stellt sie auf den Boden neben den Strohsack, der das einzige Inventar der winzigen Zelle bildet.

Ein Blick hinauf zu dem kleinen Fenster unter der Decke verrät, daß es Abend wird.

Immer wieder beschäftigt sich Krystyna mit der Geschichte, die sie erzählen will und die so perfekt sein muß, daß Waltke sie ihr abkaufen wird. Sie stellt sich selbst die unmöglichsten Fragen und sucht dann nach plausiblen Antworten.

Dem Tag folgt eine lange Nacht. Krystyna liegt mit offenen Augen da und starrt ins Leere. Wenn sie doch nur die Kapsel geschluckt hätte, dann wäre jetzt alles vorbei, und sie brauchte sich nicht das Hirn zu zermartern, um eine Geschichte zu konstruieren.

Krystyna denkt an Paul, der für die Sache Polens, für ihre Sache, seinen Kopf riskiert. Tut er es vielleicht wirklich nur ihretwegen? Seit langem ahnt sie schon, daß er sie liebt. Sicher wartet er auf sie! Dabei weiß er gar nicht, wie er Adam treffen könnte. Und auch Adam ...

Am nächsten Tag erhält Krystyna durch die Türklappe eine warme Brühe, die wahrscheinlich Kaffee sein soll; dazu auch ein Stück Brot. Die Schale mit der Suppe vom Vortag hat sie zuvor zurückgeben müssen; sie war noch voll, Krystyna hat nichts angerührt.

»Mit den Neuen ist es immer so«, hört sie einen Häftling sagen, der das Essen austrägt.

Bald darauf kommt eine Aufseherin und führt sie in den Waschraum. Die Aufseherin bleibt neben ihr an der langen Waschrinne stehen. Krystyna dreht den Wasserhahn auf und wäscht sich geistesabwesend. Ein Handtuch zum Abtrocknen gibt es nicht. Einige Meter von ihr entfernt stehen an der Wasserrinne

Gestalten, Mädchen und Frauen, die von den langen Tagen im Gefängnis gezeichnet sind; besonders ein Mädchen, dessen Gesicht nur aus Augen zu bestehen scheint, fällt Krystyna auf.

Die Aufseherin gibt acht, daß Krystyna mit niemandem spricht. Waltke hat Einzelhaft angeordnet.

Zwei Stunden später wird Krystyna in den Gefängnishof geführt, wo sie einige Minuten frische Luft atmen soll. Sie zählt insgesamt 20 Frauen, die wie sie in einiger Entfernung voneinander auf dem Boden des Hofes sitzen und »Luft schnappen«. Nach einem Blick auf die Uhr bringt sie die Aufseherin in die Zelle zurück.

Es vergehen fast drei Wochen, in denen Waltke nicht nach Krystyna schickt. Im Gefängnishof und auch beim Waschen sieht sie immer neue Gesichter; sie bemerkt auch einige Mädchen mit blutigen Striemen über dem Gesicht – und das läßt sie schaudern.

Krystyna hat es aufgegeben, die Tage zu zählen. Sie ist hier so weit weg von allem. Wenn sie in einem anderen Gefängnis wäre, hätte Adam vielleicht versucht, sie mit einigen seiner Leute zu befreien. Aber hier in Lemberg, im berüchtigten Lonzki-Gefängnis, ist das ein Ding der Unmöglichkeit; und höchstwahrscheinlich weiß Adam nicht einmal, wo sie ist. Obwohl sein Kundschafterdienst im allgemeinen gut funktioniert. Wenn plötzlich eine bewaffnete Widerstandsgruppe in das Gefängnis eindringen würde und sie und die anderen befreite? Doch sie weiß natürlich, daß dies alles Tagträume sind; und bei jedem Erwachen erscheint ihr die Wirklichkeit um so schrecklicher.

Als die Gefängnisaufseherin Krystyna eines Tages zu Waltke bringt, hat sie jeden Zeitbegriff verloren. Waltke sitzt breitbeinig hinter seinem Schreibtisch und kramt in Papieren, bis er ihren Akt gefunden hat. Er betrachtet aufmerksam ihren Ausweis und sagt:

»Eigentlich schaust du nicht ganz so aus wie eine Jüdin. Aber unsere Vorstellungen, die Juden müßten immer schwarzhaarig und krummnasig sein, mit Hängebäuchen und O-Beinen, treffen nicht immer zu. Ich habe schon alle möglichen Typen gesehen; und das ist nur ein Beweis dafür, daß hier im Osten Polen und Russen in jüdischen Familien mitgemischt haben. Dann kommen natürlich Grauäugige heraus, mit blondem Haar, gut gebaut – aber sie sind trotzdem Juden! Und für Juden gibt es keinen Platz mehr auf dieser Welt! Was hast du zu sagen?«

Krystyna schweigt.

Waltkes Vorliebe für lange Verhöre hängt wahrscheinlich damit zusammen, daß er sich selbst gerne reden hört. Also geht er auf Krystynas Schweigen nicht ein, sondern setzt fort:

»Bei den Männern ist das ja ganz einfach; die müssen sich ausziehen, dann lasse ich sie ans Kreuz binden, und dann schauen wir uns an, ob der Kerl beschnitten ist oder nicht. Natürlich gibt es auch Arier, die beschnitten sind, aus medizinischen Gründen. Aber da bin ich wie euer Rabbi: Ich kann genau unterscheiden, wer rituell und wer operativ beschnitten wurde. Ich habe eine viel zu lange Praxis, als daß man mich da irreführen könnte! Aber bei euch Frauen geht das ja doch nicht!«

Krystyna schweigt noch immer.

»Meine Kameraden haben oft einen Witz gemacht; sie sagten: ›Schau doch mal nach. Jüdinnen haben es nicht senkrecht, sondern quer!‹«

Waltke lacht: »Aber das ist natürlich nur ein Witz. Wenn's so wäre, dann hätte ich es oft leichter.«

Er blättert in Krystynas Akt: »Ach ja, hier steht es: die Judenpille! Die hast du doch bei dir gehabt, als du eingeliefert worden bist. Habe ich dir übrigens damals nicht gesagt, du sollst dir eine schöne Geschichte zurechtlegen, die ich dann mit Freuden zerpflücken würde? Ich kenne schon so viele Geschichten! Vielleicht werde ich einmal ein Buch darüber schreiben, ein sehr interessantes Buch: Wie man erfolglos versucht hat, mich hereinzulegen.«

Plötzlich ändert Waltke seinen Ton: »Also, von wem hast du deine Papiere?«

Krystyna gibt keine Antwort.

Waltke steht auf und geht zum Glasschrank. Er streckt seine Hand aus, und Krystynas Blick wandert zu den säuberlich aufgereihten Peitschen. Es ist nicht nötig, daß sie mit diesen Marterinstrumenten Bekanntschaft schließt, sie hat schließlich ihre Geschichte.

»Ich habe sie von meinem Schwager.«

Waltke hält in seiner Bewegung inne. »Wie heißt er, wo lebt er?«

»Er ist tot.«

»Ja, natürlich. Hat er denn keine guten Papiere gehabt?«

»Nein. Das hätte bei ihm auch nichts genützt, denn er sah zu jüdisch aus.«

Waltke überlegt eine Weile; die Antwort befriedigt ihn.

»Und wo war er zuletzt?«

»Zuletzt war im Ghetto in Warschau. Aber das gibt es jetzt nicht mehr.«

»Und wer hat die Papiere besorgt?«

»Das weiß ich nicht. Das wußte nur mein Schwager.«

»Wie hieß er?«

»Finkelstein.«

Dieser Name würde nicht nachzuprüfen sein.

»Und wie noch?«

Krystyna sucht krampfhaft nach einem jüdischen Vornamen; es will ihr einfach im Augenblick keiner einfallen. Schließlich sagt sie: »Leon.«

»Warum hast du so lange gezögert? Da stimmt doch etwas nicht! Du wirst doch nicht den Vornamen deines eigenen Schwagers vergessen haben?«

Krystyna beginnt am ganzen Körper zu zittern.

»Ach so! Du hast Angst. Dabei habe ich dir doch noch gar nichts getan.«

Waltkes Blick wandert über die Peitschen im Glaskasten.

»Juden schlage ich nicht, ich schlage nur Leute, die nicht zugeben wollen, daß sie Juden sind. Sobald sie sagen, sie sind Juden, schicke ich sie weiter. Was damit gemeint ist, weißt du doch, oder?«

Krystyna schweigt.

»Weißt du es oder weißt du es nicht?«

Krystyna bleibt stumm.

»Wo hast du eigentlich gewohnt?«

Krystyna wiederholt die Angaben, die auf ihrer Kennkarte vermerkt sind.

»Haben die Leute dort gewußt, daß du Jüdin bist?«

»Nein, wenn sie es gewußt hätten, dann hätten sie an mich kein Zimmer vermietet. Sie hassen die Juden.«

»Recht haben sie! Wenn alle so wären, dann hätte man mit euch schon längst aufgeräumt. Bleibt nur eine Sache: Was wolltest du in Lemberg?«

Krystyna erinnert sich an das, was Waltke ihr beim ersten Verhör gesagt hat; sie schlägt nun in die gleiche Kerbe: »Ich hatte Angst, in Warschau zu bleiben. Man hörte, daß viele Juden nach Lemberg geflüchtet waren, und da habe ich geglaubt, daß ich vielleicht hier sicherer wäre.«

»Da bist du aber offensichtlich einem Irrtum aufgesessen!«

Waltke lacht.

»Und was hast du gerade in diesem Haus gemacht?«

»Man hat mir gesagt, es wohnt dort eine Frau Kowalska, die Zimmer vermietet.«

Waltke überlegt eine Weile. Die Peitschen in seiner Vitrine haben ihre Wirkung doch nicht verfehlt, denkt er.

Schon will er den Deckel des Aktes zuklappen, als sein Blick am Wort »Zyankali« hängenbleibt.

»Ach ja. Und wer hat dir das Zyankali verschafft?«

»Mein Schwager. Er sagte mir, wenn man mich erwischt, so soll ich es schlucken. Denn dann gäbe es für mich sowieso kein Leben mehr.«

»Und warum hast du es nicht geschluckt?«

Krystyna bleibt die Antwort schuldig.

»Ich werde es dir sagen! Ihr Juden seid eine durch und durch feige Bande! Und ihr glaubt außerdem immer noch, daß euch euer Gott retten wird. Ja, früher habt ihr euch immer freigekauft, aber Geld zieht jetzt bei uns nicht. Ein Judenleben kann man nicht kaufen … Übrigens sollte man nachprüfen, ob dein Zyankali überhaupt echt ist. Da hat man doch hier in Lemberg … also entweder waren es Ukrainer oder Polakken, das konnten wir nicht genau ermitteln. Jedenfalls standen sie vor dem Ghetto und verkauften den Juden das Zyankali. Und die blöden Juden kauften! Und es war doch in vielen Fällen ganz einfach eine Mischung aus Kalk und Gips. Die Juden, die ewigen Betrüger, waren nun von den anderen betrogen worden!«

Er lacht wieder.

»Ich hatte hier in diesem Zimmer schon Juden, die in einem unbewachten Augenblick aus einem guten Versteck, das unseren Filzern entgangen war, ihr Zyankali hervorholten. Sie schluckten es, und dann wunderten sie sich, daß sie nicht starben! Vielleicht hat man deinen Schwager auch hereingelegt, und dein Zyankali hatte nur den Namen Zyankali. Aber das ist nicht meine Sache!«

Waltke klingelt nach einem Gefängniswärter.

Er befiehlt: »Abführen. Vielleicht brauche ich dich noch!«

Als Krystyna hinausgeführt wird, wirft sie rasch

einen Blick auf den Kalender auf Waltkes Schreibtisch; er zeigt den 3. Juli.

Die Aufseherin sagt ihr dann, daß sie nun in eine andere Zelle komme. Gleichzeitig hört sie auch Autos in den Gefängnishof fahren und den Lärm vieler Menschen; wahrscheinlich hat es wieder eine Razzia in Lemberg gegeben.

Als man sie in eine Zelle bringt, in der sich bereits ein anderes Mädchen befindet, wird Krystyna sich der Tatsache bewußt, daß ihr Fall für Waltke wahrscheinlich bereits abgeschlossen ist.

»Ich heiße Anja.«

Das Mädchen steht von seinem Strohsack auf und reicht Krystyna die Hand.

»Ich heiße Krystyna. Sind Sie schon lange hier?«

»Du kannst ruhig du zu mir sagen. Ja, ich bin schon mehr als sechs Monate hier; aber seit zwei Monaten holt mich Waltke nicht mehr zu sich. Vielleicht hat er es aufgegeben?«

»Ich komme eben von ihm.«

»Bist du Jüdin?«

Krystyna zögert einen Augenblick; dann blickt sie das fremde Mädchen an: »Ich bin keine. Aber ich habe es trotzdem gesagt, denn ich will Schluß machen.«

»Ich bin auch keine. Aber ich hoffe, Waltke zu überleben; und daher gebe ich nicht zu, etwas zu sein, was ich nicht bin. Er hat verschiedene rassische Merkmale an mir entdeckt, mein Haar, meine Augen, meine Nase und weiß Gott, was noch alles. Aber ich bin wirklich keine Jüdin. Mein Unglück ist nur, daß meine Pfarre und auch das Standesamt niedergebrannt sind; und daher kann er auch meine Papiere nicht nachprüfen.«

»Und wie bist du hierhergekommen?«

»Zwei Lausbuben liefen mir auf der Straße nach und schrien die ganze Zeit: ›Jüdin!‹ So wurde ein Schupo auf mich aufmerksam, und schließlich kam ich hierher, und Waltkes Ehrgeiz ist es nun, aus mir eine Jüdin zu machen. Aber bisher habe ich allen Werkzeugen widerstanden, die er aus seiner Vitrine holte; auf dem Drehkreuz hatte er mich auch bereits zweimal. Aber warum hast du denn zugegeben, wenn du keine Jüdin bist?«

Krystyna kann nicht antworten, denn plötzlich beginnt sie heftig zu schluchzen. Anja legt ihre Arme um Krystyna; aber sie ist nicht zu beruhigen. Anja redet beschwörend auf sie ein:

»Schau, sie werden den Krieg verlieren, das schwöre ich dir bei der Heiligen Mutter Gottes. Dann wird man alle Waltkes in Käfige sperren, und die Menschen werden sie anspucken. Und wir werden wieder lachen können, wenn Polen auferstanden sein wird!«

Langsam beruhigt sich Krystyna ein wenig; ihr Schluchzen ist in stilles Weinen übergegangen. Anja streichelt sie.

»Warum hast du bloß zugegeben, etwas zu sein, was du gar nicht bist? Hast du dich umbringen wollen?«

»Ja, das hätte ich tun sollen. Ich hatte auch eine Zyankalikapsel bei mir; aber es ging alles so schnell …«

An der Tür rührt sich etwas, und zwei Schüsseln mit

Suppe werden in die Zelle geschoben. Anja beginnt zu löffeln und nötigt auch Krystyna zu essen.

Krystyna lehnt ab.

»Waltke schickte mich weg; er war sogar recht höflich zu mir. Aber aus der Art, wie er meinen Akt zuklappte, konnte ich sein Urteil erahnen.«

»Krystyna, du hast einen Fehler gemacht – aber man kann nicht wissen. Hast du denn niemanden, der sich um dich sorgt? Es gab ja schon Fälle, daß manche befreit wurden.«

»Durch Gewalt?«

»Oh nein! Durch Interventionen. Gewalt, hinter diesen Mauern und hier in Lemberg? Nein, das ist vielleicht in Warschau möglich ...«

Krystyna hebt den Kopf.

»Wußte man hier denn, daß in Warschau so etwas geschah?«

»Und ob!« sagt Anja stolz. »Wir wußten es manchmal schon einen Tag später. Und wir waren alle glücklich darüber und der Bewegung in Warschau dankbar, daß sie sich um die Gefangenen sorgte. Leider ist so etwas hier in Lemberg nicht möglich; hier sind nicht nur die Deutschen gegen uns, sondern auch die anderen, die Ukrainer und manchmal auch die Polen ...«

Beide liegen eine Zeitlang auf ihrer Pritsche, ohne ein Wort miteinander zu wechseln.

» ... Irgendwie habe ich den Eindruck, wir würden uns schon Jahre kennen.«

»Ich fühle auch so, Krystyna. Mein Vater war Postbeamter; er lebt nicht mehr. Und meine Mutter starb bereits, als ich noch ein kleines Kind war. Mit meinen Verwandten hatte ich kaum Kontakt. Mein Verlobter rückte 1939 ein und ging dann mit der polnischen Armee nach Rumänien. Wo mag er jetzt bloß sein? Vielleicht in England? Oder vielleicht kämpft er irgendwo anders? Oder ist er gefallen? Auf jeden Fall sind meine Gedanken immer bei ihm!«

Krystyna weiß, daß ihre Zeit kurz bemessen ist. Vielleicht holt man sie schon morgen – oder sogar noch heute?

Schließlich beginnt sie zu reden. Es vergehen Stunden, das Licht geht aus, aber Krystyna erzählt noch immer.

Für sie ist Anja der letzte Mensch, mit dem sie sprechen kann, zu dem sie Vertrauen hat. Krystyna ist sicher, daß Anja überleben wird. Sie muß ihr eine Botschaft geben …

Der 6. Juli 1943 beginnt in Lemberg mit einem strahlenden Morgen.

Die Tore des Lonzki-Gefängnisses öffnen sich, und ein geschlossener Lastwagen mit vergitterten Fenstern fährt auf die Straße; er biegt in die Sapiehy-Straße ein.

Die an den Straßenlaternen montierten Lautsprecher übertragen Musik, später eine Sondermeldung:

»Der Premierminister der polnischen Exilregierung und Oberbefehlshaber der polnischen Truppen im Ausland, General Wladyslaw Sikorski, ist gestern zusammen mit Mitgliedern seines Stabes in Gibraltar bei einem Flugzeugabsturz ums Leben gekommen.«

Während diese Nachricht natürlich für die Deutschen ein Grund zum Jubel ist, bedeutet sie für Krystyna Trauer und Bestürzung. Obwohl sie weiß, daß sie sich wahrscheinlich auf ihrem letzten Weg befindet, erschüttert sie der Tod Sikorskis so sehr, daß sie einen Moment lang ihr eigenes Schicksal vergißt.

Was sie nicht weiß, ist, daß fünf Tage zuvor auch der Chef der Heimatarmee, General Stefan Rowecki, der legendäre »Grot«, von der Gestapo verhaftet worden ist.

Im Lager Janowska, wohin der Lastwagen Krystyna bringt, wartet bereits SS-Rottenführer August Kauzor, der an diesem Tag für die Erschießungen eingeteilt ist, mit einer Maschinenpistole. Kauzor ist Oberschlesier, aus Hindenburg, er spricht auch polnisch, genauso wie viele seiner Kameraden aus der SS-Belegschaft des Lagers.

Am selben Abend in der SS-Kantine hört der »Oberjude« Rysiek Axer, wie Kauzor sagt:

»Ich glaube, heute hat der Waltke bei einer danebengegriffen. Die war keine Jüdin. Stolz zog sie sich aus, und bevor sie ihren Schuß bekam, rief sie: ›Jeszcze Polska nie zginela!‹ – ›Noch ist Polen nicht verloren!‹ Das war eine hübsche polnische Banditin!«

Kurz vor Waltkes Prozeß saß ich im Gericht in Hannover Staatsanwalt Goetz gegenüber; so wie Anja es mir aufgetragen hatte, berichtete ich über den Fall Krystyna Jaworska. Doch Goetz meinte: »Der Prozeß beginnt in drei Wochen. Wir haben schon Hunderte Fälle; ein weiterer würde keinen Einfluß mehr auf das Strafausmaß für Waltke haben. Außerdem müssen Sie verstehen, daß ich diesen Fall nicht mehr in die Anklage aufnehmen kann, denn wir müßten ihn durch weitere Ermittlungen erhärten und dazu haben wir jetzt keine Zeit mehr. Aber natürlich habe ich nichts dagegen einzuwenden, daß die betreffende Zeugin den Fall vor Gericht vorbringt.«

Die Zeugin Anja erschien jedoch nicht zum Prozeß. Sie hatte dazu nicht die Kraft gefunden, nachdem es ein Jahr zuvor zur Gegenüberstellung zwischen ihr und Oskar Waltke gekommen war. Diese Begegnung hatte sie in ihrem Innern zutiefst aufgewühlt. Es war ja der Augenblick gewesen, auf den sie fast zwei Jahrzehnte gewartet hatte. Waltke war in ihren Augen der Mensch, der ihr Leben zerstört hatte. Deshalb kaufte sie sich vor der beabsichtigten Gegenüberstellung eine Pistole – fest entschlossen, mit ihrem ehemaligen Peiniger abzurechnen.

Nach ihrer Ankunft in Hannover ging sie zum zuständigen Untersuchungsrichter. Dort erfuhr sie zu ihrer Verblüffung, daß sich Waltke nicht in Haft be-

fand; er betrieb ein gutgehendes Möbelgeschäft in Hannover. In ihrer Gegenwart telephonierte der Staatsanwalt mit Waltke und bestellte ihn für den selben Nachmittag zur Gegenüberstellung. Waltke protestierte, er habe keine Zeit. Doch schließlich willigte er ein, am nächsten Tag um neun Uhr zu erscheinen.

Anja war wütend; sie konnte nicht verstehen, daß sich dieser Mann, der so viele Menschenleben auf dem Gewissen hatte, auf freiem Fuß befand.

Pünktlich um neun Uhr betrat sie am nächsten Tag das Gerichtsgebäude und ging zum Lift. Eben wollte sie die Lifttüre hinter sich schließen, da betrat Waltke die Kabine. Anja erkannte ihn sofort – und sie waren nur zu zweit. Sie trug die geladene und entsicherte Pistole in ihrer Handtasche; doch die unerwartete Anwesenheit dieses Menschen, der sie einst sadistisch gequält hatte, lähmte sie so sehr, daß sie nicht in der Lage war, ihr Vorhaben auszuführen.

Waltke stieg aus, und Anja folgte ihm; er hatte sie nicht erkannt.

Bei der Gegenüberstellung konnte Anja vor lauter Entsetzen über sich selbst kaum die richtigen Worte finden.

Später schrieb sie mir einen Brief, in dem sie diese Szene schilderte und sich selbst anklagte, versagt zu haben.

Ich protestierte beim Justizministerium dagegen, daß Waltke sich auf freiem Fuß befand – mit Erfolg. Dem Staatsanwalt wurde der Fall Waltke abgenommen und ein neuer Staatsanwalt bestellt; dieser setzte Waltke in Haft.

Der Prozeß gegen Oskar Waltke begann am 20. November 1962. Aus mehreren Ländern waren Zeugen vor Gericht erschienen, um gegen Waltke auszusagen; dieser leugnete, wie bei solchen Prozessen üblich. Auch ich gehörte übrigens zu den Augenzeugen von Waltkes Verbrechen.

Manche Zeugen hatten aus jener Zeit Erinnerungen voll bitterer Ironie bewahrt. So berichtete eine Frau, die heute in Israel lebt, sie habe über ein Jahr lang bei Waltke im Gefängnis gesessen. Mit all seinen Foltermethoden hatte er versucht, sie zu dem Geständnis zu bringen, daß sie Jüdin sei. Schließlich gab er auf, ließ sie frei und nahm sie als Dienstmädchen in seinen Haushalt. Bevor die Deutschen Lemberg im Sommer 1944 räumten, gab ihr Waltke zum Dank für ihre Dienste ein Erinnerungsphoto mit persönlicher Widmung.

Oskar Waltke fand milde Richter; das Schwurgericht in Hannover befand ihn des vielfachen Mordes schuldig und verurteilte ihn zu acht Jahren Zuchthaus.

Die Schicksale der anderen Personen dieser Tragödie sind nur zum Teil bekannt:

Frank wurde in Nürnberg in der Nacht zum 16. Oktober 1946 gehenkt.

Krüger und Bierkamp vergifteten sich im Mai 1945, bevor sie verhaftet werden konnten; Globocnik nahm einen Monat später im Gefängnis Gift.

Dramatischer Augenblick im Massenmordprozeß

Gefolterte zeigte ihre Narben

Ex-Scharführer Waltke: „Ich habe von alledem nichts gewußt"

Von unserem Redaktionsmitglied Hans Freter

HANNOVER

Dritter Tag im Prozeß gegen Ex-Scharführer Hugo Waltke, angeklagt des Massenmordes und der Mithilfe bei Judenliquidationen in Lemberg: der hannoversche Schwurgerichtssaal wird zum Schauplatz rührender Wiedersehensszenen und schmerzlicher Erinnerungen. Menschen, die gemeinsam durch die Hölle der Konzentrationslager gegangen sind, die in alle Welt verschlagen wurden, treffen sich nach Jahrzehnten in einem nüchternen Gerichtssaal wieder. Sie liegen sich in den Armen, weinen vor Freude. Und dann sagen sie aus, und alles ist wieder quälende Wirklichkeit: Die Prügel, der Hunger, die brennenden Augen der vergasten Kinder. Hugo Waltke aber steht aufrecht in der Anklagebank und sagt: „Ich habe von alledem nichts gewußt."

Der kleine Parteigenosse aus Hannover, der sich in Lemberg die Sporen verdienen wollte, hat es gewußt. Er hat es nicht nur gewußt, er hat mitgeprügelt, mitgeschossen, mitgequält — wie Zeugen aus Kanada, Israel und Südamerika übereinstimmend bestätigen.

Herr Feil aus Montreal: „Ich habe Exekutionen in der Sandgrube des zentralen Arbeitslagers beobachten können. Waltke war mit einer Maschinenpistole daran beteiligt."

Der Angeklagte war nach beeidigten Aussagen an der Erhängung des Judenrates im Lemberger Getto maßgeblich beteiligt, an Judentransporten zur Exekutionsgrube, an Folterungen. Immer mehr Zeugen klagen den weißblonden Herrn mit dem gutmütigen Gesicht an.

So Wladislawa Kac, die ein erschütterndes Schicksal hinter sich hat. Sie wurde in Lemberg auf offener Straße verhaftet, ihr Kind konnte der Mutter nur noch fassungslos nachwinken. „Sind Sie Jüdin?" fragte Kriminaloberassistent Waltke sie im Verhör. Frau Kac stritt es ab. Sie wollte überleben und ihr Kind wiedersehen.

Waltke quälte sie. Unbarmherzig prügelte er die junge Frau mit einem Knüppel und mit einem Riemen, an dem eine Eisenkugel hing. Tiefe Narben sind noch heute Zeugen dieser Folterungen. Frau Kac zeigte sie dem Gericht.

Die Zeugin, die ihr Kind später in einem Kloster wiederfand, berichtete über das Privatleben des Angeklagten. (Sie nähte für dessen Frau). Danach war Waltke ein vorbildlicher Familienvater. Kinderlieb, fürsorglich und aufmerksam. Er hatte wohl etwas von jenem schizophrenen Wesen mancher KZ-Kommandanten, die sich nach einer Vergasungsaktion ans Klavier setzten und zärtlich Chopin spielten.

Der Prozeß wird in der nächsten Woche fortgesetzt.

Kauzor, der Krystyna erschossen hatte, gilt als vermißt.

Sefton Delmer lebte nach Beendigung seiner erfolgreichen journalistischen Tätigkeit als freier Schriftsteller in England.

Ellic Howe, der bereits einige Bücher veröffentlicht hat, arbeitet heute weiter an der Auswertung seiner

Erkenntnisse im Rahmen der psychologischen Kriegsführung; er lebt in London.

General Rowecki, der legendäre »Grot«, Chef der »AK«, wurde auf Befehl Himmlers im August 1944 im KZ Sachsenhausen erschossen, nachdem das Reichssicherheitshauptamt erfolglos versucht hatte, ihn »umzudrehen«.

»Kowalik«, der während des Aufstandes in Warschau im August 1944 gefangengenommen worden war, setzte seine Tätigkeit für sein polnisches Vaterland als führender Mitarbeiter der polnischen Sendungen von »Radio Free Europe« in München fort; 1972 schied er aus Altersgründen aus und lebt nun in England.

Das Schicksal von Adam und Pjotr zu klären, war mir nicht möglich, da von ihnen zu wenig Personaldaten bekannt waren. Die meisten meiner Gesprächspartner aus den Reihen der »AK« meinten, beide wären wahrscheinlich, wie viele ihrer Kameraden, während des Aufstandes der »AK« im August 1944 gefallen.

Der Versuch, Paul zu finden, war erfolglos. General Bor-Komorowski, der Nachfolger von »Grot«, konnte sich im Gespräch mit mir an eine Zusammenarbeit mit einem Deutschen, der aufgrund meiner Beschreibung Paul hätte sein können, erinnern; doch wußte er nichts über dessen Schicksal. Die beispielgebende Konspiration der »AK« zum Schutze ihrer Informanten und Mitarbeiter wirkte sich für meine Recherchen sehr nachteilig aus. Paul lebt vielleicht heute noch irgendwo; sicherlich nicht in Polen, aber vielleicht in Deutschland oder sonstwo. Oder mußte er doch noch an die Front, als sich die Situation für Deutschland verschlechterte, und fiel irgendwo bei der Verteidigung des Reiches ...? Wer kann das wissen. Falls er überlebt haben sollte, so ist es ihm sicherlich schwergefallen, sich im Europa der Nachkriegszeit zurechtzufinden. General Bor-Komorowski sagte zu mir: »Wenn Sie einmal darüber schreiben und er lebt noch, dann wird er sich bei Ihnen melden.«

LITERATURVERZEICHNIS

Tadeusz Bor-Komorowski, Armia podziemna. Veritas London, 1950

Martin Broszat, Nationalsozialistische Polenpolitik 1939-1945. Fischer-Verlag, Frankfurt/Main, 1965

J. W. Brügel, Stalin und Hitler. Europa-Verlag, 1973

Leo Dan, Moje czternascie lat. Zwierzenia Wladyslawa Gomulki. Nowiny Kurjer, Tel Aviv, 1973

Sefton Delmer, Die Deutschen und Ich. Nannen-Verlag, Hamburg, 1961

Deutsche und Polen, Informationen zur politischen Bildung Nr. 142, Bonn, 1970

Dr. Hans Frank, Im Angesicht des Galgens. Friedrich Alfred Beck-Verlag, München-Gräfelfing, 1953

Jozef Garlinski, Politycy i zolnierze. Polska Fundacja Kulturalna, London, 1968

Jozef Garlinski, Miedzy Londynem i Warszawa. Gryf, London, 1965

Bernard Goldstein, Die Sterne sind Zeugen. Deutscher Taschenbuch-Verlag, München, 1965

Walter Hagen, Unternehmen Bernhard. Verlag Welsermühl, Wels, 1955

Joe J. Heydecker, Johannes Leeb: Der Nürnberger Prozeß. Kiepenheuer & Witsch, Köln, 1962

Joachim Hosang, Gezähnte Kriegspropaganda. Söllingen, 1956

W. Jacobmeyer, Heimat und Exil. Leibnitz-Verlag, Hamburg, 1973

Hans-Adolf Jacobsen, Vom Wandel des Polenbildes in Deutschland, »Das Parlament«, Bonn, 1973

H. v. Krannhals, Der Warschauer Aufstand, Bernard & Graeffe Verlag für Wehrwesen, 1964

Manvell and Fraenkel, Hermann Göring. William Heinemann, London, 1962

Adam Moszynski, Lista Katynska, Verlag Gryf, London, 1951

Stanislaw Piotrowski, Hans Franks Tagebuch. PWN-Polnischer
Verlag der Wissenschaften, Warschau, 1963

Studium Polski Podziemnej, Armia Krajowa W Dokumentach
1939-1945. London, 1971

Trial of the Major War Criminals, Nürnberg, 1948

Stanislaw Wroński, Polacy Zydzi. Verlag Ksiqzka i Wiedza,
Warschau, 1971

Josef Wulf, Das Dritte Reich und seine Vollstrecker, Verlags-
GmbH Berlin, 1961

J. K. Zawodny, Zum Beispiel Katyn – Klärung eines Kriegsver-
brechens. Verlag Information und Wissen, München, 1971

Abbildungsnachweis
Sämtliche Bilder und Dokumente, einschließlich der Karte,
befinden sich im Archiv des Autors.

Bitte beachten Sie
die folgenden Seiten

Simon Wiesenthal

Max und Helen

Ein Tatsachenroman

Ullstein Buch 20374

In diesem Tatsachenroman erzählt Simon Wiesenthal das Schicksal eines jüdisch-polnischen Liebespaares aus dem ehemals polnischen Galizien während des Zweiten Weltkriegs. Es ist ein authentischer Bericht, nur die Personen und Ortsangaben wurden verändert, um jene zu schützen, über deren Leben Wiesenthal hier berichtet.

»Man kann diese Geschichte nur so lesen, wie sie geschrieben wurde: als einen Bericht über erstaunliche und erschütternde Fakten, die in höchstem Maße mitteilenswert sind, Einzelheiten aus der Passion der Menschheit in diesem Jahrhundert – Schicksale, die sich so gefügt haben, daß man nichts hinzufügen, nichts arrangieren, nichts gestalten muß –, die in ihrem Ablauf den Gesetzen genügen, die man einer Romanhandlung abverlangt.« (Hans Weigel im Vorwort)

ein Ullstein Buch

George Clare

Letzter Walzer in Wien

Spuren einer Familie

Ullstein Buch 20421

George Clare wurde 1920 als Georg Klaar in Wien geboren. Er wuchs als typischer Wiener Junge auf, bis die Bedrohung durch den österreichischen und deutschen Antisemitismus seinem Leben eine schicksalhafte Wende gab. Sein Weg in die Emigration führte über Berlin und London nach Irland; seine Eltern traten eine Reise ohne Wiederkehr an. George Clares Suche nach den Spuren seiner Familie wird zu einer Suche nach Sinn, Schuld und Unschuld menschlichen Lebens.

»Ein bewundernswertes Buch, das sehr gekonnt Historisches mit Privatem verflicht.«   (Graham Greene)

»Tief bewegend ... Die Lektüre hat mich bereichert und dankbar gestimmt.«
(John Le Carré)

ein Ullstein Buch

Hilde Sherman

Zwischen Tag und Dunkel

Mädchenjahre im Ghetto

Ullstein Buch 20386

ein Ullstein Buch

Die Autorin entstammt einer jüdisch-orthodoxen Familie, die von Spanien über Holland nach Deutschland kam und vierhundert Jahre in und bei Mönchengladbach lebte. 1933 war sie gerade zehn Jahre alt. Einfach und lakonisch, aber um so erschütternder, beschreibt sie die Judenverfolgung im Rheinland und ihre Deportation 1941. Im Ghetto von Riga vegetiert sie bis Oktober 1944 in der ständigen Nachbarschaft des Todes, erlebt den Mord an ihrer gesamten Familie, an allen ihren Freunden, die Ausrottung ganzer Lager. Nach Hamburg-Fuhlsbüttel verlegt, entkommt sie erst Ende April 1945 dank der Intervention von Graf Folke Bernadotte nach Schweden, todkrank und zum Skelett abgemagert. Sie ist 22 Jahre alt – und muß erst wieder lernen zu leben.

Georg Brun
Das Vermächtnis
der Juliane Hall

Roman

nymphenburger

Ein junger deutscher Autor ist zu
entdecken. In einer bestechend klaren
Sprache, psychologisch überzeugend
und mit dramatischer Kraft wird hier
ein Stück Zeitgeschichte erzählt —
spannend wie ein Kriminalroman,
packend wie eine klassische Tragödie.

nymphenburger